高等学校会计类在线开放课程教材

中级财务会计学

Intermediate Financial Accounting

陈霞 张清玉 梁亚玲 主编

东北财经大学出版社
Dongbei University of Finance & Economics Press
大连

课程思政元素

课程思政是落实高校立德树人、铸魂育人根本任务的重要环节。“中级财务会计学”不仅仅是教授专业操作技能的课程，更是研究企业经济活动规律的课程，其蕴含了丰富的人文教育精神，课程思政元素非常丰富。本教材通过启发思考、引导案例分析、视野拓展等栏目将思政元素自然融入课程教学内容，实现知识传授与价值引领有效结合，服务于培养德智体美劳全面发展的高素质复合型财会专门人才。

本部分以表格形式将专业知识点与所涉及的思政元素呈现给广大读者，以供各位同行专家教学参考使用，不当之处敬请批评指正。

表1 专业知识点与相关思政元素

教学内容	专业知识点	思政元素
总论	可靠性	实际发生，诚实守信，中华优秀传统文化，会计职业道德
	实质重于形式	哲学基本范畴：现象与本质
	权责发生制	马克思主义哲学对立统一规律
货币资金	货币资金案例	诚实守信、客观公正，会计职业道德
	现金清查	高尚情操，健全人格
	银行结算方式	支付宝、微信等新型结算方式；大国自信，家国情怀
应收及预付款项	票据贴现、追索权	诚信精神，中华优秀传统文化
	应收账款融资处理	专业精神
	坏账处理	居安思危，风险意识
存货	确认与初始计量	专业水准，职业精神
	发出成本计量方法	国际视野，追根溯源，科学精神
	存货可变现净值的确定	会计职业能力
金融资产	金融资产分类	哲学基本范畴：原因与结果
	实际利率法与直线法	会计职业能力
	金融资产减值处理比较	业务技能，服务能力
长期股权投资	企业合并	制度自信，国际会计准则话语权
	成本法与权益法的适用	质疑理念，科学精神
	核算方法的转换	爱岗敬业，提升技能
固定资产	弃置费用	环境保护，生态文明，会计贡献
	折旧计提	马克思主义政治经济学中关于固定资产折旧的论述；人生规划，自强担当
	资产减值	风险意识，会计精神
无形资产与投资性房地产	商誉问题	国际视野，他山之石
	自主研发无形资产	科技创新政策扶持，科技强国，制度自信，责任担当
	研发支出资本化与费用化	“中庸”的伦理道德观与思想方法；坚持准则
	投资性房地产公允价值计量	诚实守信，会计精神

续表

教学内容	专业知识点	思政元素
负债	应交税费	遵纪守法，自觉纳税，社会责任
	增值税留抵退税	制度自信，热爱国家
	长期借款	及时还贷，敢于担当
所有者权益	实收资本	混合所有制改革；道路自信，政治认同
	资本公积与其他综合收益	专业水准，职业能力，服务社会
	盈余公积	马克思资本积累理论；爱国情怀
收入、费用和利润	收入确认	收入确认理念变更，尊重真实交易，为社会诚信建设做贡献
	管理费用	管控职务消费，保持清正廉洁
	收入与费用	矛盾论，对立统一规律
财务报告	财务报表格式的修订	追溯历史，学史明理
	报表之间的钩稽关系	踏实严谨，追求卓越
	财务报表附注	业财融合，参与管理，强化服务

第一章　总论

【内容框架】

本章主要介绍财务会计的概念框架体系，它对会计准则的制定、评价、修订起到统筹和指导作用，也能帮助使用者对财务报告中所列报与披露的信息有更深刻的理解。具体内容框架如下图所示：

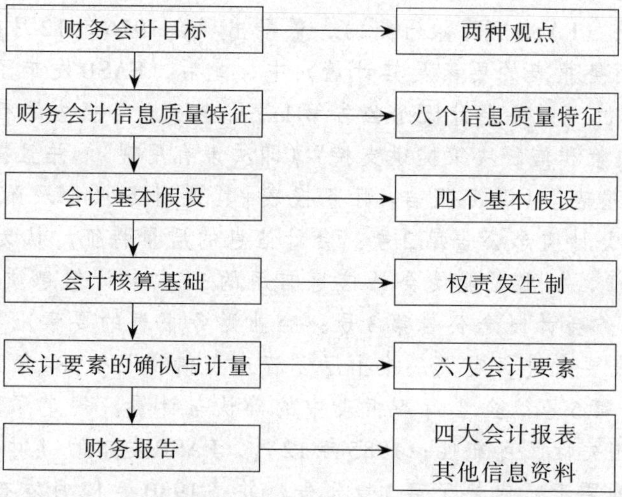

【学习目标】

通过本章学习，了解财务会计概念框架这个理论体系，理解财务会计的逻辑起点，掌握财务会计的目标、会计基本假设、会计基础、会计信息质量特征、会计要素确认与计量的基本原则，为以后章节学习奠定理论基础。

引导案例

财务会计概念框架的发展

财务会计概念框架（Conceptual Framework of Financial Accounting，CF），是由财务会计目标和由目标决定的其他基本概念所组成的内在一致的理论体系。财务会计概念框架是美国会计准则委员会（FASB）开始研究的，最早出现在1976年12月由FASB发布的《财务会计概念结构：财务报表的要素及其计量》中，此后，FASB发布了一系列公告。1978年11月，FASB发布的《财务会计概念公告第1号：企业财务报告的目标》指出，财务报表目标是“为投资决策和信贷决策提供支持”（即决策有用观），并且提出“财务报告”的概念要大于“财务报表”（财务报告=财务报表+其他财务报告及附注）；1980年5月，FASB发布的《财务会计概念公告第2号：会计信息的质量特征》认为，决策有用性是最重要的信息质量特征，提出了能使会计信息有用的11项会计信息质量特征；1980年12月，FASB发布《财务会计概念公告第3号：企业财务报表的要素》，对资产、负债、收入、费用等财务报表要素进行定义，推出了“资产负债观”；1984年12月，FASB发布的《财务会计概念公告第5号：企业财务报表中的确认与计量》规定了四个基本确认标准：可定义、可计量、相关性、可靠性；1985年12月，FASB发布的《财务会计概念公告第6号：企业财务报表的要素》代替了第3号公告，并将1980年12月发布的《财务会计概念公告第4号：非营利组织财务报告的目标》也包括在内。以上六份公告标志着美国财务会计概念框架基本形成。2000年2月，FASB发布的《财务会计概念公告第7号：在会计计量中使用现金流量信息和现值》是对第5号公告的补充和完善，为以未来现金流量为基础的会计计量提供了理论框架，确定了使用现值的目的和一般原则。美国的财务会计概念框架体系在国际上也产生了巨大的影响力，其他一些国家也纷纷发布了CF性质的公告，但经济全球化客观上要求规范和统一国际上的各类会计语言，制定能够走向全球统一的会计准则，而全球会计准则的基础是建立能够为全球所认知和接受的概念框架。从2002年起，国际会计准则理事会（IASB）和FASB联合启动了CF国际趋同项目，“目标和质量特征”是第一阶段研究成果，IASB和FASB于2010年9月各自发布了相关公告，即IASB的2010年财务报告概念框架和FASB的《财务会计概念公告第8号：财务报告概念框架》（取代第1号和第2号公告）。此后，IASB又对概念框架进行了修订，2018年3月发布新财务报告概念框架，修订后的通用目的财务报告目标与我国《企业会计准则——基本准则》趋近。受我国会计环境、文化的影响，我国会计准则在不断趋同的国际化发展中仍保持了中国特色，由于我国《企业会计准则——基本准则》与国外财务会计概念框架具有相同的作用，且《企业会计准则——基本准则》与国际财务会计概念框架体系基本一致，因此现阶段仍以《企业会计准则——基本准则》作为财务会计概念框架。

资料来源　葛家澍，陈朝琳，财务报告概念框架的新篇章——评美国FASB第8号概念公告（2010年9月）[J]. 会计研究，2011（3）.

赵敏，李万福，王开田. IASB新财务报告概念框架的发展概述及启示［J］. 会计研究，2018（10）.

周华. 财务会计准则委员会的时代：1973年至今——论财务会计概念公告［J］. 财会月刊，2019（15）：52-58.

通过阅读财务会计概念框架的发展，我们关注到，国际会计准则组织对财务会计概念框架给予了充分关注。那么，为什么近几十年国际会计界纷纷致力于财务会计概念框架的研究？财务会计概念框架具体应该包括哪些内容？这些内容之间有何内在逻辑关系？它对会计发展和实务工作起到了什么作用？本章将基于我国会计基本准则，对财务会计相关概念进行讲解。

第一节　财务会计目标及信息质量特征

一、财务会计的概念

财务会计是现代企业会计的一个重要分支，它运用传统会计系统的专门方法，以货币为主要计量单位，以会计凭证为依据，以通用的会计原则为指导，对会计主体的财务状况、经营成果、现金流量等进行确认、计量与报告，旨在为投资者、债权人及其他利益相关者提供决策所需会计信息的对外报告会计。财务会计与管理会计共同构成企业会计的两大分支，与向企业内部提供决策所需信息的管理会计相比，财务会计具有如下特征：

（一）以确认、计量和传送信息为主要目标

财务会计的主要目标是向企业外部的投资者、债权人、政府及其有关部门和社会公众等外部信息使用者，提供企业已经发生经济业务的信息，以历史信息为主。管理会计的目标主要侧重于规划未来，进行预测和决策，并加强事中控制，服务对象是企业内部的信息使用者。

（二）以提供反映企业整体情况的财务报告为核心

财务会计向外部信息使用者提供会计信息的主要方式是定期提供财务报告，因此，按照规范的格式和要求生成，披露企业整体财务状况、经营成果和现金流量等有关会计信息的财务报告是财务会计工作的核心。现代财务会计把财务报告的编制放在最突出的地位。管理会计主要为内部管理提供信息，信息提供方式灵活多样，不局限于财务报告，提供信息的内容和时间取决于内部管理需要。

（三）以传统会计处理模式来处理和加工信息

为最终提供通用财务报告，财务会计运用比较成熟的传统会计模式作为数据处理和信息加工的基本方法。例如，依据复式簿记系统进行会计反映，采用编制凭证、登记账簿到编制报表等系列步骤来加工生成会计信息；以权责发生制为基础来确认收入与费用；资产、负债等要素计量仍然主要遵循历史成本原则等。管理会计基于满足企业内部管理的需要，可以选择灵活多样的方法来进行问题分析和处理，不必遵行固定统一的会计信息处理程序和方法。

（四）以企业会计准则及行业会计制度为指导来提供信息

财务会计主要面向外部信息使用者提供信息，为了保证对外提供会计信息的质量，财务会计信息的加工过程必须遵循企业会计准则的要求。企业会计准则由基本准则、具体准则和应用指南组成，作为通用会计准则体系的补充，结合行业特点，又制定了不同的行业会计制度，这都是我国财务会计必须遵循的规范。管理会计则不必严格遵循外部会计法律规范的约束。

二、财务会计的目标

财务会计的目标也称为财务报告目标，是指财务会计系统所要达到的目的和要求，或者说是人们希望通过企业编制和提供财务报告达到的结果。财务会计的目标是财务会计概念框架或者我国基本准则的逻辑起点，对财务会计的规范发展起导向性作用，它主要解决向谁提供信息和提供什么信息两个基本问题，对此有两种观点：受托责任观与决策有用观。

受托责任观的形成和发展与公司制和现代产权理论的发展休戚相关。公司制企业的财产所有权与经营权实现分离，财产所有者将财产投入公司后委托管理层具体负责经营管理，重点关注财产的保值增值，而公司管理层受托管理财产，进行自主经营以及财产处置，有义务及时、定期向委托者报告受托责任履行情况，受托责任观由此产生。受托责任观下，财务报告实质是在委托人与受托人之间起到信息沟通桥梁的作用，核心是要向资源所有者如实反映资源管理和使用情况，反映过去的经营活动与财务成果。

决策有用观是随着资本市场的发展造成的公司股权分散产生的。分散的投资者除了关注资产保值增值，更关心公司未来价值创造和股票涨跌，也就是说，投资者关注的核心从公司财产本身更多地转移到公司价值管理和资本市场股票表现。在此情况下，财务报告需要向投资者等外部信息使用者提供与其投资决策相关的信息，财务报告的决策有用观由此产生。在决策有用观下，财务报告应当向投资者提供决策有用的信息。

这两种观点下的财务会计目标各有侧重，但并不矛盾，财务报告既可以反映管理层受托责任的履行情况，也可以满足投资者的决策需要，因此，许多国家提出双重目标，我国就是其中之一。

我国财务会计报告的目标是向财务会计报告使用者提供与企业财务状况、经营成果和现金流量等有关的会计信息，反映企业管理层受托责任履行情况，有助于财务会计报告使用者做出经济决策。

【启发思考】财务会计的目标在财务会计概念体系中起导向性作用。财务会计的受托责任观与决策有用观分别在会计信息质量特征、会计计量属性等方面有哪些不同要求?

三、财务会计信息的使用者

财务会计发展到现在，关注企业财务状况、经营成果和现金流量的信息使用者，主要包括外部使用者和内部使用者两类。

（一）外部使用者

财务会计主要为企业外部信息使用者提供信息。

投资者：包括现有的投资人和潜在的投资者。投资人向企业投入资本，其主要目的在于获取投资回报，所以，投资人关心其投资的内在风险和预期回报，通过分析企业的财务状况、经营成果和现金流量等信息，做出是否买进企业股权、继续持有还是卖出已有投资的决策，评估和预测企业向股东支付股利的能力。

债权人：包括银行等贷款人及赊销供应商等。债权人关心企业的偿债能力和财务风险，通过评估企业能否如期支付贷款本金及其利息、能否如期支付所欠购货款等，做出回款、贷款和赊销政策等决策。

政府及其有关部门：包括税务、统计、财政、审计等经济管理和监管部门。他们关心经济资源分配是否公平、合理，市场经济秩序是否公正、有序，凭以监管企业、制定税收政策等。

（二）内部使用者

企业内部各级管理层为了履行职责，也需要相关信息来进行管理和做出各种决策。严格按照一套会计信息系统产生的财务会计信息，也被董事会以及员工使用。

四、财务会计信息质量特征

财务会计目标解决了“向谁提供信息”和“提供什么信息”两个基本问题，而提供的信息只有具备较高的质量才能满足这些需求，这就是财务会计信息质量特征问题。财务会计信息质量特征是对企业财务报告中所提供的会计信息的基本要求，是为使财务报告所提供会计信息对使用者决策有用应具备的基本特征。高质量的会计信息应具备可靠性、相关性、可理解性、可比性、实质重于形式、重要性、谨慎性和及时性等特征。

（一）可靠性

可靠性要求企业应当以实际发生的交易或者事项为依据进行确认、计量和报告，如实反映符合确认和计量要求的各项会计要素及其他相关信息，保证会计信息真实可靠、内容完整。

可靠性是高质量会计信息的重要基础和关键所在，如果企业以虚假的经济业务进行确认、计量、报告，属于违法行为，不仅会严重损害会计信息质量，而且会误导投资者，干扰资本市场，导致会计秩序混乱。可靠性包含三个方面：

1.真实性

以实际发生的交易或者事项为依据进行确认、计量，将符合会计要素定义及其确认条件的各项会计要素如实反映在财务报表中。

2.完整性

在符合重要性和成本效益原则的前提下，充分披露与使用者决策相关的有用信息，以保证会计信息的完整性。

3.中立性

在财务报告中应列示和披露中立、无偏的会计信息，如果为达到事先设定的结果或效果，通过选择或列示有关会计信息以影响决策和判断，这样的财务报告信息就不是中立的。

(二) 相关性

相关性要求企业提供的会计信息应当与投资者等信息使用者的经济决策相关，有助于他们对企业过去、现在或者未来的情况做出评价或者预测。

会计信息是否有用，关键看其是否与使用者的决策相关，是否有助于决策或者提高决策水平。相关性取决于信息是否具有反馈价值和预测价值。

1.反馈价值

财务会计信息应有助于使用者评价过去的决策，能帮助使用者证实或者修正过去的有关预测，这样的会计信息就具有反馈价值。

2.预测价值

财务会计信息应有助于使用者根据财务报告所提供的会计信息预测企业未来的财务状况、经营成果和现金流量，这样的会计信息就具有预测价值。

(三) 可理解性

可理解性要求企业提供的会计信息应当清晰、简明，便于信息使用者理解和使用。企业编制财务报告、提供会计信息的目的在于使用，只有提供清晰明了、易于理解的会计信息，才能提高会计信息的有用性，实现财务报告的目标。基于会计信息的专业性，会计信息的可理解性还要求使用者具有一定的有关企业经营活动和会计方面的知识，且愿意付出努力去研究这些信息。同时，对于交易本身较为复杂或者会计处理较为复杂的信息，在财务报告中进行充分披露可以增加其可理解性。

(四) 可比性

可比性要求企业提供的会计信息应当相互可比，包括横向可比和纵向可比两层含义。

1.横向可比

横向可比要求不同企业同一会计期间发生的相同或者相似的交易或者事项，应当采用统一规定的会计政策，确保会计信息口径一致、相互可比。换言之，不同企业应当按照一致的确认、计量和报告要求提供有关会计信息，以有助于信息使用者评价不同企业的财务状况、经营成果和现金流量。

2.纵向可比

纵向可比要求同一企业不同时期发生的相同或者相似的交易或者事项，应当采用一贯的会计方法和政策，不得随意变更，以有助于信息使用者了解企业的财务状况、经营成果和现金流量的变化趋势，比较企业在不同时期的财务报告信息，全面、客观地评价过去、预测未来。满足可比性要求，并非表明企业不得变更会计政策，如果按照规定或者在会计政策变更后可以提供更可靠、更相关的会计信息，可以变更会计政策。

（五）实质重于形式

实质重于形式要求企业应当按照交易或者事项的经济实质进行会计确认、计量和报告，不应仅仅以交易或者事项的法律形式为依据。

多数情况下，企业发生交易或事项的经济实质和法律形式是一致的，但在有些情况下二者也会不一致。例如，企业按照销售合同销售商品但又签订了售后回购协议，虽然从法律形式上看实现了收入，但因企业有回购义务，表明客户在销售时并未取得相关商品控制权，不满足收入确认条件，因此，即使签订了商品销售合同或者已将商品交付给购货方，也不应当确认销售收入。

（六）重要性

重要性要求企业提供的会计信息应当反映与企业财务状况、经营成果和现金流量有关的所有重要交易或者事项。

在合理预期下，如果财务报告中提供的会计信息的省略或者错报会影响信息使用者据此做出经济决策，该信息就具有重要性。重要性的应用需要依赖职业判断，企业应当根据其所处环境和实际情况，从项目的性质和金额大小两方面加以判断。例如，企业发生的某些支出，金额较小的，从支出受益期来看，可能需要在若干会计期间进行分摊，但根据重要性要求，可以一次性计入当期损益。

（七）谨慎性

谨慎性要求企业对交易或者事项进行会计确认、计量和报告时保持应有的谨慎，不应高估资产或者收益，也不应低估负债或者费用。

在市场经济环境下，企业的生产经营活动面临着许多风险和不确定性，如应收款项的可收回性、固定资产的使用寿命、无形资产的使用寿命、售出存货可能发生的退货或者返修等。谨慎性要求企业在面临不确定性的情况下做出职业判断时，应当保持应有的谨慎，充分估计到各种风险和损失，既不高估资产或者收益，也不低估负债或者费用。例如，对于企业发生的或有事项，通常不能确认或有资产，只有当相关经济利益基本确定能够流入企业时，才能作为资产予以确认；相反，当相关的经济利益很可能流出企业而且构成现时义务时，应当及时确认为预计负债。上述处理就体现了会计信息质量的谨慎性要求。

在会计分期假设下，企业应当划分会计期间，分期结算账目和编制财务报告。会计期间通常分为年度和中期。中期，是指短于一个完整的会计年度的报告期间，如半年度、季度和月度。《中华人民共和国会计法》中规定以日历年度作为一个会计年度，即自公历1月1日起至12月31日止。此外，企业还需按照月度、季度、半年度编制财务报表，即还有月度、季度、半年度的会计期间。

视野拓展

世界各国的会计年度起止日期并不统一，除历年制会计年度外，还有跨历年制的会计年度。从理论上讲，如果将会计年度的起止点定在企业经营的淡季，业务量少，会计要素变化小，计量方便，会计人员就有足够时间办理年度结算，编制财务会计报告，减少审计压力。但将淡季作为会计年度的起止日也有局限性，淡季资产负债表所反映的年末财务状况缺乏代表性。

(四) 货币计量

货币计量，是指会计主体在财务会计确认、计量和报告时以货币作为计量单位，反映会计主体的生产经营活动。

在会计的确认、计量和报告过程中之所以选择货币为基础进行计量，是由货币本身的属性决定的。货币是商品的一般等价物，具有价值尺度、流通手段、贮藏手段和支付手段等特点。其他计量单位，如重量、长度、容积、台、件等，只能从一个侧面反映企业的生产经营情况，无法在量上进行汇总和比较，不便于会计计量和经营管理；而选择货币这一共同尺度进行计量，则能全面反映企业的生产经营情况。要实际进行会计核算，除了应明确以货币作为主要计量单位之外，还需要具体确定记账本位币，即按照统一的货币来反映会计主体的财务状况与经营成果，所以，我国企业会计准则规定，会计核算应以人民币作为记账本位币。

【启发思考】由企业管理的证券投资基金、企业年金基金等是法律主体还是会计主体？统一采用货币计量是否也有缺陷？应当如何在财务会计报告中予以弥补？

二、会计核算基础

在实务中，企业交易或者事项的发生时间与相关货币收支时间有时并不完全一致。例如，款项已经收到，但销售并未实现；或者款项已经支付，但并不是为本期生产经营活动而发生的。为了更加真实、公允地反映特定会计期间的财务状况和经营成果，会计准则明确规定，企业在会计确认、计量和报告中应当以权责发生制为基础。

权责发生制基础要求，凡是当期已经实现的收入和已经发生或应当负担的费用，无论款项是否收付，都应当作为当期的收入和费用，计入利润表；凡是不属于当期的收入和费用，即使款项已在当期收付，也不应当作为当期的收入和费用。

收付实现制是与权责发生制相对应的一种会计核算基础，它是以收到或支付的现金作为确认收入和费用等的依据。

第三节　会计要素的确认与计量

会计要素是根据交易或者事项的经济特征对财务会计对象进行的基本分类。按性质划分，会计要素分为资产、负债、所有者权益、收入、费用和利润六要素。由于财务会计信息主要是通过财务报表提供的，因此会计要素也可称为财务报表要素，其中，资产、负债和所有者权益要素主要反映企业的财务状况，属于资产负债表要素，收入、费用和利润主要反映企业的经营成果，属于利润表要素。会计要素的界定和分类可以使财务会计系统更加科学严密，为投资者、债权人等信息使用者提供更加有用的信息。

一、会计要素的确认

企业在经营过程中会发生各种各样的经济活动，对这些经济活动及其所产生的经济数据进行分析，以判断和识别它们是否对会计要素产生影响，如果产生影响，又是影响哪些会计要素，这一过程称为会计要素的确认。会计要素的确认首先要符合该要素的定义，同时必须要满足相应的确认条件。

(一) 资产

1.资产的定义

资产是指企业过去的交易或者事项形成的、由企业拥有或者控制的、预期会给企业带来经济利益的资源。资产具有以下特征：

(1) 资产是由企业过去的交易或者事项形成的

资产应当由企业过去的交易或者事项所形成，过去的交易或者事项包括购买、生产、建造行为或者其他交易或事项。只有过去的交易或者事项才能产生资产，企业预期在未来发生的交易或者事项不形成资产，例如，企业有购买固定资产的意向或计划，并未付诸实施，就不能确认固定资产。

(2) 资产应为企业拥有或者控制的资源

资产作为一项资源，应当由企业拥有或者控制，具体是指企业享有某项资源的所有权，或者虽然不享有某项资源的所有权，但该资源能被企业所控制。企业享有资产的所有权，通常表明企业能够排他性地从资产中获取经济利益。有些情况下，企业虽然不享有资产的所有权，但企业控制了这些资产，同样表明企业能够从资产中获取经济利益，符合资产的定义。

(3) 资产预期会给企业带来经济利益

资产具有直接或者间接为企业带来现金或现金等价物的潜力。带来经济利益的形式可以是现金或者现金等价物形式，也可以是能转化为现金或者现金等价物的形式，或者是可以减少现金或现金等价物流出的形式。

预期会给企业带来经济利益是资产的重要特征。例如，企业采购的原材料，用于生产经营过程，制造商品并对外出售后收回货款，获取经济利益。如果某一项目预期不能给企业带来经济利益，就不能将其确认为企业的资产。例如，某些财务挂账、盘亏的资产等，预期不会给企业带来经济利益，不符合资产的定义，不应确认为资产。

2.资产的确认条件

将一项资源确认为资产，需要符合资产的定义，还应同时满足以下两个条件：

（1）与该资源有关的经济利益很可能流入企业。预期给企业带来经济利益是资产的本质特征。而现实经济环境瞬息万变，与资源有关的经济利益能否流入企业或者能够流入多少带有不确定性。如果根据编制财务报表时所取得的证据，与资源有关的经济利益很可能流入企业，那么就应当将其作为资产予以确认；反之，不能确认为资产。

（2）该资源的成本或者价值能够可靠地计量。可计量性是包括资产在内的所有会计要素确认的重要前提。一般情况下，企业取得资产会发生成本，如购买或者生产存货、购置厂房或者设备等，只要能可靠计量实际发生的购买成本或生产成本，就符合资产确认的可计量性条件；特定情况下，企业取得资产没有发生实际成本或者发生的实际成本很小，如企业购入某些衍生金融工具形成的资产，如果其公允价值能够可靠计量，也符合资产确认的可计量性条件。

（二）负债

1.负债的定义

负债是指企业过去的交易或者事项形成的、预期会导致经济利益流出企业的现时义务。负债具有以下特征：

（1）负债是由企业过去的交易或者事项形成的。负债应当由企业过去的交易或者事项所形成，只有过去的交易或者事项才形成负债，企业将在未来发生的承诺、签订的合同等交易或者事项，不形成负债。

（2）负债是企业承担的现时义务。负债必须是企业承担的现时义务，这是负债的一个基本特征。现时义务是指企业在现行条件下已承担的义务。未来发生的交易或者事项形成的义务，不属于现时义务，不应当确认为负债。

（3）负债预期会导致经济利益流出企业。企业在履行现时义务时会导致经济利益流出企业的，才符合负债的定义。在履行现时义务清偿负债时，导致经济利益流出企业的形式多种多样，例如，用现金或实物资产形式偿还，以提供劳务形式偿还，以部分交付资产、部分提供劳务形式偿还，将负债转为资本等。

2.负债的确认条件

将一项现时义务确认为负债，不仅需要符合负债的定义，还应当同时满足以下两个条件：

（1）与该义务有关的经济利益很可能流出企业。负债预期会导致经济利益流出企业，而履行义务所需流出的经济利益带有不确定性，只有存在确凿证据表明，与现时义务有关的经济利益很可能流出企业，才应当将其作为负债予以确认。

（2）未来流出的经济利益的金额能够可靠地计量。

（三）所有者权益

1.所有者权益的定义

所有者权益是指企业资产扣除负债后由所有者享有的剩余权益，是企业资产总额中扣除债权人权益后的净额，也称为净资产。所有者权益的来源包括所有者投入的资本、直接计入所有者权益的利得和损失（其他综合收益）、留存收益等，通常由实收资本（或股本）、资本公积（含资本溢价或股本溢价、其他资本公积）、盈余公积和未分配利润构成。所有者权益是所有者对企业资产的剩余索取权，它是企业资产中扣除债权人权益后应由所有者享有的部分。

2.所有者权益的确认条件

所有者权益的确认和计量主要取决于资产、负债、收入、费用等其他会计要素的确认和计量。通常情况下，企业收入增加，会导致资产增加，相应地会增加所有者权益；企业发生费用，会导致负债增加，相应地会减少所有者权益。因此，企业日常经营的好坏和资产、负债的质量直接决定着企业所有者权益的增减变化和资本的保值增值。

（四）收入

1.收入的定义

收入是指企业在日常活动中形成的、会导致所有者权益增加的、与所有者投入资本无关的经济利益的总流入。收入具有以下特征：

（1）收入是企业在日常活动中形成的。日常活动是指企业为完成其经营目标所从事的经常性活动以及与之相关的活动。例如，工业企业制造并销售产品，商品流通企业销售商品，保险公司签发保单，咨询公司提供咨询服务，软件企业为客户开发软件，安装公司提供安装服务，商业银行对外贷款，租赁公司出租资产等，均属于企业的日常活动。凡是日常活动所形成的经济利益的流入都应当确认为收入，非日常活动所形成的经济利益的流入不能确认为收入，而应当计入利得。

（2）收入会导致所有者权益的增加。与收入相关的经济利益的流入应当会导致所有者权益的增加，不会导致所有者权益增加的经济利益的流入不符合收入的定义，不应确认为收入。

（3）收入是与所有者投入资本无关的经济利益的总流入。收入应当会导致经济利益的流入，从而导致资产的增加。但是，如果是所有者投入资本增加导致的经济利益流入就不应当确认为收入，应当将其直接确认为所有者权益。

2.收入的确认条件

收入来源渠道不同，确认条件也不同。一般情况下，当企业与客户签订合同并履行了合同中的履约义务（即客户取得相关商品控制权）时，可以确认收入，此时，企业履行该合同将改变企业未来现金流量，因向客户转让商品所有权取得的对价很可能收回。

（五）费用

1.费用的定义

费用是指企业在日常活动中发生的、会导致所有者权益减少的、与向所有者分配利润无关的经济利益的总流出。费用具有以下特征：

（1）费用是企业在日常活动中形成的。日常活动所产生的费用通常包括销售成本、管理费用等。企业非日常活动所形成的经济利益的流出不能确认为费用，而应当计入损失。

（2）费用会导致所有者权益的减少。与费用相关的经济利益的流出应当会导致所有者权益的减少，不会导致所有者权益减少的经济利益的流出不符合费用的定义，不应确认为费用。

（3）费用导致的是与向所有者分配利润无关的经济利益的总流出。费用的发生应当会导致经济利益的流出，从而导致资产的减少或者负债的增加。企业向所有者分配利润也会导致经济利益的流出，而该经济利益的流出属于投资者投资回报的分配，是所有者权益的直接抵减项目，不应确认为费用。

2.费用的确认条件

费用的确认至少应当符合以下条件：一是与费用相关的经济利益应当很可能流出企业；二是经济利益流出企业的结果会导致资产的减少或者负债的增加；三是经济利益的流出额能够可靠计量。

（六）利润

1.利润的定义

利润是指企业在一定会计期间的经营成果。具体包括：收入减去费用后的净额、直接计入当期利润的利得和损失等。其中，收入减去费用后的净额反映企业日常活动的经营业绩，直接计入当期利润的利得和损失反映企业非日常活动取得的业绩。

2.利润的确认条件

因为利润反映收入减去费用、利得减去损失后的净额，所以利润的确认主要依赖于收入和费用以及利得和损失的确认，其金额的确定也主要取决于收入、费用、利得、损失金额的计量。

【启发思考】企业的“收入、费用”与“利得、损失”之间存在何种区别？在利润表中如何体现？

二、会计要素的计量

会计要素的计量是指将符合确认条件的会计要素登记入账并列报于财务报表而确定其金额的过程。会计要素的计量由计量单位和计量属性两要素构成。

（一）计量单位

会计要素的计量中首先要确定的是计量单位。在会计基本假设中，已经明确了必须以货币作为主要计量单位，通常采用某国、某地区的法定货币，如人民币、美元、欧元等。在不存在恶性通货膨胀的情况下，一般不考虑货币购买力变化对会计信息的影响，即以名义货币作为计量单位。

（二）计量属性

计量属性是指计量对象的特性或外在表现形式，如桌子的长度、铁矿石的重量、房屋的面积等。从会计角度来看，计量属性反映的是会计要素金额的确定基础，会计要素可从多个方面予以货币计量，从而有不同的计量属性，主要包括历史成本、重置成本、可变现净值、现值和公允价值等。

1.历史成本

历史成本，又称实际成本，就是取得或制造某项财产物资时实际支付的现金或其他等价物。资产的历史成本是按照其购置时支付的现金或现金等价物的金额，或者按照购置资产时所付出的对价的公允价值计量；负债的历史成本是按照其承担现时义务而实际收到的款项或者资产的金额，或者承担现时义务的合同金额，或者按照日常活动中为偿还负债预期需要支付的现金或者现金等价物的金额。

2.重置成本

重置成本，又称现行成本，是指按照当前市场条件，重新取得同样一项资产所需支付的现金或现金等价物金额。资产的重置成本是按照现在购买相同或者相似资产所需支付的现金或者现金等价物的金额；负债的重置成本是按照现在偿付该项债务所需支付的现金或者现金等价物的金额。

3.可变现净值

可变现净值，是指在正常生产经营过程中，以资产预计售价减去进一步加工成本和预计销售费用以及相关税费后的净值。可变现净值这一计量属性仅适用于资产，如存货发生跌价后的后续计量。资产的可变现净值是按照其正常对外销售所能收到现金或者现金等价物的金额扣减该资产至完工时估计将要发生的成本、估计的销售费用以及相关税费后的金额。

4.现值

现值是指对未来现金流量以恰当的折现率进行折现后的价值，是考虑货币时间价值的一种计量属性。资产的现值是预计从其持续使用和最终处置中所取得的未来净现金流入量的折现金额。负债的现值是预计期限内需要偿还的未来净现金流出量的折现金额。

5.公允价值

公允价值是市场参与者在计量日发生的有序交易中，出售一项资产所能收到或转移一项负债所需支付的价格。公允价值是一种脱手价格。

企业以公允价值计量相关资产或负债，主要使用市场法、收益法和成本法三种估值技术。在估计公允价值时应优先使用能够从市场数据中取得的可观察输入值。只有在可观察输入值无法取得或取得不切实可行的情况下，才可以使用不可观察输入值。

（三）各种计量属性之间的关系

在各种会计要素计量属性中，历史成本通常反映的是资产或者负债过去的价值，而重置成本、可变现净值、现值以及公允价值通常反映的是资产或者负债的现时成本或者现时价值。

各种计量属性既相互区别，又密切联系。一项交易在交易时点通常是按公允价值交易的，随后就变成了历史成本。也就是说，当前环境下某项资产或负债的历史成本或许是过去环境下该项资产或负债的公允价值，而当前环境下某项资产或负债的公允价值也许就是未来环境下该项资产或负债的历史成本。公允价值可以是重置成本，也可以是可变现净值三是财务报告必须形成一个系统的文件，不应是零星的或者不完整的信息。

二、财务报告的构成

财务报告包括财务报表和其他应当在财务报告中披露的相关信息和资料。其中，财务报表是财务报告的主体核心部分，由报表及其附注两部分构成。财务报表包括资产负债表、利润表、现金流量表和所有者权益（股东权益）变动表等。附注是财务报表的有机组成部分。

资产负债表是反映企业在某一特定日期的财务状况的会计报表。

利润表是反映企业在一定会计期间的经营成果的会计报表。

现金流量表是反映企业在一定会计期间的现金和现金等价物流入和流出情况的会计报表。

所有者权益（股东权益）变动表是反映构成所有者权益的各组成部分当期的增减变动情况的报表。

附注是对在会计报表中列示项目所做的进一步说明，以及对未能在这些报表中列示项目的说明等。

其他在财务报告中披露的与决策相关的信息和资料，如社会责任、可持续发展能力等非财务信息，一般由企业根据有关法律法规和外部使用者的信息需求等自行决定。

引导案例分析

通过下载上市公司年度报告，了解年报中披露的财务与非财务信息分别有哪些，年度报告中披露非财务信息有何意义，财务报告中可以找到哪些与财务会计概念框架相关的内容，会计要素在财务报表中如何列示。

思考题

1. 财务会计的目标是什么？明确财务会计目标在会计理论体系构建中有何意义？
2. 会计信息质量特征有哪些？在会计确认、计量和报告中如何体现这些质量要求？
3. 为什么要规范会计基本假设？不同会计假设对开展会计确认、计量和报告工作分别有何意义？
4. 财务报表要素的确认条件分别是什么？
5. 会计计量中可以选择的计量属性有哪些？它们之间的关系如何？

即测即评

第二章 货币资金

【内容框架】

货币资金是指企业拥有的、以货币形态存在的资产，是企业流动性最强的一项资产。本章主要介绍货币资金的内容、管理制度和账务处理。具体内容框架如下图所示：

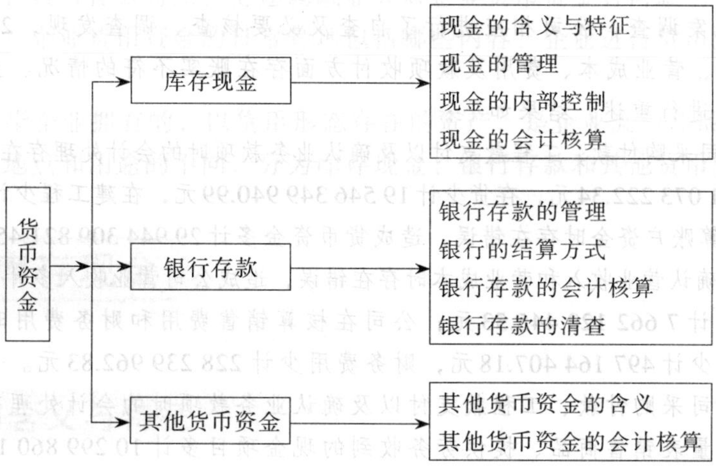

保、福利费用以及国家规定的对个人的其他支出；（5）向个人收购农副产品和其他物资的价款；（6）出差人员必须随身携带的差旅费；（7）结算起点以下的零星开支；（8）中国人民银行确定需要支付现金的其他支出。除上述情况外，其他款项的支付需要通过银行转账结算。

（二）库存现金的限额

库存现金的限额是指按照银行现金管理规定，由开户行核定的企业现金的库存最高额度。库存现金的限额原则上根据企业3至5天的日常零星开支的需要确定。边远地区和交通不发达的地区可以适当放宽，但最多不超过15天。企业每日的现金结存数，不得超过核定的限额，超过的部分必须及时送存银行。需要增加或减少库存现金限额的，应当向开户行提出申请，由开户行核定。

（三）现金收支的规定

现金收支的规定如下：（1）开户单位的现金收入应于当日送存开户银行，如当天不能及时送存的，送存时间由开户行确定；（2）开户单位支付现金，可以从本单位库存现金限额中支付或从开户银行提取，不得从本单位的现金收入中直接支付，即不得“坐支”现金，因特殊情况需要坐支现金的，应当事先报经有关部门审查批准，并在核定的坐支范围和限额内进行；（3）开户单位从开户银行提取现金时，应如实写明提取现金的用途，由本单位财会部门负责人签字盖章，并经开户银行审查批准后予以支付；（4）因采购地点不固定、交通不便、抢险救灾以及其他特殊情况必须使用现金的单位，应向开户银行提出书面申请，由本单位财会部门负责人签字，并经由开户银行审查批准后支付现金。

此外，不准用不符合国家统一会计制度的凭证顶替库存现金，即不得“白条顶库”；不准谎报用途套取现金；不准用单位收入的现金以个人名义存入储蓄；不准保留账外公款，不得设置“小金库”等。银行对于违反上述规定的单位，将按照违规金额的一定比例予以处罚。

【启发思考】信息技术的发展推动了结算手段的变化。支付宝、微信等基于互联网的电子化结算形式改变了人们的生活方式，使用现金的人越来越少。那么，新技术发展对企业库存现金管理会带来什么影响？

三、现金的内部控制

为了加强对现金的管理，降低风险，企业应当建立健全现金内部控制制度。现金内部控制主要是指现金收支的内部控制。

（一）现金收入的内部控制

1. 职权和责任分开

填制收款凭证与收款的职责必须分开，由两个经办人员分工办理，库存现金总账和日记账的登记工作应由两人分工协作。

2. 建立发票、收据的领发存和销号制度

设置发票和收据领用存登记簿，并设专人保管，领用时须有领用人签收领用数量和起讫编号。使用完毕，发票和收据应由保管人收回，收回时要按票据的编号、金额逐一核对注销。作废的票据应全联粘贴在存根上，并加盖“作废”图章。

3. 按规定的手续和程序办理收款业务

一切现金收入都应无一例外地开具收款收据，以分清职责。一切现金收入必须当天入账，并及时存入银行。

（二）现金支出的内部控制

1. 职权和责任分开

采购、出纳、记账工作必须由专人负责，分工办理，相互牵制和制约。填制付款单据、签发支票和付款要由两人分工办理，互相监督。

2. 按规定程序和手续办理付款业务

任何一项需要付款的业务都要有原始凭证，由经办人签字，企业相关审批人审核同意并经会计人员复核认为应予付款后，出纳才能据以付款。付款后，出纳应在有关凭证上盖“现金付讫”图章，并定期装订成册后由专人保管。

3. 根据规定使用现金

存出的保证金、押金、备用金等应定期进行核对，对于不用的保证金、押金和备用金进行清理，及时收回。

四、现金的会计核算

企业应当设置“库存现金”账户反映库存现金的收入、支出和结存情况，并设置和登记库存现金总账和日记账。

库存现金总账反映现金的收入、支出和结存情况。借方登记现金的增加，贷方登记现金的减少，期末余额在借方，表示库存现金的结存数。

库存现金日记账按照现金业务发生的先后顺序逐笔序时登记。每日终了，应将登记的库存现金日记账结余数与实际库存数进行核对，做到账款相符。月份终了，必须将日记账余额与总账余额进行核对，做到账账相符。

【例 2-1】

20×9 年 9 月 12 日，甲公司从银行提取现金 5 000 元，用于购买办公用品。

(1) 从银行提取现金。

借：库存现金	5 000	
贷：银行存款		5 000

(2) 购买办公用品。

借：管理费用	5 000	
贷：库存现金		5 000

【例 2-2】

20×9 年 9 月 16 日，甲公司李某出差预借差旅费 1 000 元，以现金支付；19 日李某出差回来报销差旅费 850 元，余款缴回公司。

(1) 16 日预借差旅费。

借：其他应收款——李某　1 000

　贷：库存现金　1 000

(2) 19 日回来报销。

借：管理费用　850

　　库存现金　150

　贷：其他应收款——李某　1 000

五、备用金制度

备用金是指企业支付给单位内部各部门或工作人员用作内部周转的日常零星开支的款项，例如差旅费等。建立备用金制度可以对企业的现金支出进行有效的控制。

企业使用备用金，可设置“其他应收款——备用金”科目核算。如果企业备用金金额较大或业务较多，可单独设置“备用金”科目进行核算。“备用金”科目属于资产类科目，借方登记增加数，贷方登记减少数，余额表示库存的备用金数额，并按照领用单位或个人设明细分类科目核算。

根据备用金的借用和归还方式，备用金的管理制度有两种：一次性备用金制度和定额备用金制度。

（一）一次性备用金制度

在该制度下，企业借出的现金一次使用完毕后，即办理结算手续，不可重复使用。

【例 2-3】

20×9 年 9 月 18 日，甲公司储运部门预借备用金 5 000 元。20×9 年 9 月 21 日，储运部门报销管理费用 4 000 元，经审核应予以报销，剩余现金 1 000 元交回财务部门。

(1) 预借备用金。

借：其他应收款——备用金　5 000

　贷：库存现金　5 000

(2) 报销管理费用。

借：管理费用　4 000

　　库存现金　1 000

　贷：其他应收款——备用金　5 000

（二）定额备用金制度

定额备用金制度是指企业对使用备用金的内部各部门或工作人员根据其零星开支的实际需要核定一个现金数额，并保证其经常维持已核定的数额。定额备用金制度下，部门或工作人员应按核定的定额填写借款凭证，一次性领出全部定额现金，用后凭发票等凭证报销，出纳员根据报销金额补充原定额，从而保证该部门或工作人员经常保持核定的现金定额。

【例 2-4】

甲公司对其供应部门实行定额备用金制度。20×9 年 9 月，有关账务处理如下：

（1）9 月 11 日，根据核定的数额，财务部门向供应部门支付了定额备用金 30 000 元。

借：其他应收款——备用金（供应部门）　　30 000

　贷：库存现金　　30 000

（2）9 月 21 日，供应部门累计用于办公费用的支出 25 000 元，凭支付凭证到财务部门报销。财务部门审核以后支付现金，补足定额。

借：管理费用　　25 000

　贷：库存现金　　25 000

备用金使用过程中，如果企业认为有必要，经有关人员批准也可以增加或减少备用金定额，甚至全部收回备用金。

【例 2-5】

接【例 2-4】，假定 12 月 29 日，财务部门因管理需要决定取消定额备用金制度。供应部门持尚未报销的支付凭证 18 000 元和余款 12 000 元，办理报销和交回备用金的手续。相关账务处理如下：

借：管理费用　　18 000

　　库存现金　　12 000

　贷：其他应收款——备用金（供应部门）　　30 000

六、现金的清查

企业应对现金进行定期或不定期的清查，一般采用实地盘点法。当发现库存现金与账面金额不符时，应尽快查找原因，及时进行账务处理。

企业应于每日终了对现金进行清查，并根据清查结果编制现金盘点报告单。一旦发现有白条顶库、挪用现金等情况，应及时予以纠正，如有超限额留存的现金，应及时送存银行。如果账款不符，发现有待查明原因的现金短缺或溢余，首先应通过“待处理财产损溢”科目核算；待查明原因后，报经批准根据不同情况进行处理。

【例 2-6】

20×9年10月12日，甲公司现金清查过程中，发现现金短缺1 800元。经调查，发现是由于出纳保管不善导致。经领导批准，短缺的现金由出纳人员赔偿。甲公司的账务处理如下：

（1）将短缺现金转入待处理财产损溢。

借：待处理财产损溢——待处理流动资产损溢　　1 800

　贷：库存现金　　1 800

（2）报经批准，予以处理。

借：其他应收款——应收现金短缺　　1 800

　贷：待处理财产损溢——待处理流动资产损溢　　1 800

【例 2-7】

20×9年10月18日，甲公司现金清查过程中，发现现金溢余500元。经调查，无法查明原因。经领导批准，计入营业外收入。甲公司的账务处理如下：

（1）将溢余现金转入待处理财产损溢。

借：库存现金　　500

　贷：待处理财产损溢——待处理流动资产损溢　　500

（2）报经批准，予以处理。

借：待处理财产损溢——待处理流动资产损溢　　500

　贷：营业外收入　　500

案例2-1

现金的清查与处理

某公司出纳员小李由于刚参加工作不久，对于货币资金业务管理和核算的相关规定不甚了解，所以出现了一些不应有的错误。有件事情让他印象深刻，至今记忆犹新。20×9年8月9日和17日两天现金清查之后，分别发现现金短缺40元和现金溢余30元。对于短缺和溢余的现金，小李百思不得其解。由于刚参加工作，为了不在领导和同事面前丢面子，又考虑到两次账实不符的金额比较小，小李通过下列办法解决：现金短缺的40元，从自己的口袋中拿出现金补齐；现金溢余的30元，暂时先放到自己的口袋中保管。[①]

第二节　银行存款

银行存款是指企业存入银行或其他金融机构的各种款项。按照国家规定，所有独立核

① 说明：这种处理方法不妥当，不符合货币资金业务管理和核算的相关规定。

算的单位都必须在当地银行开设账户。企业的一切支出除规定可用现金支付之外，都必须遵守银行结算办法的有关规定，通过银行办理转账结算。

一、银行存款的管理

（一）银行存款开户管理

在我国，企业在银行开立人民币存款账户，必须遵守中国人民银行发布的《人民币银行结算账户管理办法》《人民币银行结算账户管理办法实施细则》。

企业开立账户，根据不同的用途分为基本存款账户、一般存款账户、专用存款账户和临时存款账户等。

基本存款账户是存款人因办理日常转账结算和现金收付需要开立的银行结算账户。基本存款账户是存款人的主办账户，存款人日常经营活动的资金收付及工资、奖金和现金的支取，应通过该账户办理。单位银行卡账户的资金必须由其基本存款账户转账存入。一个企业只能选择一家银行的一个营业机构开立一个基本存款账户，不得在多家银行机构开立基本存款账户。

一般存款账户是存款人因借款或其他结算需要，在基本存款账户开户银行以外的银行营业机构开立的银行结算账户。一般存款账户用于办理存款人借款转存、借款归还和其他结算的资金收付，该账户可以办理现金缴存，但不得办理现金支取。

专用存款账户是存款人按照法律、行政法规和规章，对特定用途资金进行专项管理和使用而开立的银行结算账户。专用存款账户用于办理各项专用资金的收付，但不得办理现金收付业务。

临时存款账户是存款人因临时需要而开立的在规定期限内使用的银行结算账户。临时存款账户用于办理临时机构以及存款人临时经营活动发生的资金收付。临时存款账户的有效期最长不得超过2年。临时存款账户支取现金，应按照国家现金管理的规定办理。

（二）银行存款结算管理

在我国，企业办理转账结算必须遵守《中华人民共和国票据法》和中国人民银行《支付结算办法》的各项规定。账户内必须有足够的资金保证支付，必须以合法、有效的票据和结算凭证为依据；不准签发没有资金保证的票据或远期支票套取银行信用，不准签发、取得和转让没有真实交易和债权债务的票据套取银行及他人资金，不准无理由拒付款项而任意占用他人资金，不准违反规定开立和使用账户；必须遵守“恪守信用，履约付款”“谁的钱进谁的账，由谁支配”“银行不垫款”的支付结算原则。企业应根据业务特点，采用恰当的结算方式办理各种结算业务。

二、银行结算方式

中国人民银行颁布的《支付结算办法》规定，企业之间可以使用银行转账结算方式。常用的银行转账结算方式主要有银行汇票、银行本票、支票、商业汇票、信用卡、汇兑、托收承付和委托收款。

(一) 银行汇票

银行汇票是汇款人将款项存入当地银行，由银行签发给汇款人持往异地办理转账结算或支取现金的票据。银行汇票全部记名，提示付款期限为1个月。

单位和个人款项的结算，都可使用银行汇票。银行汇票可以用于转账，填明“现金”字样的银行汇票也可以用于现金的支取。持票人可以到外地办理银行转账或支取现金、在汇款金额限额内办理结算，银行也可以将剩余款项代为退回。

(二) 银行本票

银行本票是指银行签发的，承诺自己在见票时无条件支付确定的金额给收款人或持票人的票据。申请人将款项交存银行，由银行签发凭证以办理转账和提取现金。银行本票分定额和不定额两种。定额本票面额为1 000元、5 000元、10 000元、50 000元。银行本票一律记名，可以背书转让，提示付款期限为2个月，对于逾期本票银行不予办理。单位和个人在同一票据交换区域需要支付的各种款项，均可使用银行本票，见票即付。银行本票可以用于转账，注明“现金”字样的银行本票可以用于支取现金。

(三) 支票

支票是银行的存款人签发给收款人办理结算或委托开户银行见票付款的票据，支票分为现金支票、转账支票、普通支票，支票一律记名，适用于同城商品交易和劳务供应等结算，支票的提示付款期限为10天。

(四) 商业汇票

商业汇票是由出票人签发的，委托付款人在指定日期无条件支付确定的金额给收款人或者持票人的票据。商业汇票的付款期限可由双方自行约定，但最长不得超过6个月。商业汇票的提示付款期限，自汇票到期日起10日。商业汇票适用于同城或异地结算，一律记名，可以背书转让、贴现。商业汇票是由企业签发的，最终付款才通过银行完成。

商业汇票可分为商业承兑汇票和银行承兑汇票两种。商业承兑汇票由收款人签发，经承兑人承兑，或由付款人签发并承兑的票据。商业承兑汇票由银行以外的付款人承兑，属于商业信用范畴。若票据到期，付款人的银行存款不足以支付，那么，银行会将票据退回收款人，由双方协商解决。银行承兑汇票是由在承兑银行开立存款账户的存款人签发，经银行审查同意承兑的票据。承兑申请人按票面金额的0.05%但不低于规定的金额向银行支付手续费。若票据到期时承兑申请人未能足额交付本票款，承兑银行除无条件支付票款外，还会对承兑申请人执行扣款，并对尚未扣回的承兑金额每天按0.05%计算收取罚息。

(五) 信用卡

信用卡是指商业银行向个人和单位发行的，凭以向特约单位购物、消费和向银行存取现金，且具有消费信用的特制载体卡片。信用卡按使用对象分为单位卡和个人卡；按信用等级分为金卡和普通卡；按是否向发卡银行交存备用金分为贷记卡和准贷记卡。贷记卡是指发卡银行给予持卡人一定的信用额度，持卡人可在信用额度内先消费、后还款的信用卡；准贷记卡是指持卡人须先按发卡银行要求交存一定金额的备用金，当备用金科目余额不足以支付时，可在发卡银行规定的信用额度内透支的信用卡。贷记卡的首月最低还款额不得低于其当月透支余额的10%。利用单位卡结算金额不得高于10万元。信用卡透支金额有明确的规定，一般都有最高限额。信用卡透支期限最长为60天。

(六) 汇兑

汇兑是指汇款人委托银行将其款项以汇出形式支付给收款人的结算方式，适用于异地结算，分为信汇和电汇。

(七) 托收承付

托收承付是指根据经济合同，收款单位发货后，委托银行收取款项，由付款单位向银行承认付款的结算方式，可分为邮寄和电汇两种。托收起点金额1万元。采用托收承付结算方式时，双方必须签有符合《中华人民共和国合同法》的购销合同，并在合同上订明使用托收承付结算方式。销货企业按照购销合同发货后，填写托收承付凭证，盖章后连同发运证件和交易单证送交开户银行办理托收手续。付款单位承付货款分为验单付款（3天）和验货付款（10天）两种。

(八) 委托收款

委托收款是指收款人将已承兑商业汇票、债券、存单等付款人的债务证明送交开户银行办理委托收款手续，收款人开户行受理后，将有关凭证寄交付款单位开户行并由其审核后通知付款单位付款的一种结算方式。委托收款适用于同城或异地结算。

三、银行存款的会计核算

(一) 银行存款的序时核算

银行存款的序时核算是指根据银行存款的收支业务逐日逐笔地记录银行存款的增减及结存情况。企业可按开户银行和其他金融机构存款种类等设置银行存款日记账，根据收付款凭证，按照业务的发生顺序逐日逐笔登记，每日终了应结出余额。银行存款日记账应定期与银行对账单核对，至少每月核对一次。

(二) 银行存款的总分类核算

企业应设置“银行存款”科目，用来核算企业存入银行及其他金融机构的存款。在实际工作中，首先，对每一笔收付款业务编制收款或付款凭证；然后，将收付款凭证按照对方科目进行归类汇总；最后，定期（10天或半个月）填制汇总收付款凭证，据以登记银行存款总账。

【例 2-8】

甲公司20×9年10月发生了如下与银行存款有关的业务：

（1）10月11日，用银行存款支付材料款6 000元，增值税税额为780元，原材料验收入库。

（2）10月13日，销售一批商品给乙公司，价款为60 000元，增值税为7 800元，销售当日货款尚未收到。

(3) 10月21日，银行通知收到乙公司10月13日销售款。

(4) 10月25日，从基本存款账户提取现金30 000元用于支付职工工资。

对以上业务，甲公司的账务处理如下：

借：原材料	6 000	
应交税费——应交增值税（进项税额）	780	
贷：银行存款		6 780
借：应收账款	67 800	
贷：主营业务收入		60 000
应交税费——应交增值税（销项税额）		7 800
借：银行存款	67 800	
贷：应收账款		67 800
借：库存现金	30 000	
贷：银行存款		30 000

四、银行存款的清查

为了掌握银行存款的实有金额，防止记账错漏，出纳人员应定期对银行存款进行清查，银行存款的清查通常采用核对账目的方法，也就是将企业的银行存款日记账与银行对账单逐笔核对。

如果两者余额不符，可能有以下两个原因：一是出现未达账项；二是记账错漏。未达账项，是指企业与银行之间对于同一笔业务，一方已经取得结算凭证入账，而另一方因未取得结算凭证尚未登记入账的款项。

未达账项有以下四种：①企业已记增加，而银行未收到结算凭证尚未登记；②企业已记减少，而银行未收到结算凭证尚未登记；③银行已记增加，而企业未收到结算凭证尚未登记；④银行已记减少，而企业未收到结算凭证尚未登记。

由于未达账项的产生是因为企业与银行取得结算凭证的时间不同，造成登记入账的时间差异，因此，企业银行存款账面余额与银行对账单余额之间如有差额，应编制“银行存款余额调节表”调节相符。如没有记账错误，调节后的双方余额应相等。

银行存款余额调节表有多种编制方法，会计实务中一般采用“补记式”余额调节法。其基本原理是：假设未达账项全部入账，银行存款日记账的余额与银行对账单的余额应相等。其编制方法是：在双方现有余额基础上，各自加上对方已收、本方未收账项，减去对方已付、本方未付账项，计算调节双方应有余额。用公式表示如下：

$$\text{银行存款日记账余额}+\text{银行已收企业未收账项}-\text{银行已付企业未付账项}=\text{银行对账单余额}+\text{企业已收银行未收账项}-\text{企业已付银行未付账项}$$

【例 2-9】

20×9年11月30日，甲公司银行存款日记账余额为49 000元。银行对账单余额为51 800元，逐笔核对后发现，有以下未达账项：

（1）甲公司11月30日存入转账支票5 400元，银行尚未入账。

（2）甲公司11月30日开出一张转账支票6 300元，由于持票人尚未到银行办理转账手续，故银行尚未记账。

（3）委托银行代收货款4 200元，11月30日银行已经收到并登记入账，由于收款通知未送达甲公司，故甲公司尚未入账。

（4）电业局委托银行代收甲公司应付电费2 300元，11月30日银行已经支付并登记入账，由于付款通知未送达甲公司，故甲公司尚未入账。

根据上述资料，甲公司20×9年11月30日编制“银行存款余额调节表”见表2-2。

表2-2 银行存款余额调节表

20×9年11月30日

单位：元

项目	金额	项目	金额
企业银行存款日记账余额	49 000	银行存款对账单余额	51 800
加：银行已收，企业未收	4 200	加：企业已收，银行未收	5 400
减：银行已付，企业未付	2 300	减：企业已付，银行未付	6 300
调节后余额	50 900	调节后余额	50 900

如果经调节后发现余额仍不相符，则是企业或银行记账错漏，应查明原因，进行错账更正。如发现银行存款金额小于企业账面金额，应记入“待处理财产损溢——待处理流动资产损溢”科目，待批准核销时，再转入“管理费用”等科目。

【启发思考】银行存款余额表可以由出纳编制吗？为什么？应当如何设计银行存款的内部控制以防范可能出现的风险？

第三节 其他货币资金

一、其他货币资金的含义

其他货币资金，是指企业除库存现金、银行存款以外的其他各种货币资金。其他货币资金主要包括银行汇票存款、银行本票存款、信用卡存款、信用证保证金存款、外埠存款、存出投资款等。

银行汇票存款，是指汇款人将款项交存当地出票银行，由出票银行签发的，由其在见票时按照实际结算金额无条件支付给收款人或者持票人。银行本票存款，是指企业为取得银行本票按照规定存入银行的款项。信用卡存款，是指企业为取得信用卡按照规定存入银行的款项。信用证保证金存款，是指采用信用证结算方式的企业为开具信用证而存入银行信用证保证金专户的款项。外埠存款，是指企业到外地进行临时或零星采购时，汇往采购地银行开立采购专户的款项。存出投资款，是指企业已存入证券公司，用于进行短期有价证券投资的款项。

二、其他货币资金的会计核算

为了反映和监督其他货币资金的收支和结存情况，企业应当设置"其他货币资金"账户，借方登记其他货币资金的增加数，贷方登记其他货币资金的减少数，期末余额在借方，反映企业实际持有的其他货币资金。"其他货币资金"科目应按其他货币资金的种类设置明细账户。

（一）银行汇票存款

企业填写"银行汇票申请书"并将款项交存银行时，借记"其他货币资金——银行汇票存款"科目，贷记"银行存款"科目；企业持银行汇票购货，收到有关发票账单时，借记"材料采购"或"原材料"、"应交税费——应交增值税（进项税额）"等科目，贷记"其他货币资金——银行汇票存款"科目；采购完毕收回剩余款项时，借记"银行存款"科目，贷记"其他货币资金——银行汇票存款"科目。企业收到银行汇票，填制进账单，到开户银行办理款项入账手续时，根据进账单及销货发票等，借记"银行存款"科目，贷记"主营业务收入""应交税费——应交增值税（销项税额）"等科目。

【例 2-10】

20×9年10月9日，甲公司向银行提交"银行汇票申请书"，并交存款项50 000元。银行受理后，签发银行汇票和解讫通知，并根据"银行汇票申请书"存根联记账。

20×9年10月13日，甲公司用银行签发的银行汇票支付采购材料货款35 000元和应交增值税4 550元。材料已验收入库。

20×9年10月24日，甲公司收到银行退回的多余款收账通知。

根据以上经济业务，甲公司的账务处理如下：

（1）申请签发银行汇票。

借：其他货币资金——银行汇票存款	50 000	
贷：银行存款		50 000

（2）用银行汇票采购材料。

借：原材料	35 000	
应交税费——应交增值税（进项税额）	4 550	
贷：其他货币资金——银行汇票存款		39 550

(3) 银行汇票余额收回。

借：银行存款　10 450

　贷：其他货币资金——银行汇票存款　10 450

(二) 银行本票存款

企业填写“银行本票申请书”并将款项交存银行时，借记“其他货币资金——银行本票存款”科目，贷记“银行存款”科目；企业持银行本票购货，收到有关发票账单时，借记“材料采购”或“原材料”“库存商品”、“应交税费——应交增值税（进项税额）”等科目，贷记“其他货币资金——银行本票存款”科目。企业收到银行本票，填制进账单，到开户银行办理款项入账手续时，根据进账单及销货发票等，借记“银行存款”科目，贷记“主营业务收入”“应交税费——应交增值税（销项税额）”等科目。

(三) 信用卡存款

企业申请信用卡时，应填制“信用卡申请表”，连同支票和有关资料一并送存发卡银行，根据银行盖章退回的进账单第一联，借记“其他货币资金——信用卡存款”科目，贷记“银行存款”科目；企业用信用卡购物或支付有关费用，收到开户银行转来的信用卡存款的付款凭证及所附发票账单时，借记“管理费用”等科目，贷记“其他货币资金——信用卡存款”科目；企业信用卡在使用过程中需要续存资金的，借记“其他货币资金——信用卡存款”科目，贷记“银行存款”科目；企业的持卡人如不需要继续使用信用卡，应持信用卡主动到发卡银行办理销户，销卡时，单位卡科目余额转入企业基本存款账户，不得提取现金，借记“银行存款”科目，贷记“其他货币资金——信用卡存款”科目。

【例 2-11】

20×9年10月6日，甲公司因开展业务需要向银行申请办理信用卡，开出现金支票一张，金额110 000元，收到进账单第一联和信用卡。

20×9年10月16日，甲公司用信用卡购买办公用品，支付价款75 000元及增值税9 750元；20×9年10月20日，甲公司因信用卡资金不足，开出转账支票一张以续存资金，金额50 000元。

(1) 申请信用卡。

借：其他货币资金——信用卡存款　110 000

　贷：银行存款　110 000

(2) 用信用卡采购办公用品。

借：管理费用　75 000

　　应交税费——应交增值税（进项税额）　9 750

　贷：其他货币资金——信用卡存款　84 750

(3) 信用卡续存资金。

借：其他货币资金——信用卡存款　　50 000
　贷：银行存款　　50 000

（四）信用证保证金存款

企业填写"信用证申请书"，将信用证保证金交存银行时，应根据银行盖章退回的"信用证申请书"回单，借记"其他货币资金——信用证保证金存款"科目，贷记"银行存款"科目；企业接到开证行通知，根据供货单位信用证结算凭证及所附发票账单，借记"材料采购"或"原材料"、"库存商品"、"应交税费——应交增值税（进项税额）"等科目，贷记"其他货币资金——信用证保证金存款"科目；将未用完的信用证保证金存款余额转回开户银行时，借记"银行存款"科目，贷记"其他货币资金——信用证保证金存款"科目。

【例 2-12】

20×9年9月6日，甲公司因从国外进口货物而向银行申请使用国际信用证进行结算，并按规定开出转账支票向银行交纳保证金900 000元，收到盖章退回的进账单第一联。

20×9年9月21日，甲公司收到银行转来的进口货物信用证通知书，根据海关出具的完税凭证，进口货物的成本720 000元，应交增值税93 600元，货物已验收入库。

甲公司账务处理如下：

（1）申请信用证。

借：其他货币资金——信用证保证金存款　　900 000
　贷：银行存款　　900 000

（2）用信用证采购货物。

借：原材料　　720 000
　　应交税费——应交增值税（进项税额）　　93 600
　贷：其他货币资金——信用证保证金存款　　813 600

（3）撤回保证金余额。

借：银行存款　　86 400
　贷：其他货币资金——信用证保证金存款　　86 400

视野拓展

在财务领域，资产负债表中的货币资金被公认为是最安全、流动性最强的资产，但上市公司发生的一些事往往颠覆大家的认知，令人感到非常困惑。最近有一家中部地区的上市公司复牌遭遇一字跌停，原因竟是最近一期财报显示公司账上货币资金本来有18亿元，却掏不出6 000万元的现金分红款。部分原因是资产负债表中的货币资金存在使用受限的情况，如各种保证金、不能随时用于支付的存款（如定期存款）、在法律上被质押或者以其他方式设置了担保权利的货币资金等。

（五）外埠存款

企业在经常异地采购的情况下，可以特设外地采购专户。当企业将款项汇往外地开立采购专用账户时，根据汇出款项凭证，借记“其他货币资金——外埠存款”科目，贷记“银行存款”科目；收到采购人员转来的供应单位发票账单等报销凭证时，借记“材料采购”或“原材料”、“库存商品”、“应交税费——应交增值税（进项税额）”等科目，贷记“其他货币资金——外埠存款”科目；采购完毕收回剩余款项时，根据银行的收账通知，借记“银行存款”科目，贷记“其他货币资金——外埠存款”科目。

（六）存出投资款

企业向证券公司划出资金时，应按实际划出的金额，借记“其他货币资金——存出投资款”科目，贷记“银行存款”科目；购买金融资产时，借记“交易性金融资产”等科目，贷记“其他货币资金——存出投资款”科目。

【例 2-13】

20×9 年 10 月 17 日，甲公司拟利用闲置资金进行证券投资，在深达证券公司申请开户，并划出资金 1 800 000 元存入该账户，以便购买股票、基金、债券等。20×9 年 10 月 23 日，甲公司从二级市场上购买民生银行股票 80 000 股，每股市价 7.5 元，根据公司的业务模式和预计现金流特征，将其划分为以公允价值计量且其变动计入当期损益的金融资产，另外发生交易费用 8 500 元。

甲公司的账务处理如下：

（1）开设投资专户。

借：其他货币资金——存出投资款	1 800 000	
贷：银行存款		1 800 000

（2）购入金融资产。

借：交易性金融资产	600 000	
投资收益	8 500	
贷：其他货币资金——存出投资款		608 500

思考题

1. 企业货币资金有什么特点？包含哪些项目？
2. 库存现金管理的主要内容有哪些？
3. 企业可以在银行开设哪些存款账户？每种存款账户的用途是什么？
4. 银行转账结算方式有哪些？
5. 银行存款余额调节表的作用是什么？如何编制？
6. 其他货币资金的内容包括哪些？如何核算？

即测即评

业务实操

上海大隆工厂2月份发生下列经济业务：

（1）1日，向武汉钢铁公司函购乙材料一批，填制信汇结算凭证，汇出款项9 600元。

（2）3日，银行转来电汇收账通知一张，金额为32 000元，系沈阳大昌公司汇来函购商品的货款。

（3）5日，电汇广州工商银行25 000元，开立采购专户。

（4）7日，发出沈阳大昌公司函购的商品一批，货款31 000元，余款也从银行汇还对方。

（5）8日，从广州城中公司购进丙材料一批，货款22 500元，材料的运杂费800元，一并从本月5日在广州开立的采购专户支付。

（6）10日，广州采购专户已结清，余款已退回并存入银行。

（7）12日，武汉钢铁公司发来函购的乙材料一批，并收到随附的发票和运杂费凭证，开列货款9 000元，运杂费400元。余款200元已汇回，存入银行。

（8）15日，销售给南京工惠公司商品一批，货款20 000元，连同垫付的运杂费500元一并向银行办妥托收承付结算手续。

（9）17日，银行转来苏州长虹工厂托收承付结算凭证，金额为17 400元，并随附发票一张，开列甲材料一批，共计货款16 800元，运杂费凭证一张，金额600元。经审核无误，当即承付。

（10）24日，收到银行转来南京工惠公司承付款项的收账通知，金额为20 500元。

要求：编制以上会计分录（本题主要关注货币资金收付，暂不考虑增值税）。

参考答案

第三章　应收及预付款项

【内容框架】

应收及预付款项是指企业在日常生产经营过程中发生的债权。本章主要介绍各种应收款项的概念、确认、计量及账务处理。具体内容框架如图所示：

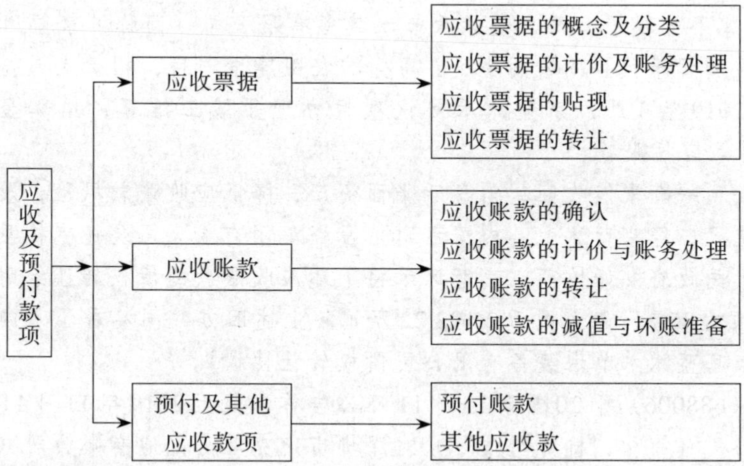

【学习目标】

通过本章的学习，了解各种应收款项的概念；理解不带追索权的商业汇票贴现和带追索权的商业汇票贴现的区别；掌握应收票据的确认和贴现的账务处理；掌握应收账款折扣的账务处理；掌握坏账准备的计算及账务处理。

引导案例

京蓝科技、杭可科技发布应收账款转让与应收账款风险提示公告

京蓝科技（000711）于2020年11月25日发布公告称，京蓝科技股份有限公司（简称“京蓝科技”）旗下控股子公司京蓝沐禾节水装备有限公司（简称“京蓝沐禾”）于2017年中标托克托县新营子镇合同营村3万亩高标准农田建设项目，招标人为托克托县新营子镇人民政府。2019年3月，京蓝沐禾对该项目办理了竣工结算，结算金额为人民币2 579.08万元，计入应收账款。

鉴于上述款项一直未能收回，为盘活账面资产，降低应收账款风险，及时回收流动资金，改善财务状况，经京蓝沐禾、内蒙古财信投资集团有限公司及托克托县财政局、托克托县新营子镇人民政府友好协商，京蓝沐禾将上述应收账款的债权转让给财信投资，转让价款为结算金额的85%，即人民币2 192.22万元。上述四方共同签署了《内蒙古财信投资集团有限公司与京蓝沐禾节水装备有限公司债权转让协议》。

杭可科技（688006）于2019年11月11日公告称，截至2019年11月11日，浙江杭可科技股份有限公司（简称“杭可科技”）对深圳市比克动力电池有限公司（简称“深圳比克”）、郑州比克电池有限公司（简称“郑州比克”，深圳比克和郑州比克合称“比克动力”）的应收账款余额合计10 626.34万元，其中应收深圳比克余额为1 510.98万元，应收郑州比克余额为9 115.36万元。截至2019年11月7日，杭可科技对比克动力应收账款计提了1 200.67万元坏账准备。鉴于当前存在的回款风险，杭可科技目前已对该部分应收账款补充计提坏账准备2 220.40万元，补充计提后相关坏账准备为3 421.07万元，综合计提比例达到32.19%，如比克动力的应收账款无法全部或部分收回，杭可科技将对该部分款项全额或部分计提坏账准备。具体账龄结构与坏账准备计提情况见表3-1。

表3-1 **具体账龄结构与坏账准备计提情况** 单位：万元

账龄	应收账款余额	截至2019年11月7日已计提坏账准备	补提坏账准备	截至本公告披露日已计提坏账准备	截至本公告披露日计提比例
信用期内	1 192.61	59.63	59.63	119.26	10.00%
信用期外（1年以内）	9 433.73	1 141.04	2 160.77	3 301.81	35.00%
应收账款合计	10 626.34	1 200.67	2 220.40	3 421.07	32.19%

（根据巨潮资讯网http：//www.cninfo.com.cn/上市公司公告整理）

通过阅读上述公告思考如下问题：什么是应收账款转让？京蓝科技应收账款转让属于哪种类型？对本次交易该如何进行账务处理？坏账准备计提和应收账款风险管理之间的联系是什么？应收账款在什么情况下需要计提坏账准备？企业该采用什么方法计提坏账准备？企业应计提多少坏账准备？本章将在系统讲解应收及预付款项的确认与计量后，对这些问题进行解答。

应收及预付款项是指企业在日常生产经营过程中发生的债权，包括应收及预付款项。应收款项主要包括应收票据、应收账款、其他应收款等；预付款项是指企业按照合同规定预付的款项，如预付账款等。

第一节　应收票据

一、应收票据的概念及分类

应收票据是指企业因销售商品、提供劳务等而持有的尚未到期兑现的商业汇票。应收票据有的是在销售商品时收到，有的是在偿付应收账款时收到。在会计实务中，支票、银行本票及银行汇票均为见票即付的票据，无须将其列为应收票据，因此应收票据仅指企业持有的尚未到期兑付的商业汇票。

商业汇票的付款期限，最长不得超过6个月。商业汇票的提示付款期限，自汇票到期日起10日。商业汇票主要按照以下两种标准进行分类。

(一）按照票据承兑人分类

根据承兑人不同，商业汇票分为商业承兑汇票和银行承兑汇票。商业承兑汇票是指由收款人签发交由付款人承兑，或者由付款人签发并承兑的汇票。商业承兑汇票只有经由付款人承兑，在汇票上签署“承兑”字样并加盖与在银行预留印鉴相符的印章，才具有法律效力。付款人对其承兑的汇票负有到期无条件付款的责任。银行只负责在汇票到期日凭票将款项从付款人账户划转给收款人或贴现银行，不承担付款责任。银行在办理划款时，如果付款人存款账户不足支付，银行将填制付款人未付款通知书，连同商业承兑汇票邮寄给持票人开户银行转交持票人。

银行承兑汇票是指由在承兑银行开立存款账户的存款人（承兑申请人）签发，由承兑银行承兑的票据。银行根据有关政策规定对承兑申请人所持汇票和购销合同进行审查，符合承兑条件的，与承兑申请人签订承兑协议，并在汇票上签章，同时向承兑申请人收取一定比例的承兑手续费。承兑申请人应于汇票到期前将票款足额交存其开户银行，承兑银行应在汇票到期日或者到期日后的见票当日支付款项。承兑申请人如果在汇票到期前未能足额交存票款，承兑银行除凭票向持票人无条件付款外，还会对承兑申请人尚未支付的汇票金额按照一定比例收取罚息。

(二）按照票据是否计息分类

商业汇票按票据是否计息分为不带息商业汇票和带息商业汇票。不带息商业汇票是指商业汇票到期时，承兑人只按票面金额（面值）向收款人或被背书人付款的汇票。带息商业汇票是指商业汇票到期时，承兑人须按照票面金额加上应计利息向收款人或被背书人支付票款的票据。应计利息是指按照票面金额和票据规定的利率计算的利息。

二、应收票据的计价及账务处理

（一）应收票据的计价

应收票据的计价是指应收票据入账价值的确定。应收票据的计价方法一般有两种：一是按票据的面值计价；另一种是按票据到期值的现值计价。理论上来说，按票据到期值的现值计价更为科学合理，但我国的商业汇票最长期限为6个月，期限较短，利息金额也相对较小，用现值计价不但计算烦琐，还需要在后期进行摊销，因此在实务中都按照面值计价。

（二）应收票据的账务处理

为了反映和监督企业应收票据的取得和收回情况，企业应设置“应收票据”账户进行核算。“应收票据”属于资产类账户，借方登记应收票据的面值及按期确认的应计利息，贷方登记到期收回、背书转让、向银行贴现及转为应收账款的金额，期末余额在借方，反映企业持有的商业汇票的金额。不带息应收票据和带息应收票据的处理不尽相同。

1.不带息应收票据

不带息应收票据的到期值即为应收票据的面值。企业销售商品、提供劳务等收到商业汇票时，按照票据的面值，借记“应收票据”科目，贷记“主营业务收入”“应交税费——应交增值税（销项税额）”等科目；收到债务人用于抵偿前欠货款的商业汇票时，借记“应收票据”科目，贷记“应收账款”科目。

商业汇票到期收回款项时，借记“银行存款”科目，贷记“应收票据”科目。商业承兑汇票到期，承兑人违约拒付或者无力偿付票款时，应借记“应收账款”科目，贷记“应收票据”科目。

【例 3-1】

甲公司为增值税一般纳税人，20×8年11月5日向乙公司（增值税一般纳税人）销售一批产品，价款为500 000元，增值税为65 000元，收到一张乙公司签发的期限为3个月的不带息商业承兑汇票。甲公司应编制如下会计分录：

借：应收票据	565 000	
贷：主营业务收入		500 000
应交税费——应交增值税（销项税额）		65 000

20×9年2月5日，甲公司上述应收票据到期，收到乙公司支付的565 000元并存入银行。甲公司应编制如下分录：

借：银行存款	565 000	
贷：应收票据		565 000

假如20×9年2月5日，甲公司上述应收票据到期，乙公司无力偿付该票据，甲公

司应将到期票据按票面金额转入“应收账款”科目，并编制如下会计分录：

借：应收账款　565 000

　贷：应收票据　565 000

2.带息应收票据

带息票据到期值为票据面值加上到期应计利息，即

带息票据到期值=票据面值×（1+利率×期限）

式中：利率是指票面规定的利率，一般以年利率表示；期限是指从票据生效日起到票据到期日止的时间间隔。

带息应收票据计息时，一方面增加应收票据的账面价值，另一方面冲减财务费用，借记“应收票据”科目，贷记“财务费用”科目。带息票据到期，收到承兑人支付的款项时，按实际收到的金额，借记“银行存款”科目，按照票据面值和已计利息，贷记“应收票据”科目，按其差额，贷记“财务费用”科目。

【例 3-2】

甲公司于20×8年12月1日收到乙公司当日开出的带息商业承兑汇票一张，以偿付前欠货款，该票据面值为200 000元，年利率9%，期限为3个月。甲公司的账务处理如下：

（1）12月1日收到商业承兑汇票时：

借：应收票据　200 000

　贷：应收账款　200 000

（2）20×8年年末计提利息时：

借：应收票据　1 500

　贷：财务费用　1 500

（3）票据到期时，甲公司收到款项：

借：银行存款　204 500

　贷：应收票据　201 500

　　财务费用　3 000

特别提示

票据期限若按月表示，应以到期月份中与出票日相同的那一天作为到期日。如出票日2月1日、期限4个月的票据，到期日为6月1日。与此同时，计算利息使用的利率要换成月利率，即年利率÷12。

票据期限若按日表示，到期日应从出票日起按实际天数计算，但出票日和到期日只算其中的一天，即“算头不算尾”或“算尾不算头”。如3月1日出票、期限60天的票据，

到期日为4月30日。与此同时，计算利息使用的利率要换算成日利率，即年利率÷360。

三、应收票据的贴现

应收票据的贴现是指银行买入未到期的票据，预先扣除自贴现日起至票据到期日止的利息，而将剩余的金额付给贴现者的一种交易。企业在票据到期前出现资金短缺时，可以持未到期的商业汇票向银行申请贴现，以获取所需资金。银行买入未到期的商业汇票，目的是获取贴现息。贴现时，企业按照贴现所得金额借记“银行存款”科目，根据票据到期值贷记“应收票据”科目，根据贴现息金额借记“财务费用”科目。

（一）不带息应收票据的贴现

当企业向银行贴现不带息商业汇票时，票据到期值即为票据面值。贴现息为票据面值、贴现率、贴现期三者的乘积，贴现所得为票据面值与贴现息之差。

贴现息=票据面值×贴现率×贴现期

贴现所得=票据面值-贴现息

【例 3-3】

甲企业于20×8年11月8日将一张当日签发的面值为90 000元、期限是4个月的银行承兑汇票到银行办理贴现，贴现率为9%。贴现的计算过程及账务处理如下：

贴现息=90 000×9%÷12×4=2 700（元）

贴现所得=90 000-2 700=87 300（元）

借：银行存款	87 300	
财务费用	2 700	
贷：应收票据		90 000

（二）带息应收票据的贴现

带息应收票据的贴现息和贴现所得应按下列公式计算：

贴现息=票据到期值×贴现率×贴现期

贴现所得=票据到期值-贴现息

票据到期值=票据面值×（1+利率×票据期限）

【例 3-4】

A公司在20×8年8月15日收到一张面值为100 000元、票面利率为6%、期限为6个月的带息银行承兑汇票，由于资金短缺，A公司于当年12月15日将该票据向银行贴现，贴现率为9%。贴现过程的计算及账务处理如下：

票据到期值=100 000×（1+6%÷12×6）=103 000（元）

贴现息=103 000×9%÷12×2=1 545（元）

贴现所得=103 000-1 545=101 455（元）

借：银行存款 101 455
　贷：应收票据 100 000
　　财务费用 1 455

商业汇票的贴现分为不带追索权的商业汇票贴现和带追索权的商业汇票贴现。不带追索权的商业汇票贴现在债务人未能按期把款项支付给银行时，贴现企业不负有连带还款责任，因此，应终止应收票据的确认。银行承兑汇票贴现基本不存在到期不能偿付的风险，因此视为不带追索权的商业汇票贴现。

带追索权的商业汇票贴现在债务人未能按期把款项支付给银行时，贴现企业负有连带还款责任，因此，将带追索权的商业汇票贴现视为贴现企业将票据质押给银行取得的借款，不终止应收票据的确认。贴现企业应先按贴现收到的金额，借记“银行存款”科目，贷记“短期借款”科目；商业汇票到期，债务人如期偿付时，再借记“短期借款”科目，贷记“应收票据”科目，按差额借记或贷记“财务费用”科目。

四、应收票据的转让

企业将应收票据背书转让给其他企业，以换取所需的物资材料时，应做如下会计分录：按照原材料的实际成本，借记“原材料”“应交税费——应交增值税（进项税额）”科目；按照票据的账面价值，贷记“应收票据”科目，按照至转让日止尚未计提的票据利息贷记“财务费用”科目；按照企业补付的差额，贷记“银行存款”科目。

企业应当定期或至少于每年年度终了时，对应收票据进行检查，预计其可能发生的坏账损失，并计提坏账准备。

【启发思考】根据目前会计准则，应收票据不属于现金或现金等价物，将应收票据背书用于支付采购款，能否“视同”计入现金流入和流出？如果不能，那么，这样的结算会对企业经营活动现金流量及营业收入与成本带来何种影响？

第二节 应收账款

一、应收账款的确认

应收账款是指企业因销售商品或提供劳务等，应向购货单位或者接受劳务单位收取的款项，主要包括企业销售商品、提供劳务等应向债务人收取的价款、增值税及代购货单位垫付的包装费、运杂费等。应收账款属于流动资产，不包括长期债权，如分期收款形成的长期应收款等。应收账款的确认与收入的确认密切相关，当企业赊销的商品满足收入的确认条件而未收到款项时，便形成了企业的应收账款。

二、应收账款的计价及账务处理

应收账款的计价，是指应收账款入账价值的确定。应收账款通常应按照实际发生额入账，主要包括企业销售商品、提供劳务等应收取的价款、增值税及代购货单位垫付的包装费、运杂费等。但是在商业活动中，由于存在商业折扣、现金折扣等，从而影响应收账款入账价值的确定。

为了反映和监督应收账款的增减变动及其结存情况，企业应设置“应收账款”科目。“应收账款”科目的借方登记应收账款的增加，贷方登记应收账款的收回及确认的坏账损失，期末余额一般在借方，反映企业尚未收回的应收账款。不单独设置“预收账款”科目的企业，预收的账款也在“应收账款”科目核算，因此，如果应收账款期末有贷方余额，则反映企业预收的账款。

（一）正常赊销

正常赊销是指没有任何销售折扣或折让条件下的销售。在正常赊销的情况下，企业应按应收账款的全部金额入账。

【例 3-5】

甲公司采用托收承付的结算方式销售一批商品给乙公司，售价为200 000元，适用的增值税税率为13%，另代乙公司垫付运杂费1 000元，已办妥托收手续。甲公司应编制如下会计分录：

借：应收账款	227 000	
贷：主营业务收入		200 000
应交税费——应交增值税（销项税额）		26 000
银行存款		1 000

（二）商业折扣

商业折扣是指企业根据市场供需情况，或者针对不同的客户，在商品标价上给予的扣除。商业折扣是企业常用的促销手段。在激烈的市场竞争中，企业往往利用人们的消费心理，把商业折扣作为一种吸引顾客的手段。企业为了扩大销售，往往对于购买数量较多的客户给予更多价格上的优惠。

商业折扣一般在交易发生时已经确定，它仅仅是确定实际销售价格的一种方式，不需要在买卖双方任何一方的账上反映，因此，在存在商业折扣的情况下，企业应按照扣除商业折扣后的售价作为计算增值税和确定应收账款入账金额的依据。商业折扣通常以百分比来表示，如10%、20%等。

【例 3-6】

甲公司赊销一批商品给乙百货公司，该批商品售价为500 000元，适用的增值税税率为13%，由于乙公司属于大客户，故甲公司给予其10%的商业折扣，双方约定一个月后付款。甲公司应编制如下会计分录：

（1）销售商品时：

借：应收账款　508 500

　贷：主营业务收入　450 000

　　应交税费——应交增值税（销项税额）　58 500

（2）收到货款时：

借：银行存款　508 500

　贷：应收账款　508 500

（三）现金折扣

现金折扣是指债权人为了鼓励债务人在规定期限内付款而向债务人提供的债务扣除。销售企业为了鼓励客户在一定期限内早日付款，将销售价格中的一定金额让予债务人。销售方提供现金折扣，目的是及早收回货款，加速资金的周转；对于购货方来说，享受现金折扣会节省下来一定数额的资金。现金折扣通常表示为“2/10，1/20，N/30”，意思是购货方如果在10天内付款，可享受2%的现金折扣；如果在超过10天、20天内付款，可享受1%的现金折扣；最长的付款期限是30天。

对于购货方是否会享受现金折扣，在交易日是无法确定的，理论上产生了两种不同的会计处理方法：一种是总价法，另一种是净价法。①

1.总价法

总价法是将未扣除现金折扣前的金额作为应收账款的入账价值。如果购货方享受了现金折扣，那么销售方将把给予其的现金折扣做冲减营业收入处理。总价法可以较好地反映企业销售的总过程，但可能会因为购货方享受现金折扣而造成销售收入和应收账款的高估。

【例 3-7】

甲公司赊销商品一批，采用总价法对应收账款计价。该批商品的价款为100 000元，适用的增值税税率为13%，规定的付款条件为“2/10，N/30”，假定计算折扣时不考虑增值税。甲公司应编制如下会计分录：

（1）确认销售收入和应收账款。

借：应收账款　113 000

① 现金折扣实质上是企业为了尽早收到销货款而采取的一种激励手段，并随时间而变化，属于新收入准则所界定的交易价格中的可变对价。因此，企业应当按照期望值或最可能发生金额确定可变对价的最佳估计数。每一资产负债表日，企业应当重新估计应计入交易价格的可变对价金额，包括重新评估将估计的可变对价计入交易价格是否受到限制，以如实反映报告期末存在的情况以及报告期内发生的情况变化。

贷：主营业务收入　　100 000

应交税费——应交增值税（销项税额）　　13 000

（2）假设客户在10天内付款，则可以享受2%的现金折扣。

100 000 ×2%=2 000（元）

借：银行存款　　111 000

主营业务收入　　2 000

贷：应收账款　　113 000

（3）假设客户超过10天付款，则不享受现金折扣。

借：银行存款　　113 000

贷：应收账款　　113 000

2.净价法

净价法是将扣减最大现金折扣后的金额作为应收账款的入账价值。这种方法把购货方取得折扣视为正常现象，认为购货方一般会提前付款，将由于购货方超过折扣期限而多收到的金额于收到款项时调增营业收入。净价法可以避免总价法的不足，但在客户没有享受现金折扣而全额付款的情况下，调整起来相对不易理解。

【例 3-8】

沿用【例 3-7】的资料。甲公司采用净价法时，应编制如下会计分录：

（1）确认销售收入和应收账款。

借：应收账款　　111 000

贷：主营业务收入　　98 000

应交税费——应交增值税（销项税额）　　13 000

（2）假设客户在10天内付款，则可以享受2%的现金折扣。

借：银行存款　　111 000

贷：应收账款　　111 000

（3）假设客户超过10天付款，则不享受现金折扣。

借：银行存款　　113 000

贷：应收账款　　111 000

主营业务收入　　2 000

三、应收账款的转让

应收账款转让，又称应收账款保理，是指企业将应收账款出让给银行等金融机构以获取资金的一种筹资方式。应收账款转让按是否具有追索权可分为附加追索权的应收账款转让和不附加追索权的应收账款转让。

（一）附加追索权的应收账款转让

附加追索权的应收账款转让，是指企业将应收账款转让给银行等金融机构，在有关应收账款到期无法从债务人处收回时，银行等金融机构有权向转让应收账款的企业追偿，或按照协议规定，企业有义务按照约定金额从银行等金融机构回购部分应收账款，应收账款的坏账风险由企业承担。就附加追索权的应收账款转让而言，与应收账款有关的风险和报酬几乎没有发生转移，本质上是以应收账款作为质押，取得银行借款的一种行为，因此不能终止应收账款的确认。

附加追索权的应收账款转让，取得转让资金时，借记“银行存款”科目，贷记“短期借款”科目；应收账款到期，债务人按期付款时，再借记“短期借款”等科目，贷记“应收账款”科目；如果债务人未能按期付款，则借记“短期借款”科目，贷记“银行存款”等科目。期间发生的借款利息，记入“财务费用”科目。

【例 3-9】

甲公司将其拥有的一笔应收账款转让给银行，该笔应收账款的金额为500 000元，甲公司取得资金450 000元。双方约定，若应收账款到期时债务人无法偿还，由甲公司偿还。则甲公司的会计处理如下：

（1）应收账款转让时：

借：银行存款	450 000	
贷：短期借款		450 000

（2）如债务人如期偿还：

借：短期借款	450 000	
财务费用	50 000	
贷：应收账款		500 000

如债务人无法偿还，由甲公司偿还：

借：短期借款	450 000	
财务费用	50 000	
贷：银行存款		500 000

（二）不附加追索权的应收账款转让

不附加追索权的应收账款转让，是指企业将应收账款转让给银行等金融机构，在有关应收账款到期无法从债务人处收回时，银行等金融机构不能向转让应收账款的企业追偿。在这种情况下，与应收账款有关的风险和报酬实质上已经发生了转移，让售方应将出售所得与应收账款之间的差额确认为让售损益，计入营业外支出。

视野拓展

应收账款融资，是指企业将其应收债权作为担保向银行等金融机构申请贷款以获得资金，由银行为企业提供融通资金、销售信用管理以及坏账担保等单项或多项金融服务。应收账款融资将担保贷款和短期商业贷款融合在一起，加强了企业的资金周转，是集融资、结算、财务管理和风险担保于一体的综合性金融服务。同时，应收账款融资具有手续简单、风险低、时间短的特性，有利于提高资产的流动性，拓宽企业的融资渠道，优化融资结构，降低企业的融资成本，从而促进其发展。通过企业与银行的互动，应收账款融资还有利于提高企业的偿债能力，树立良好的企业形象和信誉。

应收账款融资在很多国家已发展成为一种成熟的融资方式，得到了普遍应用。我国也于2013年年底正式建立应收账款融资服务平台，中国人民银行征信中心根据《中华人民共和国民法典》的授权，向企业提供应收账款质押登记服务，从物权登记和融资供需信息服务两方面，不断推动小微企业动产融资特别是应收账款融资的发展与创新。央行征信中心有关人士表示，应收账款融资是适合小微企业的融资方式。应收账款融资中，放贷机构更加看重应收账款的质量，即应收账款债务人的信用，这在一定程度上延伸了融资企业的信用基础，增加了小微企业融资的可获得性。

四、应收账款的减值与坏账准备

(一) 应收账款减值的确认

企业对购货人拒付、破产、死亡等原因而无法收回或收回可能性极小的应收款项，应当估计其损失的金额，确认坏账损失。我国企业会计准则规定，企业应当在资产负债表日对应收款项的账面价值进行检查，有客观证据表明该应收款项发生减值的，应当将该应收款项的账面价值减记至预计未来现金流量现值，减记的金额确认为减值损失，同时计提坏账准备。

表明应收账款发生减值的客观证据，是指应收账款初始确认后实际发生的、对该应收账款的预计未来现金流量有影响的，且企业能够对该影响进行可靠计量的事项。

应收账款发生减值的客观证据主要包括：(1) 债务人发生严重财务困难；(2) 债务人违反了合同条款，如偿付利息或本金发生违约或逾期等；(3) 债权人出于经济或法律等方面因素的考虑，对发生财务困难的债务人做出让步；(4) 债务人很可能倒闭或进行其他财务重组。

企业在对应收账款进行减值测试时，对于单项金额重大的应收账款，应当单独进行减值测试。有客观证据表明其发生了减值的，应当根据其未来现金流量现值低于其账面价值的差额，确认减值损失，计提坏账准备。对于单项金额非重大的应收账款可以单独进行减值测试，确定减值损失，计提坏账准备；也可以与经单独测试后未减值的应收账款一起按类似信用风险特征划分为若干组合，再按这些应收账款组合在资产负债表日余额的一定比例计算确定减值损失，计提坏账准备。根据应收账款组合余额的一定比例计算确定的坏账准备，应当反映各项目实际发生的减值损失，即各项目的账面价值超过其未来现金流量现值的金额。

（二）应收账款减值的账务处理

我国企业会计准则规定采用备抵法确认应收账款减值。备抵法，是期末在检查应收账款收回的可能性的前提下，预计可能发生的坏账损失，并计提坏账准备，当某一应收账款全部或部分被确认为坏账时，将其金额冲减坏账准备并相应转销应收账款的方法。备抵法的优点有：第一，将预计不能收回的应收账款作为坏账损失及时计入费用，避免企业虚增利润；第二，在资产负债表上列示应收账款净额，使报表阅读者更能了解企业真实的资产情况；第三，使应收账款实际占用资金接近实际，消除了虚列的应收账款，有利于企业加强应收账款的管理，提高企业经济效益。

【启发思考】请大家思考备抵法依据的会计理论基础是什么？备抵法下如何反映和确定应收账款可能收回的金额？

在会计实务中，常用的估计坏账损失金额的方法有应收账款余额百分比法和账龄分析法。

1.应收账款余额百分比法

应收账款余额百分比法，是指按应收账款的期末余额和预计的坏账损失率计算确定应收账款坏账准备的方法。坏账损失率，是指应收账款的坏账损失占应收账款余额的比率。坏账损失率应根据企业过去的坏账损失情况、客户的资金实力和信用等确定。

企业应在资产负债表日，按下列公式计算确定当期应计提的坏账准备金额：

本期应计提的坏账准备金额=本期预计的坏账损失金额−坏账准备科目原有贷方余额

本期预计的坏账损失金额=本期应收账款期末余额×预计的坏账损失率

根据上述公式，如果计提坏账准备前“坏账准备”科目无余额，应按本期预计的坏账损失金额，借记“信用减值损失”科目，贷记“坏账准备”科目。如果计提坏账准备前“坏账准备”科目已有贷方余额，应按本期预计的坏账损失金额大于坏账准备原有贷方余额的差额，借记“信用减值损失”科目，贷记“坏账准备”科目；反之，应按本期预计的坏账损失金额小于坏账准备原有贷方余额的差额，借记“坏账准备”科目，贷记“信用减值损失”科目。如果计提坏账准备前“坏账准备”科目已有借方余额，应按本期预计的坏账损失金额与坏账准备科目原有借方余额之和，借记“信用减值损失”科目，贷记“坏账准备”科目。

发生坏账时，应按实际发生的坏账金额，借记“坏账准备”科目，贷记“应收账款”科目；已经确认的坏账又收回时，根据收回的金额，借记“应收账款”科目，贷记“坏账准备”科目，同时，借记“银行存款”科目，贷记“应收账款”科目。

【例 3-10】

20×7 年 12 月 31 日，甲公司对应收丙公司的账款进行减值测试。应收账款余额合计为 1 000 000 元，甲公司根据丙公司的资信情况确定按 5% 计提坏账准备。假定计提坏账准备前，“坏账准备”科目无余额。20×8 年 7 月 22 日，甲公司对丙公司的应收账款实际发生坏账 30 000 元。甲公司 20×8 年年末应收丙公司的账款余额为 1 200 000

元，经减值测试，甲公司决定仍按5%计提坏账准备。20×9年5月20日，甲公司收到20×8年已转销的坏账20 000元，已存入银行。20×9年年末应收丙公司的账款余额为500 000元，经减值测试，甲公司决定按8%计提坏账准备。

（1）20×7年年末甲公司应收账款余额为1 000 000元，此前“坏账准备”科目无余额。

本期计提的坏账准备=1 000 000×5%=50 000（元）

借：信用减值准备	50 000
贷：坏账准备	50 000

（2）甲公司20×8年7月22日对丙公司的应收账款实际发生坏账30 000元。

借：坏账准备	30 000
贷：应收账款	30 000

“坏账准备”科目贷方余额=50 000−30 000=20 000（元）

（3）甲公司20×8年年末应收丙公司的账款余额为1 200 000元，此前“坏账准备”科目贷方余额为20 000元。

本期计提的坏账准备=1 200 000×5%−20 000=40 000（元）

借：信用减值损失	40 000
贷：坏账准备	40 000

“坏账准备”科目贷方余额=20 000+40 000=60 000（元）

（4）甲公司20×9年4月20日收到20×8年已转销的坏账准备20 000元，因此甲公司应先按收回的金额恢复应收账款的账面价值。

借：应收账款	20 000
贷：坏账准备	20 000
借：银行存款	20 000
贷：应收账款	20 000

“坏账准备”科目贷方余额=60 000+20 000=80 000（元）

（5）20×9年年末应收丙公司的账款余额为500 000元，但甲公司决定按8%计提坏账准备。

本期应计提的坏账准备=500 000×8%−80 000=−40 000（元）

因此应转回坏账准备40 000元。

借：坏账准备	40 000
贷：信用减值损失	40 000

截至20×9年年末甲公司的“坏账准备”科目贷方余额为40 000元（80 000−40 000）。

2.账龄分析法

账龄分析法是指根据应收账款账龄的长短以及各账龄对应的坏账损失率来估计坏账损失的方法。账龄是指客户所欠账款的时间。通常情况下，账龄长短和发生坏账的可能性是成正比的。

采用账龄分析法，应先将企业的应收账款按账龄的长短划分成若干区段，计算出每个区段应收账款的金额，再为每个区段确定一个坏账损失率，得到每个区段的坏账损失，最后汇总得出企业坏账损失总额。

【例 3-11】

甲公司 20×9 年 12 月 31 日应收账款账龄及估计坏账损失见表 3-2。

表 3-2　**应收账款账龄及估计坏账损失表**　金额单位：元

应收账款账龄	应收账款金额	估计损失比率	估计损失金额
未到期	2 000 000	1%	20 000
逾期 3 个月以下（含 3 个月）	1 000 000	3%	30 000
逾期 3～6 个月（含 6 个月）	600 000	5%	30 000
逾期 6～12 个月（含 12 个月）	450 000	8%	36 000
逾期 12～24 个月（含 24 个月）	300 000	15%	45 000
逾期 24 个月以上	50 000	50%	25 000
合计	4 400 000	—	186 000

假定该企业 20×9 年计提坏账准备前，“坏账准备”科目有贷方余额 100 000 元，则当期应计提的坏账准备金额为 86 000 元（186 000-100 000），其账务处理如下：

借：信用减值损失　86 000

　贷：坏账准备　86 000

特别提示

应收账款减值在会计处理上有直接转销法和备抵法两种，我国企业会计准则规定采用备抵法。直接转销法是在实际发生坏账时直接冲减有关的应收账款，并确认坏账损失，借记“信用减值损失”科目，贷记“应收账款”科目。当已经确认的坏账因债务人经济状况好转或其他原因又全额或部分收回时，先冲销原已确认的坏账损失，恢复应收账款的账面价值，再反映款项的收回，即先借记“应收账款”科目，贷记“信用减值损失”科目，再借记“银行存款”科目，贷记“应收账款”科目。

【启发思考】实践中如果高估或者低估坏账准备，会对企业的财务状况、经营成果产生什么影响？是否会影响企业的现金流量？如果坏账准备是企业调节利润的重要手段，该如何识别呢？

第三节 预付及其他应收款项

一、预付账款

(一) 预付账款的概念

预付账款是指企业按照购货合同的规定预付给供货单位的款项，如预付的材料、商品采购货款。预付账款是由购货方预先支付一部分货款给供应方而发生的一项债权，购货方预付货款后，有权要求对方按照购货合同的规定发货。对于购货方而言，预付账款属于企业的一项流动资产。

(二) 预付账款的账务处理

为了加强预付账款的管理，一般应单独设置“预付账款”账户。“预付账款”账户属于资产类账户，借方登记企业向供货方预付的货款，贷方登记企业收到所购货物时结转的预付账款，期末余额一般在借方，反映企业已经预付但尚未结算的款项；如果出现贷方余额，则反映企业需要补付的货款。该账户应按供货单位或者个人名称设置明细账。

预付货款业务不多的企业，也可以通过“应付账款”科目核算预付账款业务。企业在预付时借记“应付账款”科目，待收到采购的商品后再予冲销。但是，在这种处理方法下，“应付账款”的某些明细账户可能会出现借方余额。期末，应付账款明细账的借方余额应在资产负债表中列作资产项目，而各明细账的贷方余额应列为负债项目。

企业按照购货合同的规定预付货款时，借记“预付账款”科目，贷记“银行存款”科目；收到所购物资时，根据发票账单等列明应计入购入物资成本的金额，借记“物资采购”或“原材料”、“库存商品”等科目，按专用发票上注明的增值税税额，借记“应交税费——应交增值税（进项税额）”科目，按应付金额，贷记“预付账款”科目。企业需要补付货款时，按照补付的金额，借记“预付账款”科目，贷记“银行存款”科目；企业收到退回多付的款项时，借记“银行存款”科目，贷记“预付账款”科目。

【例 3-12】

甲公司因经营活动的需要，计划从乙公司购入A材料一批，并于20×9年9月15日根据合同规定向乙公司预付货款150 000元；10月20日，收到乙公司发来的A材料和增值税专用发票，发票上注明该批材料的价款是300 000元，增值税为39 000元。甲公司在当日将剩余款项补付给乙公司。甲公司应编制如下分录：

(1) 9月15日，甲公司预付货款。

借：预付账款——乙公司　150 000
　贷：银行存款　150 000

（2）10月20日，收到A材料。

借：原材料——A材料　300 000
　应交税费——应交增值税（进项税额）　39 000
　贷：预付账款——乙公司　339 000

（3）甲公司补付货款。

借：预付账款——乙公司　189 000
　贷：银行存款　189 000

特别提示

企业的预付账款，如有确凿证据表明其不符合预付账款性质，或者因供货单位破产、撤销等原因已无望再收到所购货物的，应将原计入预付账款的金额转入其他应收款。企业应按预计不能收到所购货物的预付账款账面余额，借记“其他应收款——预付账款转入”科目，贷记“预付账款”科目。除转入“其他应收款”科目的预付账款外，其他预付账款不得计提坏账准备。

二、其他应收款

（一）其他应收款的概念及内容

其他应收款是指企业除应收票据、应收账款、预付账款以外的其他各种应收及暂付款项。其主要内容包括应收的各种赔款、罚款，如因企业财产等遭受意外损失而向有关保险公司收取的赔款等；应收的出租包装物租金；应向职工收取的各种垫付款项，如为职工垫付的水电费、应由职工负担的医药费；存出保证金，如租入包装物支付的押金；其他各种应收、暂付款项。

案例3-1

贵州茅台“其他应收款”的故事

贵州茅台（600519）于2011年3月21日发布的2010年度财务报告中，在“其他应收款”科目下所列的前5名客户中，民政部位居第三，欠款500万元。这笔账引起了众多网友的关注，纷纷揣测这笔欠款为“买酒钱”。对此，贵州茅台的一名工作人员于2011年4月28日发布澄清声明：涉及民政部的“其他应收款”系公司2010年给玉树灾区的500万元捐款，因为在编制年报时尚未收到民政部接收该笔捐款的发票，所以就将这500万元挂在“其他应收款”科目下。因此，所谓的“500万元欠款”实为赈灾款发票未到而挂账。2011年3月11日，民政部在自查捐款发票寄出情况时，认定已将贵州茅台向玉树捐款的

500万元发票寄出，而贵州茅台财务部相关人员也透露，公司已收到捐款发票。

贵州茅台作为大型上市公司，因年终暂时未取得捐款发票，便简单地把500万元捐款挂在“其他应收款”科目下，这么做账有点草率，在内行人看来完全是张冠李戴。一些会计人员表示，如果年终未获得接收单位（民政部）发票，捐赠款项应在年终报告时调到“营业外支出”科目。那么，这笔账究竟应该怎样做才对呢？它具体涉及哪些科目？

资料来源 文欢，胡晓. 预计负债的涉税处理及案例分析 [J]. 财会月刊，2011（10）.

（二）其他应收款的账务处理

为了反映和监督其他应收账款的增减变动及其结存情况，企业应当设置“其他应收款”账户进行核算。“其他应收款”科目的借方登记其他应收款的增加，贷方登记其他应收款的收回，期末余额一般在借方，反映企业尚未收回的其他应收款项。该账户可以按照其他应收款的项目和对方单位（或个人）进行明细核算。

【例 3-13】

20×9年11月12日，甲公司向乙公司租入包装物一批，以银行存款向乙公司支付押金3 000元。同年12月26日，甲公司如期将包装物退还乙公司，并收到乙公司退还的押金。甲公司应编制如下会计分录：

（1）20×9年11月12日，支付包装物押金。

借：其他应收款——乙公司　　3 000

　贷：银行存款　　3 000

（2）20×9年12月26日，收到乙公司退还的押金。

借：银行存款　　3 000

　贷：其他应收款——乙公司　　3 000

【例 3-14】

甲公司用现金替职工李某垫付应由其个人负担的医药费8 000元，拟从李某的工资中扣除。甲公司应编制如下分录：

（1）用现金替职工李某垫付医药费。

借：其他应收款——李某　　8 000

　贷：库存现金　　8 000

（2）从李某工资扣款。

借：应付职工薪酬　　8 000

　贷：其他应收款——李某　　8 000

思考题

1. 应收票据的入账价值如何确定？
2. 带息应收票据贴现和不带息应收票据贴现有何区别？
3. 带追索权的应收票据贴现和不带追索权的应收票据贴现在账务处理上有何区别？
4. 对于总价法下存在现金折扣的应收账款如何进行账务处理？
5. 附加追索权的应收账款转让和不附加追索权的应收账款转让在账务处理上有何不同？
6. 对于备抵法下应收账款减值损失如何确认？
7. 其他应收款的内容包含哪些？

即测即评

业务实操

1.A公司销售给B公司甲商品一批，货款为50 000元，增值税税率为13%，付款条件为“5/10，2/20，N/30”。

要求：根据上述业务编制在总价法下的会计分录。

2.企业销货收入为1 600 000元，增值税税额为208 000元，收到商业承兑汇票一张。汇票签发承兑日为20×6年10月31日，期限90天，年利率为9%，到期日为20×7年1月29日，贴现日为20×6年11月30日，贴现年利率为7.2%。

要求：计算票据到期利息、到期值、贴现利息和贴现金额。

3.某企业决定对单项金额重大的应收账款采取个别认定法计提坏账准备，对其余应收账款按1%的损失率在年末计提坏账准备。20×6年年末除单项金额重大的应收账款外的其他应收账款余额为1 000 000元；20×7年5月发生坏账损失9 000元，其中A单位5 000元，B单位4 000元；20×7年年末单项金额非重大的应收账款余额为800 000元；20×8年3月已冲销的上年B单位应收账款4 000元又收回了；20×8年年末单项金额非重大的应收账款余额为600 000元。

要求：

（1）根据上述资料计算各年应计提的坏账准备金额。

（2）编制相关的会计分录。

参考答案

第四章　存货

【内容框架】

存货是指企业在日常经营活动中持有以备出售的产成品或商品、处在生产过程中的在产品、在生产过程或提供劳务过程中耗用的材料或物料等。本章主要介绍存货的确认、计量及账务处理。具体内容框架如下图所示：

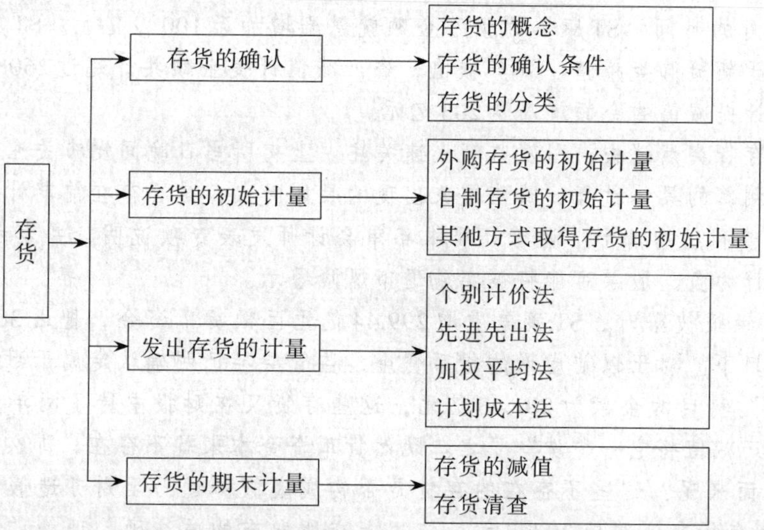

【学习目标】

通过本章的学习，了解存货的构成内容和确认原则，理解存货减值核算的基本原理和方法。掌握存货的初始计量和存货发出的计价方法，掌握原材料按实际成本核算和按计划成本核算的账务处理，掌握存货的期末计量的账务处理。

引导案例

惊雷：ST康美“现金”变“存货”的祸

ST康美（600518）2021年4月17日晚间披露业绩更正公告，将2020年净利润预计亏损额上下限分别从此前的148.5亿元、178.2亿元大幅提升到244.8亿元、299.2亿元。只用了短短两个半月的时间，ST康美的预亏金额就急剧增加了100多亿元。ST康美将亏损放大的原因归咎于新冠肺炎疫情、资产减值，资产减值计提金额共计超过260亿元，仅存货一项，该公司计提减值的金额就高达203亿元。

公司巨额存货突然消失，引发监管火速关注。上交所当日晚间发布关注函，要求公司说明资产减值测算的具体过程、减值迹象出现的具体时点，是否存在前期计提不足、前期业绩虚假或调节利润的情形。监管还要求年审会计师发表专项说明，并表示公司2020年期末净资产预计为负，股票可能将被实施退市风险警示。

在2018年年报披露时，ST康美虚增299.44亿元巨额货币资金，把近300亿元存款转入“存货”项目下。对于以前虚增的货币资金，监管层早已明确认定属于财务造假。被调减转入“存货”科目的金额为201.43亿元，这些存货又在财报中待了两年之久。两年之后，又想借资产减值将它一“洗”了之。既然货币资金本来就不存在，那么，对应调入的存货又是从何而来呢？这些不存在的存货是否构成虚假陈述乃至财务造假的延续？2020年ST康美计提存货资产减值203亿元，依据上交所发布的关注函，理解“要求公司说明资产减值测算的具体过程、减值迹象出现的具体时点，是否存在前期计提不足、前期业绩虚假或调节利润的情形”的现实意义是什么？资产减值的计提对公司可能造成的财务影响又有哪些？本章将在系统讲解存货的确认与计量后，对这些问题进行解答。

资料来源　水中月. ST康美“现金”变“存货”的祸！[EB/OL]. [2021-04-18]. http: //liaoba.yjcf360.com/liaoba/600518/1723874.htm.

第一节　存货的确认

一、存货的概念

存货是指企业在日常活动中持有以备出售的产成品或商品（库存商品）、处在生产过程中的在产品、在生产过程或提供劳务过程中耗用的材料和物料。存货是企业的流动资产，存货的价值随着消耗或销售一次性转移，获得补偿。存货区别于固定资产等非流动资产的基本特征是，企业持有存货的目的是出售，如库存商品等，或者需要经过进一步加工后出售，如在产品、半成品等，或者在生产过程或提供劳务过程中消耗，如原材料等。为建造固定资产等各项工程而储备的各种材料，虽然同属于材料，但是由于是用于建造固定资产等各项工程，属于工程物资，不符合存货的定义，因此不能作为企业的存货进行核算。

二、存货的确认条件

在符合存货定义的情况下，同时满足下列条件的，才能确认为存货：

（一）与该存货有关的经济利益很可能流入企业

存货作为企业一项重要的流动资产，确认存货的关键是要判断是否很可能给企业带来经济利益，即其经济利益是否很可能流入企业。通常，拥有存货的所有权是存货包含的经济利益很可能流入企业的一个重要标志。凡是所有权属于企业的存货，无论企业是否收到或持有该存货项目，均应作为企业的存货；反之，如果没有取得所有权，即使存放在企业，也不能作为本企业的存货。已经售出但客户尚未提货还在本企业仓库中存放的产成品，因所有权已非本企业所有，其所包含的经济利益已经不能够流入企业，因而不能作为本企业的存货核算。企业已经付款但在运输途中尚未到达企业的存货，其所包含的经济利益已经能够流入企业，因而应包含在企业的存货范围内。

有些交易方式下，存货实物的交付与所有权上主要风险和报酬的转移时间不一致，存货的确认应根据交易的经济实质判断。例如，售后回购的交易方式下，销售方虽然将商品所有权转移给了购货方，但是承诺回购该商品，仍然保留了商品所有权上的主要风险，该商品还是销售方的存货。

（二）该存货的成本能够可靠地计量

成本能够可靠地计量是资产确认的一项基本条件。存货作为企业资产的组成部分，要予以确认就必须能够对其成本进行可靠的计量。存货的成本能够可靠地计量，必须以取得确凿、可靠的证据为依据，并且具有可验证性。如果成本不能可靠地计量，则不能确认为存货。

【启发思考】在实务中，应注意下列情况的存货确认：在途存货、购货约定。它们是否应确认为存货？应确认为哪方的存货？判断过程中蕴含了对会计人员职业能力的哪些要求？

三、存货的分类

企业存货有不同的分类，以制造企业为例，存货有以下两种主要的分类：

（一）存货按经济内容分类

1.原材料

原材料是指企业在生产过程中经过加工改变其形态或性质并构成产品主要实体的各种原料及主要材料、辅助材料、外购半成品（外购件）、修理用备件（备品备件）、包装材料、燃料等。为建造固定资产等各项工程而储备的各种材料，虽然同属于材料，但由于用于建造固定资产等各项工程，不符合存货的定义，因此不能作为企业的存货进行核算。

2.在产品

在产品是指企业正在制造但尚未完工的生产物，包括正在各个生产工序加工的产品和已加工完毕但尚未检验办理入库手续的产品。

3.半成品

半成品是指经过一定生产过程并已检验合格交付半成品仓库保管，但尚未制造完工成为产成品，仍需进一步加工的中间产品。

4.产成品

产成品是指企业已经完成全部生产过程并验收入库，可以按照合同规定的条件送交订货单位，或者可以作为商品对外销售的产品。企业接收外来原料加工制造的代制品和为外单位加工修理的代修品，制造和修理完成验收入库后，应视同企业的产成品。

5.周转材料

周转材料是指企业能够多次使用、逐渐转移其价值但仍保持原有形态不确认为固定资产的材料，如包装物和低值易耗品。

（二）存货按存放地点分类

1.库存存货

库存存货是指已经验收入库的各种存货。

2.在途存货

在途存货是指所有权属于本企业但尚未到达因而尚未点验入库或已经发运出库的存货，包括运入在途存货和运出在途存货。

3.委托加工存货

委托加工存货是指企业委托其他单位进行加工的物资，委托加工物资的所有权仍属于委托企业，因而作为委托方的存货。

4.委托代销存货

委托代销存货是指企业已经发出委托外单位代销但所有权尚未转移的存货。

5.出租、出借的存货

出租、出借的存货是指企业在销售过程中出租或出借的包装容器，或者附带经营某些租赁业务而出租的存货。

第二节 存货的初始计量

存货应当按照成本进行初始计量。存货成本包括采购成本、加工成本和其他成本。存货的取得方式不同，其成本的具体构成内容也不相同，因此，应根据存货的取得方式确定其实际成本。

一、外购存货的初始计量

（一）外购存货成本的构成

外购存货的成本指存货从采购到入库前所发生的全部支出，即采购成本，一般包括购买价款、相关税费、运输费、装卸费、保险费以及其他可归属于存货采购成本的费用。

1.存货的购买价款

这是指企业购入存货的发票账单上列明的价款，但不包括按规定可以抵扣的增值税税额。

2.存货的相关税费

这是指企业购买存货发生的按规定应计入成本的税金和附加费，包括进口货物按规定缴纳的进口关税、消费税和不能抵扣的增值税进项税额等。

3.其他可归属于存货采购成本的费用

这是指采购成本中除上述各项以外的可归属于存货采购成本的费用，如在存货采购过程中发生的运输费、装卸费、保险费、仓储费、包装费、运输途中的合理损耗、入库前的挑选整理费用等。

（二）外购存货的账务处理

企业从外部购入材料时，由于进货地点和货款结算方式的不同，材料入库和货款结算在时间上不完全一致，其账务处理方法也有所不同。

1.结算凭证与存货同时到达的采购业务

如果企业在付款或承兑汇票时即可收到材料，表示钱货两清或票货两清，企业应根据发票、收料单等账单和银行付款凭证分别不同情况进行账务处理。

【例 4-1】

甲公司购入A材料，增值税专用发票上注明的价款是20 000元、增值税为2 600元，开出转账支票支付款项，材料验收入库。根据增值税专用发票、收料单和支票存根，做账务处理如下：

借：原材料——A材料　　20 000

　　应交税费——应交增值税（进项税额）　　2 600

　贷：银行存款　　22 600

2.先收到结算凭证，随后存货入库的采购业务

异地采购存货时，存货的运输时间较长，企业先承付货款或承兑汇票，过一段时间以后，通过运输部门运送的存货才能到达企业。这种情况下，购入的材料通过“在途物资”账户核算。

【例 4-2】

甲公司2×19年5月10日购进A材料一批，买价10 000元，增值税1 300元，收到银行转来的托收承付结算凭证（付款通知）及发票运单等单证，材料尚未到达，根据有关单证做账务处理如下：

借：在途物资——A材料　　10 000
　　应交税费——应交增值税（进项税额）　　1 300
　贷：银行存款　　11 300

2×19年5月20日，10日购进的A材料运到，验收入库，根据收料单等原始凭证，做账务处理如下：

借：原材料——A材料　　10 000
　贷：在途物资——A材料　　10 000

3.先验收入库，随后收到结算凭证的采购业务

企业从外地购入材料，如果运输畅通而货款结算办理不够及时，就会出现材料先到而结算凭证后到的情况。在材料到达并验收入库时，可暂不进行账务处理；若月末结算凭证仍未到达，应暂估入账，下月初用红字予以冲销；待结算凭证到达后付款时，再按正常购进业务进行核算。

【例 4-3】

甲公司2×19年5月26日从乙公司购进A材料，5月28日材料到达并验收入库，月末结算凭证尚未到达，按暂估价款30 000元入账：

借：原材料——A材料　　30 000
　贷：应付账款——暂估应付账款　　30 000

6月1日，用红字冲销时：

借：原材料——A材料　　[30 000]
　贷：应付账款——暂估应付账款　　[30 000]

6月5日，收到了银行转来的结算凭证及发票账单，列示A材料价款31 000元，增值税4 030元，审核无误承付货款时，做账务处理如下：

借：原材料——A材料　　31 000
　　应交税费——应交增值税（进项税额）　　4 030
　贷：银行存款　　35 030

【启发思考】就“先验收入库，随后收到结算凭证的采购业务”而言，为什么月末对存货暂估入账？为什么下月初冲回？其中蕴含了对会计信息质量的哪些要求？

4.预付货款购进存货

企业采购存货时，按规定先支付一部分货款之后才能取得存货，这部分提前支付的货款通过“预付账款”账户核算。

【例 4-4】

甲公司采用预付货款的方式从乙公司购入一批原材料。2×19年6月18日，预付货款10 000元；6月28日，所购材料验收入库，发票上标明的买价为10 000元、增值税进项税额1 300元；6月29日，签发转账支票补付剩余货款。根据有关凭证做账务处理如下：

（1）6月18日，预付货款时：

借：预付账款——乙公司　10 000

　贷：银行存款　10 000

（2）6月28日，收到材料时：

借：原材料　10 000

　　应交税费——应交增值税（进项税额）　1 300

　贷：预付账款——乙公司　11 300

（3）6月29日，补付货款时：

借：预付账款——乙公司　1 300

　贷：银行存款　1 300

5.赊购方式购进存货

企业采用赊购方式购买存货时，通过“应付账款”账户核算应支付的款项。如果赊购附有现金折扣条件，按总价法和净价法进行账务处理。总价法，按未减折扣之前的金额作为应付账款入账，购买方提前付款获得的现金折扣冲减采购成本。净价法，按扣减最大现金折扣后的金额作为应付账款入账，按购买方超过折扣期支付而多付的金额，调增采购成本。

【例 4-5】

2×19年6月12日，甲公司赊购材料一批，货款60 000元，增值税7 800元，承诺7月12日付款，并附现金折扣条件“2/10，1/20，N/30”，折扣不含增值税，甲公司按净价法核算。

（1）2×19年6月12日，赊购材料时：

原材料入账价值=60 000×（1−2%）=58 800（元）

借：原材料　58 800

　　应交税费——应交增值税（进项税额）　7 800

　贷：应付账款　66 600

（2）如10日内付款：

借：应付账款　66 600

贷：银行存款 66 600

如10日后，20日前付款：

借：应付账款 66 600

原材料（60 000×1%） 600

贷：银行存款 67 200

如20日以后付款：

借：应付账款 66 600

原材料（60 000×2%） 1 200

贷：银行存款 67 800

视野拓展

企业赊购存货支付的价款，如果超过了正常的信用条件（超过3年），则该项分期付款购货实质上具有融资性质，企业不能直接按合同或协议价款确定购货成本，而应按合同或协议价款的现值确定购货成本，并将合同或协议价款与其现值之间的差额作为未融资费用，在合同或协议约定的分期付款期限内采用实际利率法进行摊销，计入各期财务费用。

二、自制存货的初始计量

企业自制存货的成本主要包括采购成本和加工成本。加工成本是指存货在制造过程中发生的直接人工和制造费用。自制的存货检验合格入库时，按其实际成本，借记"库存商品"账户，贷记"生产成本"账户。

【例 4-6】

甲公司6月份基本生产车间生产的300件A产品完工验收入库，其实际成本为35 000元，根据有关凭证做账务处理如下：

借：库存商品 35 000

贷：生产成本——基本生产成本 35 000

视野拓展

发生的下列支出应当于发生时直接计入当期损益，不应当计入存货成本：非正常消耗的直接材料、直接人工和制造费用，例如企业超定额的废品损失以及因自然灾害而发生的直接材料、直接人工和制造费用损失；存货在采购入库之后发生的仓储费用，包括存货在加工环节和销售环节发生的一般仓储费用。

三、其他方式取得存货的初始计量

(一) 委托加工存货

委托加工存货是指企业的现有物资不能直接用于产品生产或销售，需要送到外单位进行加工的物资，包括委托外单位加工的各种材料、商品等物资。在委托加工过程中需要消耗原材料或半成品成本，并发生运杂费、加工费、计入成本的税金等，加工完成后会形成一种新的物资，因此，委托加工物资收回后其实物形态、用途和价值都发生了变化。企业需设置"委托加工物资"账户进行核算，本账户可以按委托加工物资的品种等设置明细账户。企业发出用于加工的原材料等物资时，按实际成本借记"委托加工物资"账户，贷记"原材料"等账户。支付加工费时，按支付的加工费借记"委托加工物资"账户，按发票上注明的增值税税额借记"应交税费——应交增值税（进项税额）"账户，贷记"银行存款"等账户。需要缴纳消费税的委托加工存货，由受托方代收代缴消费税，对此委托方应分别以下情况处理：

一是委托加工存货收回后直接用于销售的，委托加工应税消费品已由受托方代收代缴税款，不再征收消费税，委托方应将受托方代收代缴的消费税计入委托加工存货的成本。

二是委托加工存货收回后用于连续生产应税消费品的，准予从以后的应纳消费税税额中扣除受托方代收代缴的消费税，因此，委托方将受托方代收代缴的消费税记入"应交税费——应交消费税"账户的借方，用以抵扣销售时负担的消费税。

委托加工存货加工完毕，收回并验收入库时，按委托加工存货的实际成本，借记"原材料"等账户，贷记"委托加工物资"账户。

【例 4-7】

甲公司委托乙公司加工材料一批（属于应税消费品）。发出原材料成本为15 000元，支付的加工费为3 000元（不含增值税），由委托方代收代缴消费税700元，材料加工完成并已验收入库，加工费用等已经支付，账务处理如下：

(1) 发出委托加工材料。

借：委托加工物资	15 000	
贷：原材料		15 000

(2) 支付加工费及增值税。

借：委托加工物资	3 000	
应交税费——应交增值税（进项税额）	390	
贷：银行存款		3 390

(3) 支付消费税。

①收回加工后的材料用于连续生产应税消费品的。

借：应交税费——应交消费税	700	
贷：银行存款		700

②收回加工后的材料直接用于销售的。

借：委托加工物资 700

贷：银行存款 700

（4）加工完成，收回委托加工材料。

①收回加工后的材料用于连续生产应税消费品的。

借：原材料 18 000

贷：委托加工物资 18 000

②收回加工后的材料直接用于销售的。

借：原材料 18 700

贷：委托加工物资 18 700

（二）投资者投入的存货

企业接收投资者投入的材料，按投资合同或协议约定的价值（合同或协议约定的价值不公允的除外），借记“原材料”等存货类账户，按增值税专用发票上注明的增值税税额，借记“应交税费——应交增值税（进项税额）”账户，按投资者在注册资本中所占份额，贷记“实收资本”（或“股本”）账户，按其差额，贷记“资本公积”账户。

【例 4-8】

甲公司收到乙企业投入的A材料一批，增值税专用发票上注明价款为100 000元、增值税为13 000元。投资各方协商认为该投资可换取甲公司80 000股普通股，每股面值1元，根据有关凭证做账务处理如下：

借：原材料——A材料 100 000

应交税费——应交增值税（进项税额） 13 000

贷：股本——甲公司 80 000

资本公积——股本溢价 33 000

（三）接受捐赠的存货

企业接受捐赠的存货，应按实际成本计量，如果捐赠方提供了有关凭证，应按照凭证上标明的金额，加上应支付的相关税费，确定存货的实际成本；如果捐赠方未提供有关凭证，应按照同类或类似存货的市场价格估计金额，加上应支付的相关税费，确定存货的实际成本。按实际成本，借记“原材料”等存货类账户，按规定可抵扣的增值税进项税额，借记“应交税费——应交增值税（进项税额）”账户，根据接受捐赠材料价值，贷记“营业外收入”账户，按实际支付或应付的相关税费，贷记“银行存款”“应交税费”等账户。

【例 4-9】

甲公司接受乙企业捐赠的A材料一批，对方出具的增值税专用发票上注明价款为20 000元、增值税为2 600元，其账务处理如下：

借：原材料——A材料　　20 000

　　应交税费——应交增值税（进项税额）　　2 600

　贷：营业外收入　　22 600

第三节　发出存货的计量

一、存货的成本流转假设

存货是企业重要的流动资产。企业取得存货时，存货实物流入企业，存货被消耗或出售时，存货实物流出企业，存货在企业经营活动中不断流转形成实物流。取得存货时按取得存货的实际成本记账，发出存货时要按一定的价格结转发出存货的成本，形成存货的成本流。存货的成本流与实物流是否一致？从理论上来说，两者应该一致，但在实务工作中，因为存货品种繁多、收发频繁，相同存货的单价会因为取得方式、采购时间、供货商等不同而不同，很难做到成本流与实物流的一致。企业可以假定一个成本流转方式，确定发出成本，可以不与实物流转一致，但是要大致相同，减少人为操纵的可能性。

在不同的存货成本流转假设下，在期末结存存货和本期发出存货之间分配存货成本会产生不同的存货计价方法。存货计价方法的选择对企业的财务状况和经营成果产生一定影响。企业应选择合适的存货计价方法，一旦选定，前后各期应保持一致，并在附注中披露。

二、发出存货的计价

企业发出存货时，就会产生计价问题。我国企业会计准则规定，企业发出存货的计价方法可以采用个别计价法、先进先出法和加权平均法。

（一）个别计价法

个别计价法又称个别认定法，这一方法是假定存货的成本流转与实物流转相一致，按照各种存货逐一辨认各批发出存货和期末存货所属的购进批次或生产批次，分别按其购入或生产时所确定的单位成本作为计算各批发出存货和期末存货成本的方法。采用这一方法需具备两个条件：一是存货项目必须是可以认定的；二是存货必须有详细的记录。个别计价法下发出存货成本的计算公式为：

发出存货的实际成本=存货发出数量×该存货实际进货单价

【例 4-10】

甲公司12月份生产领用A材料1 000千克。经确认，其中300千克属于期初结存，单位成本为20元；500千克属于12月10日购进，单位成本为21元；200千克属于12月15日购进，单位成本为22元。本月发出A材料的实际成本计算如下：

发出材料实际成本=300×20+500×21+200×22=6 000+10 500+4 400=20 900（元）

从理论上讲，个别计价法比较合理，能够准确地计算出发出存货的成本和期末存货的成本，但采用这种方法的前提是需要对发出和结存存货的批次进行具体认定，以辨别其所属的批次，所以，实务操作工作量繁重，困难较大，也容易出现企业随意选用较高或较低价格批次的存货以调整当期利润的现象。个别计价法适用于容易识别、品种数量不多、单位成本较高的存货的计价。

（二）先进先出法

先进先出法是假设先入库的存货先发出，根据这一存货实物流转假设为前提，对发出存货和结存存货进行计量的一种方法。

【例 4-11】

甲公司2×19年8月份甲材料明细账见表4-1。明细账中，采用先进先出法计算发出存货和期末存货的成本。

表4-1 **原材料明细账** 名称：甲材料

计量单位：千克；金额单位：元

2×19年		摘要	收入			发出			结存		
月	日		数量	单位成本	金额	数量	单位成本	金额	数量	单位成本	金额
8	1	期初余额							500	20	10 000
8	5	购进	1 000	23	23 000				500	20	10 000
									1 000	23	23 000
8	9	发出				500	20	10 000	750	23	17 250
						250	23	5 750			
8	15	发出				600	23	13 800	150	23	3 450
8	18	购进	1 500	24	36 000				150	23	3 450
									1 500	24	36 000
8	22	发出				150	23	3 450	650	24	15 600
						850	24	20 400			
8	31	本月合计	2 500		59 000	2 350		53 400	650	24	15 600

采用先进先出法，存货成本是按最后的购货成本确定的，期末存货成本比较接近现行的市场价值，企业不能随意挑选存货计价以调整当期利润，但是核算工作量比较大，对于存货进出比较频繁的企业更是如此，而且当物价上涨时，会高估企业当期利润和库存存货的价值；反之，会低估企业当期利润和库存存货的价值。

（三）加权平均法

加权平均法分为全月一次加权平均法和移动加权平均法两种。

1.全月一次加权平均法

全月一次加权平均法是指以月初存货数量和本月全部收进存货数量作为权数，除月初存货成本和本月全部收进存货成本，据以计算出存货的加权平均单位成本，从而确定发出存货成本和期末存货成本的方法。计算公式如下：

$$\text{加权平均单位成本}=\frac{\text{月初结存存货实际成本}+\text{本月收进存货实际成本}}{\text{月初结存存货数量}+\text{本月收进存货数量}}$$

月末库存存货成本=月末库存存货数量×加权平均单位成本

本期发出存货的成本=本期发出存货数量×加权平均单位成本

或 =期初存货成本+本期收进存货成本－期末库存存货成本

【例 4-12】

仍以【例 4-11】甲材料明细账资料为例，采用全月一次加权平均法计算存货成本如下：

加权平均单位成本=（10 000+23 000+36 000）÷（500+1 000+1 500）

=69 000÷3 000=23（元）

月末结存存货成本=650×23=14 950（元）

本月发出存货实际成本=10 000+59 000−14 950=54 050（元）

全月一次加权平均法每月末计算一次加权平均单位成本，简化核算工作，而且在市场物价上涨或下跌时所计算出来的单位成本平均化，对存货成本的分摊较为折中。但是，在采用这种方法的情况下，平时存货明细账只登记收进存货的数量、单价、金额以及发出存货和结存存货的数量，无法在账面上反映发出和结存存货的单价和金额，不利于加强对存货的管理。

2.移动加权平均法

移动加权平均法是指每次收到存货后，都要根据库存存货的总成本和数量，计算新的加权平均单位成本，据此计算随后发出存货实际成本的一种方法。其计算公式为：

$$\text{移动加权平均单位成本}=\frac{\text{原有存货实际成本}+\text{本批收进存货的实际成本}}{\text{原有存货数量}+\text{本批收进存货数量}}$$

本批发出存货成本=本批发出存货数量×移动加权平均单位成本

【例 4-13】

以【例 4-11】甲材料明细账为例，采用移动加权平均法计算其成本，见表 4-2。

表 4-2 原材料明细账 名称：甲材料

计量单位：千克；金额单位：元

2×19年		摘要	收入			发出			结存		
月	日		数量	单位成本	金额	数量	单位成本	金额	数量	单位成本	金额
8	1	期初余额							500	20	10 000
8	5	购进	1 000	23	23 000				1 500	22	33 000
8	9	发出				750	22	16 500	750	22	16 500
8	15	发出				600	22	13 200	150	22	3 300
8	18	购进	1 500	24	36 000				1 650	23.82	39 300
8	22	发出				1 000	23.82	23 820	650	23.82	15 480
8	31	本月合计	2 500		59 000	2 350		53 520	650	23.82	15 480

8月5日第一批购货后的平均单位成本=（10 000+23 000）÷（500+1 000）

=33 000÷1 500=22（元）

8月18日第二批购货后的平均单位成本=（3 300+36 000）÷（150+1 500）

=39 300÷1 650≈23.82（元）

8月31日月末结存存货成本=10 000+59 000−53 520=15 480（元）

（注意：因18日计算的平均单位成本是约数（四舍五入保留两位小数），为了处理尾差，此处不能直接用结存数量乘以平均单价，要用公式倒挤计算）

移动加权平均法随时记录存货的收发和结存情况，计算的平均单位成本及发出和结存的存货成本比较客观，但采用这种方法，每次收货都要计算一次平均单价，计算工作量较大，主要适用于存货收发不频繁的企业。

三、发出存货的账务处理

存货有多种经济用途，企业应当根据各类存货的用途对发出存货进行账务处理。下面以制造企业生产经营用原材料发出为例说明其账务处理。

企业材料日常收发业务频繁，凭证数量多，为简化核算，平时一般直接根据领发料凭证填制记账凭证及登记明细账，不登记总分类账。月末将发料凭证按领料部门、领用材料的类别和用途进行分类整理，编制“发料凭证汇总表”，据以进行总分类核算。企业领用原材料，按实际成本，借记“生产成本”“制造费用”“管理费用”“销售费用”“其他业务成本”等账户，贷记“原材料”账户；企业发出委托外单位加工的原材料，借记“委托加工物资”账户，贷记“原材料”账户。

【例 4-14】

表 4-3 为某企业 2×19 年 6 月份的发料凭证汇总表。

表 4-3

发料凭证汇总表

2×19 年 6 月份

单位：元

用途＼类别	原料及主要材料	辅助材料	燃料	合计
基本生产车间领用	32 000	10 000		42 000
辅助生产车间领用	2 400	600		3 000
车间一般性消耗		1 000	1 400	2 400
厂部管理部门领用		400	200	600
销售材料		10 000		10 000
合计	34 400	22 000	1 600	58 000

根据“发料凭证汇总表”做账务处理如下：

借：生产成本——基本生产成本　　42 000
　　　　　——辅助生产成本　　3 000
　　制造费用　　2 400
　　管理费用　　600
　　其他业务成本　　10 000
　贷：原材料　　58 000

【启发思考】为什么说存货计量不仅与资产负债表的财务状况紧密相关，而且与企业损益的确定关系密切？不同存货计价方法的选择对财务报表的影响如何？

四、计划成本法及账务处理

（一）计划成本法的含义、账户设置及核算程序

计划成本法是指存货的日常收入、发出和结存都按照计划成本计价，将实际成本与计划成本之间的差异记入“材料成本差异”账户，月末将材料成本差异分配给发出存货和结存存货，把发出存货的计划成本和结存存货的计划成本调整为实际成本的一种核算方法。

计划成本法下，应设置“材料成本差异”账户，核算存货实际成本与计划成本之间的差异。取得存货时形成的实际成本大于计划成本的超支差异记入该账户的借方，取得

存货时形成的实际成本小于计划成本的节约差异记入该账户的贷方；发出存货分摊的差异从该账户的贷方转出，超支差异用蓝字转出，节约差异用红字转出。结转以后该账户的余额如果在借方，表示结存存货的超支差异，余额如果在贷方，表示结存存货的节约差异。

计划成本法的核算程序如下：

（1）制定各种存货的计划成本。计划成本一般由会计部门和采购部门共同制定，计划成本的内容与实际成本完全一致，制定的计划成本应尽可能接近实际成本。除特殊情况外，计划单位成本在年度内一般不作调整。

（2）平时收到存货时，按计划单位成本计算收入存货的计划成本，并按实际成本与计划成本的差异，登记“材料成本差异”账户。平时发出的存货，都按计划成本计算。

（3）月末，将存货成本差异分配给发出存货和结存存货，将发出存货的差异从“材料成本差异”账户转出，将本月发出存货的计划成本调整成实际成本。

（二）存货成本差异及其分配

计划成本法下，期末需要把存货成本差异在发出存货和结存存货之间进行分配，通常需要计算存货成本差异率，计算公式如下：

$$存货成本差异率=\frac{期初结存存货的成本差异额+本月收进存货的成本差异额}{期初结存存货的计划成本+本月收进存货的计划成本}\times 100\%$$

发出存货应负担的成本差异=发出存货的计划成本×存货成本差异率

发出存货的实际成本=发出存货的计划成本±发出存货应负担的成本差异

期末结存存货的实际成本=期末存货的计划成本±期末存货应负担的成本差异

【例 4-15】

甲公司 2×19 年 1 月 1 日结存原材料的计划成本为 6 000 元，节约差异 100 元；本月收入原材料的计划成本为 13 000 元，超支差异 575 元，本月发出材料的计划成本为 11 000 元；本月材料成本差异率及发出材料应负担的成本差异计算如下：

$$材料成本差异率=\frac{-100+575}{6\,000+13\,000}\times 100\%=2.5\%$$

发出材料应负担的成本差异=11 000×2.5%=275（元）

发出材料的实际成本=11 000+275=11 275（元）

期末结存材料的实际成本=（6 000+13 000−11 000）×（1+2.5%）=8 200（元）

【启发思考】成本差异需要在发出存货和库存存货之间进行分摊，差异的分摊主要通过计算差异率进行，差异率有正负之分，正的和负的差异率分别代表什么？各自会对发出存货的实际成本计算产生什么影响？

（三）计划成本法下的账务处理

存货种类较多，以原材料为例说明计划成本法下存货的账务处理。

1.存货收入的账务处理

（1）外购存货的账务处理

如果企业在付款或承兑汇票的同时收到原材料，企业应根据发票、收料单和付款凭证分别不同情况进行账务处理。

【例 4-16】

甲公司按计划成本核算存货，2×19年5月6日购入一批原材料，增值税专用发票注明价款10 000元，增值税进项税额1 300元，款项已经通过银行转账支付，材料验收入库。计划成本为10 800元。其账务处理如下：

借：材料采购　10 000
　　应交税费——应交增值税（进项税额）　1 300
　贷：银行存款　11 300

借：原材料　10 800
　贷：材料采购　10 800

借：材料采购　800
　贷：材料成本差异——原材料　800

上述后两个分录也可合并为如下分录：

借：原材料　10 800
　贷：材料采购　10 000
　　　材料成本差异——原材料　800

如果企业先付款或承兑汇票，随后收到原材料，企业应根据发票、银行付款凭证先做采购的账务处理，等材料入库后，再做入库的账务处理。

如果企业购入的原材料先验收入库，随后收到结算凭证时，暂不进行账务处理，等结算凭证到企业之后再对采购业务进行账务处理。如果月末结算凭证还没有到，则暂估价款做入库处理，下月初红字冲销。

【例 4-17】

甲公司5月25日收到一批原材料，已经验收入库，但发票等结算凭证尚未收到，货款尚未支付。

月末该批材料的结算凭证仍未到达企业，根据计划成本30 000元暂估入账：

借：原材料　30 000
　贷：应付账款——暂估应付账款　30 000

6月1日，用红字冲销时：

借：原材料　30 000
　贷：应付账款——暂估应付账款　30 000

6月10日，该批材料的结算凭证到达企业，实际成本31 000元，增值税进项税额4 030元，款项通过银行转账支付，账务处理如下：

借：材料采购 31 000
　　应交税费——应交增值税（进项税额） 4 030
　　贷：银行存款 35 030

同时，该批材料按计划成本入库，并结转材料成本差异：

借：原材料 30 000
　　材料成本差异——原材料 1 000
　　贷：材料采购 31 000

（2）其他来源收进存货的账务处理

除了外购收进存货以外，企业自己生产、接受捐赠、接受投资等收进的存货，按存货的计划成本，借记“原材料”等存货类账户，按确定的实际成本贷记“生产成本”等相关账户，实际成本与计划成本两者之间的差额记入“材料成本差异”账户。

在会计实务中，为简化核算工作，收入材料的总分类核算通常在月末进行。月终，根据各种收料凭证及采购明细账等资料，汇总编制“收料凭证汇总表”，一次性结转入库材料的实际成本和材料成本差异。

2.存货发出的账务处理

以原材料为例，计划成本法下，月末根据发料凭证，按领料部门和用途汇总，同时根据材料成本差异明细账计算发出材料应负担的成本差异，编制“发料凭证汇总表”。

【例 4-18】

甲公司2×19年7月末根据发料凭证汇总编制“发料凭证汇总表”（见表4-4），本月原材料成本差异率为-1%。

表4-4 **发料凭证汇总表**

2×19年7月份 单位：元

应贷账户 \ 应借账户		生产成本		制造费用	管理费用	销售材料	合计
		基本生产	辅助生产				
原材料	原料及主要材料	32 000	2 400				34 400
	辅助材料	10 000	600	1 000	400	10 000	22 000
	燃料			1 400	200		1 600
	合计	42 000	3 000	2 400	600	10 000	58 000
	材料成本差异（差异率-1%）	-420	-30	-24	-6	-100	-580
	实际成本	41 580	2 970	2 376	594	9 900	57 420

根据“发料凭证汇总表”做结转发出材料计划成本的账务处理如下：

借：生产成本——基本生产成本	42 000	
——辅助生产成本	3 000	
制造费用	2 400	
管理费用	600	
其他业务成本	10 000	
贷：原材料——原料及主要材料		34 400
——辅助材料		22 000
——燃料		1 600

同时，计算并结转发出原材料的成本差异，将发出原材料的计划成本调整为实际成本。

借：材料成本差异——原料及主要材料	344	
——辅助材料	220	
——燃料	16	
贷：生产成本——基本生产成本		420
——辅助生产成本		30
制造费用		24
管理费用		6
其他业务成本		100

【启发思考】有人认为计划成本法可以简化存货的日常核算手续，有利于考核采购部门的工作业绩，你认为是这样吗？请收集上市公司对存货采用计划成本核算的案例，并总结其运用的规律。

第四节 存货的期末计量

一、成本与可变现净值孰低法的含义

资产负债表日，企业应当按照成本与可变现净值孰低法对存货进行期末计价。资产负债表日，如果存货成本低于其可变现净值，按存货成本计量；如果存货成本高于其可变现净值，按可变现净值计量，应当计提存货跌价准备，计入当期损益。

成本是指期末存货的实际成本，即期末存货的账面价值。如果企业采用计划成本法，则成本应为调整后的实际成本。

可变现净值是指在日常活动中，存货的估计售价减去完工时估计将要发生的成本、估计的销售费用以及相关税费后的金额。

【启发思考】为什么要采用成本与可变现净值孰低法对存货进行期末计量，其蕴含了哪些会计信息质量要求？对会计人员职业能力又提出了哪些要求？

二、存货可变现净值的确定

（一）确定存货的可变现净值时应考虑的因素

企业确定存货的可变现净值，应当以取得的确凿证据为基础，并且考虑持有存货的目的、资产负债表日后事项的影响等因素。

（1）确定存货的可变现净值应当以取得的确凿证据为基础。存货可变现净值的确凿证据，是指对确定存货的可变现净值有直接影响的确凿证明，如产成品或商品的市场销售价格、与产成品或商品相同或类似商品的市场销售价格、销货方提供的有关资料和生产成本资料等。

（2）确定存货的可变现净值应当考虑持有存货的目的：有持有以备出售的存货，如产成品等；有将在生产过程或提供劳务过程中耗用的存货，如材料等。

（3）确定存货的可变现净值应当考虑资产负债表日后事项等的影响。确定存货可变现净值时，资产负债表日至财务报告批准报出日之间存货售价发生波动的，如有确凿证据表明其对资产负债表日存货已经存在的情况提供了新的或进一步的证据，则在确定存货可变现净值时应当予以考虑；否则，不应予以考虑。

（二）不同存货可变现净值的构成不同

（1）直接用于出售的存货，如产成品、商品和用于出售的材料等，其可变现净值为在正常生产经营过程中，该存货的估计售价减去估计的销售费用和相关税费后的金额。

（2）需要经过加工的材料存货，其可变现净值为在正常生产经营过程中，以该存货所生产的产成品的估计售价减去至完工时估计将要发生的成本、销售费用和相关税费后的金额。

（三）可变现净值的确定

（1）存货持有的目的是直接用于出售，如产成品、商品和用于出售的材料等。此类存货不需要进一步加工，其可变现净值的计算公式为：

可变现净值=预计售价−估计销售费用及相关税费

一般情况下，若该类存货已经签订销货合同，则预计售价按合同价款确定；否则，按市场价格确定。

【例 4-19】

2×19 年 12 月 31 日，甲公司库存产成品 1 000 台，其中已有 800 台与乙公司签订了购销合同，每台合同售价3 450元。每台成本为2 800元，目前市场价格为3500元，每台销售费用及税金为30元，则该批产品的可变现净值为：

合同订购的产成品的可变现净值=3 450×800－30×800=2 736 000（元）

其余产品的可变现净值=3 450×200－30×200=684 000（元）

（2）存货持有的目的是生产某种商品，如原材料、半成品、在产品等。此类存货需要进一步加工，其可变现净值的计算公式为：

可变现净值=估计售价-估计完工成本-估计销售费用及相关税费

【例4-20】

2×19年12月31日，甲公司用于生产A产品的B材料库存1 000千克，单位成本200元，可以生产A产品50件。将B材料加工成A产品，每台需要进一步投入500元，12月31日A产品每台售价6 000元，每台销售费用及税金为60元，则该批甲材料的可变现净值为：

该批B材料的可变现净值=6 000×50－500×50－60×50=272 000（元）

需要注意的是，材料存货的期末价值应当以所生产的产成品的可变现净值与成本的比较为基础加以确定。对于为生产而持有的材料等，如果用其生产的产成品的可变现净值预计高于成本，则该材料仍然应当按照成本计量。如果材料价格的下降表明产成品的可变现净值低于成本，则该材料应当按可变现净值计量，按其差额计提存货跌价准备。

案例4-1

存货可变现净值的确定方法

A公司2014年12月31日库存航空煤油（简称“航煤”）12万吨。A公司月销售航煤30万吨左右，其账面周转煤按移动加权平均计价方法，一般3～4个月消化库存。由于国际航煤价格持续走低，A公司存货已存在跌价迹象，其按2014年12月31日新加坡市场的普氏价格70.385美元/桶作为可变现净值的确定基础，对库存航煤计提跌价准备。那么，A公司期末结存航煤的可变现净值确认是否合理？

根据企业会计准则及其解释，确定存货可变现净值时，应当以资产负债表日取得最可靠的证据估计的售价为基础并考虑持有存货的目的，资产负债表日至财务报告批准报出日之间存货售价发生波动的，如有确凿证据表明其对资产负债表日存货已经存在的情况提供了新的或进一步的证据，则在确定存货可变现净值时应当予以考虑，否则，不应予以考虑。即为了确定此处航煤存货的可变现净值，公司应采用以下步骤：

（1）根据航煤日常销售、周转方面的历史经验，结合公司所采用的存货成本结转方法，合理测算该12万吨可销售的期末航煤库存中将在资产负债表日后3～4个月内每月销售的数量（根据“背景”部分的信息，据了解，账面周转煤按移动加权平均计价方法预计3～4个月消化库存）。

（2）基于资产负债表日可获得的最可靠证据，预测未来该3～4个月内每月的对外销售航煤价格（即给航空公司的加油价格）。在这一过程中，应当以在国际上具有较高知名度和权威性的研究机构发布的预测价格信息为依据。

(3) 根据上述 (1) 中确定的“该12万吨可销售的期末航煤库存中将在资产负债表日后3～4个月内每月销售的数量”和 (2) 中确定的“预测未来该3～4个月内每月的对外销售航煤价格”测算其预计可获得的对外销售收入总额，再减去预计销售费用（可根据单位销售费用率计算），得到该批航煤的可变现净值总额，因此公司按2014年12月31日新加坡市场的普氏价格70.385美元/桶作为可变现净值的做法是不恰当的，应建议按上述方法重新测算。

（根据中审众环会计师事务所（特殊普通合伙）编著的《中审众环研究·实务案例卷（2020）》整理）

三、存货成本与可变现净值的比较

企业按照存货成本与可变现净值孰低法对期末存货进行计量，有三种不同的比较方法可供选择。

(一) 单项比较法

按照库存的每一种存货的成本和可变现净值逐项进行比较，每项存货按较低者计量期末存货成本。

(二) 分类比较法

按照存货分类的成本与可变现净值进行比较，每类存货按较低者计量，确定期末存货的成本。

(三) 总额比较法

按照全部存货的总成本与可变现净值总额进行比较，按较低者计量期末全部存货成本。

【例 4-21】

某公司有A、B两大类存货，包括甲、乙、丙、丁四种存货，分别按照三种方法进行成本和可变现净值比较，计算期末存货成本（见表4-5）。

表4-5 **成本与可变现净值比较表** 单位：元

<table>
<tr><th colspan="2" rowspan="2">项目</th><th rowspan="2">成本</th><th rowspan="2">可变现净值</th><th colspan="3">期末资产负债表计价</th></tr>
<tr><th>单项比较法</th><th>分类比较法</th><th>总额比较法</th></tr>
<tr><td rowspan="3">A类存货</td><td>甲</td><td>30</td><td>50</td><td>30</td><td rowspan="3">80</td><td rowspan="6"></td></tr>
<tr><td>乙</td><td>50</td><td>45</td><td>45</td></tr>
<tr><td>小计</td><td>80</td><td>95</td><td>75</td></tr>
<tr><td rowspan="3">B类存货</td><td>丙</td><td>60</td><td>50</td><td>50</td><td rowspan="3">85</td></tr>
<tr><td>丁</td><td>30</td><td>35</td><td>30</td></tr>
<tr><td>小计</td><td>90</td><td>85</td><td>80</td></tr>
<tr><td>合计</td><td></td><td>170</td><td>180</td><td>155</td><td>165</td><td>170</td></tr>
</table>

【启发思考】分别按照单项比较法、分类比较法以及总额比较法对期末存货进行计量产生的财务影响相同吗？应当如何规范才能压缩管理层进行盈余管理的空间？

四、存货跌价准备的账务处理

资产负债表日，企业存货的可变现净值低于成本时，期末存货应按可变现净值计价，企业应当计提存货跌价准备，并确认为当期资产减值损失。

“存货跌价准备”账户是存货的备抵账户，专门用来核算企业提取的存货跌价准备，期末计提存货跌价准备时记贷方，恢复或转销已提的跌价准备时记借方，期末贷方余额反映企业已计提但尚未转销的存货跌价准备。该账户可按存货项目或类别进行明细核算。

（1）期末企业应当对存货进行检查，如果存在下列情形之一的，通常表明存货的可变现净值为零，需要全额计提存货跌价准备：

① 已霉烂变质的存货。

② 已过期且无转让价值的存货。

③ 生产中已不再需要，并且无使用价值和转让价值的存货。

④ 其他足以证明已无使用价值和转让价值的存货。

（2）存货存在下列情形之一的，通常表明存货的可变现净值低于成本，应考虑计提存货跌价准备：

① 该存货的市场价格持续下跌，并且在可预见的未来无回升的希望。

② 企业使用该项原材料生产的产品的成本大于产品的销售价格。

③ 企业因产品更新换代，原有库存原材料已不适应新产品的需要，而该原材料的市场价格又低于其账面成本。

④ 因企业所提供的商品或劳务过时或消费者偏好改变而使市场的需求发生变化，导致市场价格逐渐下跌。

⑤ 其他足以证明该项存货实质上已经发生减值的情形。

企业按照存货可变现净值低于成本的金额，确定本期存货的减值金额。

资产负债表日，企业应比较存货成本与可变现净值，计算出应计提的存货跌价准备，再与“存货跌价准备”账户的余额进行比较，若应提数大于贷方余额，说明存货价值进一步下降，应予补提，企业计提的存货跌价准备，应计入当期损益，借记“资产减值损失”账户，贷记“存货跌价准备”账户。若应提数等于“存货跌价准备”贷方余额，说明企业存货价值没有变化，不需要计提存货跌价准备。若应提数小于“存货跌价准备”贷方余额，说明企业存货价值有回升，按差额转回原计提的存货跌价准备，借记“存货跌价准备”账户，贷记“资产减值损失”账户。如果本期存货可变现净值大于成本，说明企业存货价值完全恢复，转回原计提的全部存货跌价准备，恢复后的存货账面价值不应超过该存货原来的入账成本。

【例 4-22】

2×17年12月31日，甲公司A存货的账面成本为600万元，由于市场价格下跌，预计可变现净值为500万元，由此计提存货跌价准备100万元。账务处理如下：

借：资产减值损失——存货减值损失　　1 000 000

　贷：存货跌价准备　　1 000 000

2×18年6月30日，该存货的账面成本仍为600万元，其市场价格有所上升，预计可变现净值为550万元，冲减多计提的存货跌价准备。账务处理如下：

借：存货跌价准备　　500 000

　贷：资产减值损失——存货减值损失　　500 000

2×18年12月31日，该存货的账面成本仍为600万元，其市场价格进一步上升，预计可变现净值为605万元，在原计提的存货跌价准备范围内全部转回。账务处理如下：

借：存货跌价准备　　500 000

　贷：资产减值损失——存货减值损失　　500 000

已售的存货计提的存货跌价准备，应该结转，冲减当期“主营业务成本”等账户。企业按存货类别计提存货跌价准备的，也应按比例结转相应的存货跌价准备，借记“主营业务成本”“存货跌价准备”账户，贷记“库存商品”等账户。

【启发思考】会计准则规定，存货减值损失确认之后，如果价值回升，可以在原计提范围内转回减值损失，存货跌价准备的计提和转回对财务报表的影响如何？从防范盈余管理的角度，你能否为我国相关会计准则的完善提供合理化建议？

案例 4-2

存货减值准备的计提

A公司主要从事鸡和鸭的屠宰，因公司产品细分到分部位进行销售，在分配成本的时候按各部位的当月销售价格进行加权平均，确定可对外销售的各部分的生产成本。因为客户对各部位产品需求不一致（比如肯德基只需要鸡腿），导致部分产品销售滞后，部分产品会出现价格波动（如出现某些部位积压，会导致降低出售价格）。为避免出现存货虚增的情况，对期末存货按单项产品（各部位）测算存货跌价准备。由于存货的周转期一般在15天以内，取期后20日的均价作为可实现的销售价格测算存货跌价准备。那么，A公司对于存货跌价准备的考虑是否合适？

根据《企业会计准则第1号——存货》第十八条的规定：“企业通常应当按照单个存货项目计提存货跌价准备。对于数量繁多、单价较低的存货，可以按照存货类别计提存货跌价准备。与在同一地区生产和销售的产品系列相关、具有相同或类似最终用途或目的，且难以与其他项目分开计量的存货，可以合并计提存货跌价准备。”

根据相关企业会计准则讲解，“确定存货可变现净值时，应当以资产负债表日取得最可靠的证据估计的售价为基础并考虑持有存货的目的，资产负债表日至财务报告批准报出日之间存货售价发生波动的，如有确凿证据表明其对资产负债表日存货已经存在的情况提供了新的或进一步的证据，则在确定存货可变现净值时应当予以考虑，否则，不应予以考虑。”本案例中，根据A公司的资料，由于不同产品所面向的销售对象和销售方式都有较大差异，因此不符合准则所述的将各部位产品作为一个整体计提跌价准备应满足的条件，应当按单项产品为单位计提跌价准备。同时，由于存货周转期短，期后哪些部位的产品会削价销售一般在资产负债表日可以合理预见到，所以期后1个周转期内的实际销售价格可以认为是“有确凿证据表明其对资产负债表日存货已经存在的情况提供了新的或进一步的证据”。故可以利用资产负债表日后（约1个周转期）的售价作为各单项产品计提跌价准备的依据。

（根据中审众环会计师事务所（特殊普通合伙）编著的《中审众环研究·实务案例卷（2020）》整理）

第五节　存货的清查

一、存货清查的意义和方法

存货清查，是指通过对存货的实地盘点，确定存货的实有数量，并与账面结存数核对，从而确定存货实存数与账面结存数是否相符的一种专门方法。

企业存货种类、规格繁多，保管分散，收发频繁。在日常收发、保管过程中，由于计量和计算错误、自然损耗、丢失毁损以及贪污盗窃等原因，往往会造成存货实存数与账面数不一致。为了查明存货的实有数，保证存货核算的真实性，监查存货的安全和完整，就需要定期和不定期地对存货进行清查。

存货清查一般采用实地盘点法，对于大堆和笨重的存货可采用技术测量法。存货盘点时，应编制“存货盘点报告单”，作为存货盘点的原始凭证。企业存货清查后，应将各种存货的实存数与账存数进行核对，对账实不符的存货，应计算出盘盈、盘亏数，查明原因，按规定程序报批处理。

二、存货清查的账务处理

对于盘盈或盘亏的存货，应通过“待处理财产损溢”账户处理，借方登记存货的盘亏、损毁金额及盘盈的转销金额，贷方登记存货盘盈金额及盘亏的转销金额。期末结账前应将存货清查的损益处理完毕，处理后“待处理财产损溢”账户应无余额。

（一）存货盘亏的账务处理

企业发生存货盘亏时，借记“待处理财产损溢——待处理流动资产损溢”账户，贷记“原材料”等存货账户。按照管理权限报经批准后，根据造成存货盘亏的原因，分别进行处理。

（1）属于计量收发差错和管理不善等原因造成的存货短缺，应先扣除残料价值、可以收回的保险赔偿和过失人赔偿，将净损失记入“管理费用”账户。按照由于过失需由责任人赔款或由保险公司赔偿的损失，借记“其他应收款”账户，贷记“待处理财产损溢——待处理流动资产损溢”账户。

（2）属于自然灾害等非常原因造成的存货毁损，应先扣除处置收入（如残料价值）、可以收回的保险赔偿和过失人赔偿，将净损失记入“营业外支出”账户。因非正常原因导致的存货盘亏或毁损，按规定不能抵扣的增值税进项税额，应当予以转出。

【例 4-23】

某公司在财产清查中发现盘亏原材料100千克，单位实际成本5元，经查明是收发计量误差所致。其账务处理如下：

（1）发现盘亏原材料。

借：待处理财产损溢——待处理流动资产损溢　　500

　贷：原材料　　500

（2）经批准后，计入管理费用。

借：管理费用　　500

　贷：待处理财产损溢——待处理流动资产损溢　　500

【例 4-24】

某公司在财产清查中发现盘亏库存商品50件，单位实际成本40元，经查明应由管理员赔偿。其账务处理如下：

（1）发现盘亏库存商品。

借：待处理财产损溢——待处理流动资产损溢　　2 000

　贷：库存商品　　2 000

（2）经批准后，由责任人赔偿。

借：其他应收款　　2 000

　贷：待处理财产损溢——待处理流动资产损溢　　2 000

（二）存货盘盈的账务处理

企业盘盈的存货，借记“原材料（库存商品等）”账户，贷记“待处理财产损溢——待处理流动资产损溢”账户；期末按规定程序批准处理时，借记“待处理财产损溢——待处理流动资产损溢”账户，贷记“管理费用”等账户。

【例 4-25】

某公司发现原材料盘盈200千克，单位实际成本10元，做账务处理如下：

（1）发现盘盈原材料时：

借：原材料　　2 000

　　贷：待处理财产损溢——待处理流动资产损溢　　2 000

（2）经查明，是收发计量误差导致的盘盈，报经批准后：

借：待处理财产损溢——待处理流动资产损溢　　2 000

　　贷：管理费用　　2 000

视野拓展

如果盘盈或盘亏的存货在期末结账前未经批准，在对外提供财务会计报告时应先按上述方法进行会计处理，并在财务报表附注中做出说明。如果其后批准处理的金额与已处理的金额不一致，应当调整当期财务报表相关项目的年初数。

引导案例分析

依据引导案例ST康美相关公告，既然货币资金本来就不存在，对应调入的存货，又是从何而来？收集ST康美公司的年报数据，分析存货减值计提对当期利润的影响，分析这些存货是否构成虚假陈述乃至是财务造假的延续，进而分析公司计提高额存货跌价准备的动机。

思考题

1.什么是存货？有何特征？
2.如何确定外购存货的采购成本？
3.存货发出的计价方法有哪些？你认为发出存货的计价方法对企业财务状况和经营成果有何影响？
4.什么是计划成本法？有哪些主要优点？
5.什么是存货的可变现净值？如何确定可变现净值？
6.在成本与可变现净值孰低法下如何进行会计处理？为什么该方法体现了谨慎性这一会计信息质量的要求？

即测即评

业务实操

红日公司是增值税一般纳税人，增值税税率为13%。生产中所需甲材料按实际成本核算，采用月末一次加权平均法计算和结转发出材料成本。2022年6月1日，甲材料结存1 400千克，账面余额385万元，未计提存货跌价准备。红日公司2022年6月份发生的有关甲材料业务如下：

（1）6月3日，持银行汇票300万元购入甲材料800千克，增值税专用发票上注明的货款为216万元，增值税税额28.08万元，材料已验收入库，剩余票款退回并存入银行。

（2）6月6日，签发一张商业承兑汇票，购入甲材料540千克，增值税专用发票上注明的货款为162万元，增值税税额21.06万元，材料已验收入库。

（3）6月20日，销售甲材料一批，开出增值税专用发票上注明的售价为171万元，增值税税额为22.23万元，款项已由银行收妥。

（4）6月30日，因自然灾害毁损甲材料15万元，经保险公司核定应赔偿10万元，款项尚未收到，其余损失已经有关部门批准处理。

（5）6月份发出材料情况如下：

① 生产车间领用甲材料1 000千克，车间管理部门领用400千克，企业行政管理部门领用150千克。

② 委托加工一批零部件，发出甲材料100千克。

③ 6月30日，对外销售发出甲材料350千克。

（6）6月30日，甲材料的预计可变现净值为180万元。

假定除上述资料外，不考虑其他因素。

要求：

（1）编制红日公司第（1）至（3）项业务的会计分录。

（2）计算红日公司6月份甲材料的加权平均单位成本（保留两位小数）。

（3）编制红日公司第（4）项业务的会计分录；编制红日公司第（5）项结转发出材料成本的会计分录。

（4）计算红日公司6月30日甲材料账面余额。

（5）计算红日公司6月30日甲材料计提的存货跌价准备并编制会计分录。

（6）计算红日公司6月30日甲材料应计入资产负债表“存货”项目的金额。

（“应交税费”科目要求写明细科目及专栏名称，答案中的金额单位用万元表示）

参考答案

第五章　金融资产

【内容框架】

金融是现代经济的核心，金融市场上金融工具应用日趋广泛，金融工具创新日新月异。本章主要介绍金融资产的确认、计量及账务处理。具体内容框架如下图所示：

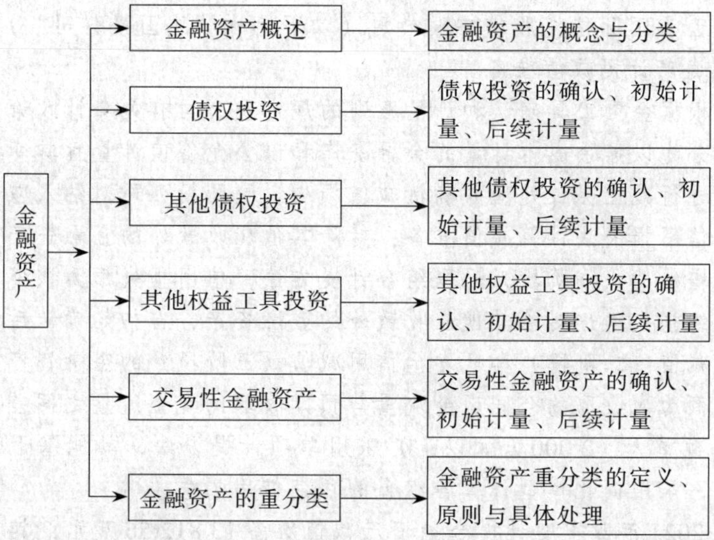

【学习目标】

通过本章的学习，了解金融资产的概念、计量原则及不同阶段的分类，理解金融资产分类依据、重分类原则与处理，掌握不同类别金融资产的确认、初始计量与后续计量的业务处理，掌握金融资产的处置、期末计量的会计处理，掌握金融资产的披露。

引导案例

陕国投公司发布计提金融资产减值准备公告

在复杂严峻的国内外经济金融形势下，金融机构投融资项目风险易发多发，出于财务稳健性考虑，陕西省国际信托股份有限公司（以下简称“陕国投公司”）对2021年12月31日持有的金融资产计提减值准备。

陕国投公司根据金融工具确认和计量准则的规定及公司有关会计政策，以预期信用损失为基础，对划分为以摊余成本计量的金融资产和以公允价值计量且其变动计入其他综合收益的金融资产进行减值会计处理并确认减值损失。陕国投公司对纳入减值计提范围的金融资产按照预期信用损失法计算减值准备：对除其他应收款外的金融资产，自初始确认后信用风险未显著增加的（一阶段）采取组合计提方法，信用损失额为该资产的账面金额乘以违约概率和违约损失率；对除其他应收款外的金融资产，自初始确认后信用风险显著增加但未发生信用减值（二阶段）和已发生信用减值（三阶段）的金融资产，采用单项计提方法，信用损失额为应收取的合同现金流量与预期收取的现金流量之间差额的现值；其他应收款中单项金额重大（2 000万元以上）采用单项计提方法，其他基于性质和风险特征进行归类分组后，采用简化模型计算各组合的预期信用损失。

陕国投公司2021年四季度计提金融资产减值准备13 812.56万元，其中包括：其他应收款坏账准备13 366.93万元，贷款损失准备及应收利息减值准备690.15万元，债权投资减值准备-244.52万元。按照预期信用损失测算，陕国投公司本次对持有的金融资产计提减值准备将减少公司净利润10 391.81万元。本次计提金融资产减值准备事项得到公司董事会同意。

（根据巨潮资讯网http：//www.cninfo.com.cn/上市公司公告整理）

通过阅读陕国投公司发布的计提金融资产减值准备公告，我们关注到，面临复杂严峻的国内外经济金融形势，金融资产减值问题突出。2021年四季度，陕国投公司对以摊余成本计量的金融资产和以公允价值计量且其变动计入其他综合收益的金融资产，采用预期信用损失法计算减值准备13 812.56万元，经测算将减少公司净利润10 391.81万元。那么，是否所有金融资产都需要计提减值准备？金融资产计提减值准备的方法有哪些？不同类别金融资产减值处理有哪些差异？资产减值计提对公司的财务影响有哪些？本章将在对金融资产确认与计量问题系统讲解后，对这些问题进行解答。

第一节　金融资产概述

一、金融资产的概念

金融资产[1]，是指企业持有的现金、其他方的权益工具以及符合下列条件之一的资产：

（1）从其他方收取现金或其他金融资产的合同权利。如企业的银行存款、应收账款、应收票据等都是金融资产。预付账款不是金融资产，因其产生的未来经济利益是商品或服务，不是收取现金或其他金融资产的权利。

（2）在潜在有利条件下，与其他方交换金融资产或金融负债的合同权利。例如，某公司持有一项以每股15元的价格在6个月后购买另一上市公司股票的看涨期权。

（3）将来须用或可用企业自身权益工具进行结算的非衍生工具合同，且企业根据该合同将收到可变数量的自身权益工具。

（4）将来须用或可用企业自身权益工具进行结算的衍生工具合同，但以固定数量的自身权益工具交换固定金额的现金或其他金融资产的衍生工具合同除外。

二、金融资产的分类

（一）金融资产的具体分类

金融资产的分类是对其进行确认和计量的基础。企业应当根据其管理金融资产的业务模式和金融资产的合同现金流量特征，从金融资产后续计量的角度将金融资产划分为三类：

（1）以摊余成本计量的金融资产；

（2）以公允价值计量且其变动计入其他综合收益的金融资产；

（3）以公允价值计量且其变动计入当期损益的金融资产。

（二）金融资产的分类依据

1. 关于企业管理金融资产的业务模式

企业管理金融资产的业务模式，是指企业如何管理其金融资产以产生现金流量。业务模式决定企业所管理金融资产现金流量的来源是收取合同现金流量、出售金融资产还是两者兼有。

（1）以收取合同现金流量为目标的业务模式。企业管理金融资产旨在通过在金融资产存续期内收取合同付款来实现现金流量，而不是通过持有并出售金融资产产生整体回报。

---

① 金融资产是金融工具的重要内容。金融工具指形成一方的金融资产并形成其他方的金融负债或权益工具的合同。实务中的金融工具通常采用书面形式，非合同的资产和负债（如应交所得税等）不属于金融工具。

（2）以收取合同现金流量和出售金融资产为目标的业务模式。企业的关键管理人员认为收取合同现金流量和出售金融资产对于实现其管理目标而言都是不可或缺的。

（3）其他业务模式。如果企业管理金融资产的业务模式，不是以收取合同现金流量为目标，也不是既以收取合同现金流量又出售金融资产来实现其目标，该金融资产应当分类为以公允价值计量且其变动计入当期损益的金融资产。例如，企业持有金融资产的目的是交易性的或者基于金融资产的公允价值做出决策，管理目标是通过出售金融资产赚取差价，收取合同现金流量只是附带性质的活动。

一个企业可能会采用多个业务模式，例如，企业持有一组以收取合同现金流量为目标的投资组合，同时还持有另一组既以收取合同现金流量为目标又以出售该金融资产为目标的投资组合。

2. 关于金融资产的合同现金流量特征

金融资产的合同现金流量特征，是指金融工具合同约定的、反映相关金融资产经济特征的现金流量属性。

企业分类为以摊余成本计量的金融资产和以公允价值计量且其变动计入其他综合收益的金融资产，其合同现金流量特征应当与基本借贷安排相一致，即相关金融资产在特定日期产生的合同现金流量仅为对本金和以未偿付本金金额为基础的利息的支付。无论金融资产的法律形式是否为一项贷款，都可能是一项基本借贷安排。

（三）金融资产的具体划分标准

我国企业会计准则规定了三类金融资产的具体划分标准：

1. 以摊余成本计量的金融资产

金融资产同时符合下列条件的，应当分类为以摊余成本计量的金融资产：（1）企业管理该金融资产的业务模式是以收取合同现金流量为目标。（2）该金融资产的合同条款规定，在特定日期产生的现金流量，仅为对本金和以未偿付本金金额为基础的利息的支付。如应收账款、应收票据、债权投资等。

2. 以公允价值计量且其变动计入其他综合收益的金融资产

金融资产同时符合下列条件的，应当分类为以公允价值计量且其变动计入其他综合收益的金融资产：（1）企业管理该金融资产的业务模式既以收取合同现金流量为目标又以出售该金融资产为目标；（2）该金融资产的合同条款规定，在特定日期产生的现金流量，仅为对本金和以未偿付本金金额为基础的利息的支付。企业设置“其他债权投资”“其他权益工具投资”账户核算这一类金融资产。

3. 以公允价值计量且其变动计入当期损益的金融资产

以公允价值计量且其变动计入当期损益的金融资产是指分类为以摊余成本计量的金融资产和以公允价值计量且其变动计入其他综合收益的金融资产之外的金融资产，以及企业持有的直接指定为以公允价值计量且其变动计入当期损益的金融资产，设置“交易性金融资产”账户核算这一类金融资产。

对金融资产的分类一经确定，不得随意变更。

视野拓展

企业通常应当分类为以公允价值计量且其变动计入当期损益的金融资产，包括企业持有的在不考虑指定情况下的股票、企业持有的基金与可转换债券。另外，需要注意的是，权益工具投资的合同现金流量评估一般不符合基本借贷安排（本金加利息的合同现金流量特征），因此应分类为以公允价值计量且其变动计入当期损益的金融资产。在初始确认时，企业可以将非交易性权益工具投资指定为以公允价值计量且其变动计入其他综合收益的金融资产，并按规定确认股利收入。该指定一经做出，不得撤销。

【启发思考】资本市场金融创新日新月异，结合上市公司年度财务报告，了解我国金融资产分类经历了哪些变动？分析变动背景，思考其中蕴含了哪些规律？对会计人员职业能力提出了哪些要求？

第二节　债权投资

债权投资是我国企业会计准则中分类为以摊余成本计量的金融资产的主要构成内容。

一、债权投资的确认

债权投资是指企业业务管理模式为以特定日期收取合同现金流量为目标的金融资产，其合同现金流量特征与基本借贷安排相一致，该金融资产在特定日期产生的合同现金流量仅为对本金和以未偿付本金金额为基础的利息的支付。其到期日固定，回收金额固定或可确定，且有明确意图和能力持有至到期，不准备随时出售。满足上述条件的金融资产确认为以摊余成本计量的金融资产，在“债权投资”账户核算。

二、债权投资的初始计量

债权投资的成本应按照取得时的公允价值计量，相关的交易费用应当计入初始确认金额。交易费用是指可直接归属于购买、发行或处置债权投资新增的外部费用，包括支付给代理机构、咨询公司、券商、证券交易所、政府有关部门等的手续费、佣金、相关税费及其他必要支出。企业取得债权投资所支付的价款中包括的已到付息期但尚未领取的利息，应单独确认为一项应收项目，不构成债权投资的初始入账成本。

企业应设置“债权投资”账户，根据投资的类别和品种设“成本”“利息调整”“应计利息”明细账核算债权投资。“成本”明细账核算债权投资的面值。“利息调整”明细账核算债权投资的初始入账价值与面值的差额，以及按照实际利率法分期摊销的金额；借方登记初始入账价值大于面值的溢价的增加和初始入账价值小于面值的折价的摊销，贷方登记折价的增加和溢价的摊销。“应计利息”核算到期一次还本付息的债权投资的应计未付的利息。

【例 5-1】

甲公司2×14年1月1日支付430 318元（含交易费用）从乙公司购入同日发行的5年期、分期付息、到期一次还本的债券一批，债券面值400 000元，票面利率12%，实际利率10%。甲公司将该批债券确认为以摊余成本计量的金融资产。2×14年1月1日，账务处理如下：

借：债权投资——成本（乙公司债券） 400 000
　　　　　　——利息调整（乙公司债券） 30 318
　贷：银行存款 430 318

【例 5-2】

甲公司2×16年1月1日支付412 100元（含交易费用和已到付息期但尚未支付的利息32 000元）从活跃市场上购入丙公司2×15年1月1日发行的4年期、分期付息、到期一次还本的债券一批，债券面值400 000元，票面利率8%，实际利率10%。甲公司将该批债券确认为以摊余成本计量的金融资产。2×16年1月1日，账务处理如下：

借：债权投资——成本（丙公司债券） 400 000
　　应收利息 32 000
　贷：银行存款 412 100
　　　债权投资——利息调整（丙公司债券） 19 900

收到上述利息时：

借：银行存款 32 000
　贷：应收利息 32 000

三、债权投资的后续计量

债权投资的后续计量应当采用实际利率法，按摊余成本进行后续计量。

1. 摊余成本与实际利率法

（1）摊余成本。债权投资的摊余成本，是指持有债权投资的初始确认金额经过下列调整后的结果：①扣除已偿还的本金；②加上或减去采用实际利率法将该初始确认金额与到期日金额之间的差额进行摊销形成的累计摊销额；③扣除累计计提的损失准备。

（2）实际利率。实际利率是指将债权投资在预期存续期间或适用的更短期间内的未来现金流量，折现为债权投资当前账面价值所使用的利率。

（3）实际利率法。实际利率法是指按照债权投资的实际利率计算其摊余成本及各期利息收入的方法。以债权投资的期初摊余成本乘以实际利率作为当期利息收入，按面值和票面利率计算确定的当期应收利息与当期利息收入之间的差额，为当期利息调整的摊销额，以期初摊余成本加上或减去当期利息调整的摊销额，计算出期末摊余成本。

本期利息收入=债权投资的期初摊余成本×实际利率

应收利息=债权投资面值×票面利率

本期利息调整摊销额=本期利息收入-应收利息

期末摊余成本=初始入账金额±利息调整累计摊销额

=期初摊余成本±利息调整本期摊销额

=面值±利息调整摊余金额

2. 分期付息债券利息收入的确认

若债权投资为分期付息、到期一次还本的债券，企业应当于付息日或资产负债表日计提债券利息，按债权投资面值和票面利率计算确定的应收未收的利息，借记“应收利息”账户，按债权投资的摊余成本和实际利率计算确定的利息收入，贷记“投资收益”账户，按其差额，借记或贷记“债权投资——利息调整”账户。

【例 5-3】

接【例 5-1】，甲公司持有乙公司债券2×14年至2×18年应计利息和利息调整摊销情况见表5-1。

表 5-1 **利息收入和利息调整计算表**

（实际利率法）

单位：元

计息日期	应收利息 ①	利息收入 ②	利息调整 ③	利息调整余额 ④	摊余成本 ⑤
	面值×票面利率	上一期⑤×实际利率	①－②	上一期④－③	上一期⑤－③
2×14.1				30 318	430 318
2×14.12	48 000	43 032	4 968	25 350	425 350
2×15.12	48 000	42 535	5 465	19 885	419 885
2×16.12	48 000	41 989	6 011	13 874	413 874
2×17.12	48 000	41 387	6 613	7 261	407 261
2×18.12	48 000	40 739①	7 261	0	400 000
合计	240 000	209 682	30 318	—	—

注：①计算时小数点造成的尾差，在最后一年调整，把利息调整余额全部摊销。

甲公司2×14年12月31日至2×18年12月31日计提利息、利息收入和利息调整摊销的账务处理如下：

（1）2×14年12月31日：

借：应收利息——乙公司债券　　48 000

　贷：债权投资——利息调整（乙公司债券）　　4 968

　　　投资收益　　43 032

（2）2×15年12月31日：

借：应收利息——乙公司债券　48 000

　贷：债权投资——利息调整（乙公司债券）　5 465

　　投资收益　42 535

（3）2×16年12月31日：

借：应收利息——乙公司债券　48 000

　贷：债权投资——利息调整（乙公司债券）　6 011

　　投资收益　41 989

（4）2×17年12月31日：

借：应收利息——乙公司债券　48 000

　贷：债权投资——利息调整（乙公司债券）　6 613

　　投资收益　41 387

（5）2×18年12月31日：

借：应收利息——乙公司债券　48 000

　贷：债权投资——利息调整（乙公司债券）　7 261

　　投资收益　40 739

每期收到利息48 000元时，借记“银行存款”等账户，贷记“应收利息——乙公司债券”账户。

【例 5-4】

接【例5-2】，甲公司持有丙公司债券2×16年至2×18年应计利息和利息调整摊销情况见表5-2。

表5-2　**利息收入和利息调整计算表**

（实际利率法）

单位：元

计息日期	应收利息 ①	利息收入 ②	利息调整 ③	利息调整余额 ④	摊余成本 ⑤
	面值×票面利率	上一期⑤×实际利率	①－②	上一期④－③	上一期⑤+③
2×16.1				19 900	380 100
2×16.12	32 000	38 010	6 010	13 890	386 110
2×17.12	32 000	38 611	6 611	7 279	392 721
2×18.12	32 000	39 279①	7 279	0	400 000
合计	96 000	115 900	19 900	—	—

注：①计算时小数点造成的尾差，在最后一年调整，把利息调整余额全部摊销。

甲公司2×16年12月31日至2×18年12月31日计提利息和利息调整摊销的账务处理如下：

（1）2×16年12月31日：

借：应收利息——丙公司债券	32 000	
债权投资——利息调整（丙公司债券）	6 010	
贷：投资收益		38 010

（2）2×17年12月31日：

借：应收利息——丙公司债券	32 000	
债权投资——利息调整（丙公司债券）	6 611	
贷：投资收益		38 611

（3）2×18年12月31日：

借：应收利息——丙公司债券	32 000	
债权投资——利息调整（丙公司债券）	7 279	
贷：投资收益		39 279

每期收到利息32 000元时，借记“银行存款”等账户，贷记“应收利息——丙公司债券”账户。

【启发思考】相对于直线法摊销，采用实际利率法的优势是什么？在运用实际利率法时，如果债券是到期一次还本付息，每期期末摊余成本与上述【例5-3】、【例5-4】有何不同？

四、债权投资的提前出售与到期收回

1.债权投资提前出售

如果企业持有意图和持有能力发生变化，可能会提前出售债权投资。企业提前出售债权投资时，应将所取得的价款与该债权投资账面价值之间的差额计入投资收益。债权投资的账面价值是该投资的账面余额扣除已计提的减值准备后的差额。企业在出售债权投资时，应同时结转该债权投资已经计提的减值准备。

【例5-5】

接【例5-4】，甲公司改变持有意图，打算将持有的乙公司债券提前出售，2×17年12月31日实际收到出售价款480 000元。该债券尚未计提减值准备。账务处理如下：

借：银行存款	480 000	
贷：债权投资——成本（乙公司债券）		400 000
——利息调整（乙公司债券）		7 279
投资收益		72 721

2. 债权投资到期收回

债权投资持有至到期收回时，按实际收到的该投资的本金及应收未收利息，借记“银行存款”账户，贷记“债权投资——成本”和“债权投资——应计利息”或“应收利息”账户。

【例 5-6】

接【例5-4】，甲公司持有丙公司债券2×18年12月31日到期，收回债券本金400 000元。账务处理如下：

借：银行存款　400 000

　贷：债权投资——成本（丙公司债券）　400 000

五、债权投资的期末计量

企业应当以预期信用损失为基础，对以摊余成本计量的金融资产进行减值会计处理，并确认损失准备。在预期信用损失法下，减值准备的计提不以减值的实际发生为前提，而是以未来可能的违约事件造成的损失的期望值来计量当前（资产负债表日）应当确认的损失准备。信用损失，是指企业按照原实际利率折现的、根据合同应收的所有合同现金流量与预期收取的所有现金流量之间的差额，即全部现金短缺的现值。对于金融资产，信用损失应为企业应收取的合同现金流量与预期收取的现金流量之间差额的现值。

企业应当在资产负债表日计算债权投资的预期信用损失。如果该预期信用损失大于该债权投资当前减值准备的账面金额，应将差额确认为减值损失，借记“信用减值损失”账户，贷记“债权投资减值准备”账户。如果资产负债表日计算的预期信用损失小于该债权投资当前减值准备的账面金额，则应将差额作为减值利得，借记“债权投资减值准备”账户，贷记“信用减值损失”账户。

第三节　其他债权投资

一、其他债权投资的确认

金融资产分类中划分为以公允价值计量且其变动计入其他综合收益的金融资产中的债权投资，即为其他债权投资，指既可能持有至到期收取合同现金流量，也可能在到期之前出售的债权投资。其他债权投资应按实际利率法计算利息收入，计入当期损益。该金融资产期末以公允价值计量，由于公允价值变动产生的利得或损失计入其他综合收益。该金融资产终止确认时，之前累计计入其他综合收益的利得或损失应从其他综合收益中转出，计入当期损益。

二、其他债权投资的初始计量

其他债权投资的初始成本为该金融资产交易日的公允价值和相关交易费用之和。支付的价款中如果包含已到付息期但尚未领取的利息，应单独确认为应收项目，不构成其他债权投资的初始入账金额。以后收到支付的价款中包含的已到付息期但尚未领取的利息时，借记“银行存款”账户，贷记“应收利息”账户。企业应设置“其他债权投资”账户，其下设置“债券面值”“利息调整”“应计利息”“公允价值变动”明细科目核算其他债权投资。

【例 5-7】

2×18年1月1日，甲公司购入乙公司当日发行的面值400 000元、期限3年、票面利率8%、每年12月31日付息、到期还本的债券，实际支付的购买价款（包括交易费用）为416 000元；乙公司既可能持有至到期，也可能提前出售，将其确认为其他债权投资。账务处理如下：

借：其他债权投资——债券面值（乙公司债券）　400 000
　　　　　　　　——利息调整（乙公司债券）　16 000
　贷：银行存款　416 000

三、其他债权投资的后续及期末计量

1. 其他债权投资收益的确认

企业在持有其他债权投资期间，应按照债券的摊余成本和初始确认的实际利率确定投资收益；根据票面面值和票面利率计算的应收利息，到期一次还本付息的债券投资，借记“其他债权投资——应计利息”账户，分期付息到期还本的债券投资，借记“应收利息”账户，根据摊余成本计量和实际利率计算的实际利息收入，贷记“投资收益”账户，根据两者的差额贷记或借记“其他债权投资——利息调整”账户。

【例 5-8】

甲公司于2×16年1月1日购入乙公司发行的面值400 000元、期限3年、票面利率8%、每年12月31日付息、到期还本的债券，初始确认金额为416 000元，债券的实际利率为6%。甲公司既可能持有至到期，也可能提前出售，将其确认为其他债权投资。甲公司在持有期间确认利息收入的计算过程及账务处理如下：

（1）采用实际利率法编制的利息收入与摊余成本，具体计算见表5-3。

表 5-3 **利息收入和利息调整计算表**

（实际利率法） 单位：元

计息日期	应收利息 ①	利息收入 ②	利息调整 ③	利息调整余额 ④	摊余成本 ⑤
	面值×票面利率	上一期⑤×实际利率	①-②	上一期④-③	上一期⑤-③
2×16.1				16 000	416 000
2×16.12	32 000	24 960	7 040	8 960	408 960
2×17.12	32 000	24 538	7 462	1 498	401 498
2×18.12	32 000	30 502①	1 498	0	400 000
合计	96 000	80 000	16 000	—	—

注：①计算时小数点造成的尾差，在最后一年调整，把利息调整余额全部摊销。

（2）每年确认利息收入并摊销利息调整的账务处理：

2×16 年 12 月 31 日：

借：应收利息 32 000

　贷：其他债权投资——利息调整（乙公司债券） 7 040

　　投资收益 24 960

2×17 年 12 月 31 日：

借：应收利息 32 000

　贷：其他债权投资——利息调整（乙公司债券） 7 462

　　投资收益 24 538

2×18 年 12 月 31 日：

借：应收利息 32 000

　贷：其他债权投资——利息调整（乙公司债券） 1 498

　　投资收益 30 502

2. 其他债权投资的期末计量

其他债权投资期末应以公允价值为基础进行计量，公允价值变动形成的未实现利得和损失，作为所有者权益变动，计入其他综合收益。资产负债表日，如果其他债权投资的公允价值高于其账面余额，将差额调增其他债权投资的账面余额，借记“其他债权投资——公允价值变动”账户，同时将公允价值变动计入其他综合收益，贷记“其他综合收益——金融资产公允价值变动”账户。如果其他债权投资的公允价值低于其账面余额，将公允价值变动计入其他综合收益，借记“其他综合收益——金融资产公允价值变动”账户，同时将差额调减其他债权投资的账面余额，贷记“其他债权投资——公允价值变动”账户。

【例 5-9】

甲公司各年年末持有的其他债权投资的公允价值见表5-4。该公司各年年末的账务处理如下：

表 5-4　其他债权投资期末公允价值变动表　单位：元

日期	摊余成本	公允价值	累计公允价值变动	本期公允价值变动
2×16.12.31	451 020	451 200	180	180
2×17.12.31	446 780	446 690	-90	-270
2×18.12.31	462 156	462 368	212	302

（1）2×16年12月31日：

借：其他债权投资——公允价值变动　180

　贷：其他综合收益——金融资产公允价值变动　180

（2）2×17年12月31日：

借：其他综合收益——金融资产公允价值变动　270

　贷：其他债权投资——公允价值变动　270

（3）2×18年12月31日：

借：其他债权投资——公允价值变动　302

　贷：其他综合收益——金融资产公允价值变动　302

四、其他债权投资的处置

企业处置其他债权投资时，将该金融资产的售价与其账面余额之间的差额计入投资收益。同时，将原直接计入其他综合收益的累计公允价值变动对应处置部分的金额转出，计入投资收益。处置其他债权投资时，应按实际收到的处置价款，借记“银行存款”账户，将处置的其他债权投资的账户余额从向反方向转出：按其他债权投资面值，贷记“其他债权投资——债券面值”账户，按利息调整摊余金额，贷记或借记“其他债权投资——利息调整”账户，按累计公允价值变动金额，贷记或借记“其他债权投资——公允价值变动”账户。处置价格和处置金融资产账面余额之间的差额，贷记或借记“投资收益”账户。同时，将原计入其他综合收益的累计公允价值变动对应处置部分的金额转出，借记或贷记“其他综合收益”账户，贷记或借记“投资收益”账户。

【例 5-10】

2×19年12月31日，甲公司将其持有的一项其他债权投资（乙公司债券）出售，该债券面值400 000元、期限3年、票面利率8%、每年12月31日付息、到期还本，售价为467 800元。出售日，该其他债权投资明细账“债券面值”借方余额400 000元，“利息调整”借方余额1 500元，“公允价值变动”借方余额1 200元。账务处理如下：

借：银行存款 417 800

贷：其他债权投资——债券面值（乙公司债券） 400 000

——利息调整（乙公司债券） 1 500

——公允价值变动（乙公司债券） 1 200

投资收益 15 100

借：其他综合收益——金融资产公允价值变动 1 200

贷：投资收益 1 200

五、其他债权投资的减值

期末，企业应计算其他债权投资的预期信用损失，如果企业持有的其他债权投资发生预期信用损失，应当计提减值准备，确认为减值损失。企业应在其他综合收益中确认其他债权投资的减值损失，将减值损失计入当期损益，并不减少该金融资产在资产负债表中列示的价值。

如果该预期信用损失大于该其他债权投资当前减值准备的账面金额，应将差额确认为减值损失，借记“信用减值损失”账户，贷记“其他综合收益——信用减值准备”账户。如果资产负债表日计算的预期信用损失小于该其他债权投资当前减值准备的账面金额，则应将差额作为减值利得，借记“其他综合收益——信用减值准备”账户，贷记“信用减值损失”账户。

【例 5-11】

2×18年12月1日，甲公司按面值购买了公允价值2 000万元的债券，这些债券以公允价值计量且其变动计入其他综合收益。初始确认时，该公司确认该资产不是所购买或源生的已发生信用减值的资产。2×18年12月31日，甲公司对该其他债权投资的预期信用损失为30万元；2×19年12月31日，甲公司认定该项其他债权投资的信用风险已显著增加，预期信用损失为180万元。账务处理为：

（1）2×18年12月31日，预期信用损失为30万元。

借：信用减值损失 300 000

贷：其他综合收益——信用减值准备 300 000

（2）2×19年12月31日，预期信用损失为180万元，大于该其他债权投资当前减值准备的账面金额30万元，应将差额150万元确认为减值损失。

借：信用减值损失 1 500 000

贷：其他综合收益——信用减值准备 1500 000

第四节 其他权益工具投资

一、其他权益工具投资的确认

其他权益工具投资是指不具有控制、共同控制和重大影响的股权及非交易性股票等。该类金融资产是指定为以公允价值计量且其变动计入其他综合收益的非交易性权益工具投资。例如，企业持有的上市公司限售股，尽管在活跃市场中有报价，但由于出售受到限制，不能随时出售，可指定为以公允价值计量且其变动计入其他综合收益的金融资产。

二、其他权益工具投资的初始计量

确认为其他权益工具投资的初始成本包括该股权交易日的公允价值和相关交易费用之和。如果支付的价款中包含已宣告但尚未发放的现金股利，应单独确认为应收项目，不构成其他权益工具投资的初始成本。企业应设置“其他权益工具投资”账户，核算指定为以公允价值计量且其变动计入其他综合收益的金融资产，下设“成本”和“公允价值变动”明细科目进行明细核算。

【例 5-12】

2×19年1月1日，甲公司按每股6.30元的价格购入乙公司股票50 000股，每股面值1元，并支付交易费用1 100元，该股票被确认为其他权益工具投资。股票购买价格中包含每股0.30元已宣告但尚未发放的现金股利，该现金股利于2×19年4月20日发放。账务处理如下：

（1）2×19年1月1日，购入乙公司股票。

初始确认金额=（6.30−0.30）×50 000+1 100=301 100（元）

应收现金股利=0.30×50 000=15 000（元）

借：其他权益工具投资——成本（乙公司股票）	301 100	
应收股利	15 000	
贷：银行存款		316 100

（2）2×19年4月20日，收到乙公司发放的现金股利。

借：银行存款	15 000	
贷：应收股利		15 000

三、其他权益工具投资的后续和期末计量

（一）持有期间投资收益的确认

其他权益工具投资在持有期间取得的现金股利，应当计入投资收益。对于其他权益工具投资持有期间被投资单位宣告发放现金股利的，按应享有的份额，借记“应收股利”账户，贷记“投资收益”账户；收到发放的现金股利时，借记“银行存款”账户，贷记“应收股利”账户。

【例 5-13】

2×18 年 1 月 1 日甲公司购入乙公司股票，确认为其他权益工具投资，2×19 年 3 月 15 日，乙公司宣布发放现金股利，甲公司应收股利为 8 000 元。2×19 年 4 月 15 日收到现金股利。账务处理如下：

（1）2×19 年 3 月 15 日，乙公司宣布发放现金股利。

借：应收股利——乙公司	8 000	
贷：投资收益		8 000

（2）2×19 年 4 月 15 日收到现金股利。

借：银行存款	8 000	
贷：应收股利——乙公司		8 000

（二）其他权益工具投资的期末计量

指定为以公允价值计量且其变动计入其他综合收益的金融资产，期末应以公允价值计量。如果资产负债表日的公允价值高于其账面余额时，将其他权益工具投资的账面余额调增至公允价值，按差额借记“其他权益工具投资——公允价值变动”账户，同时，公允价值变动计入所有者权益，贷记“其他综合收益”账户。如果其他权益工具投资的公允价值低于其账面余额时，将公允价值变动减记所有者权益，借记“其他综合收益”账户，同时，将其他权益工具投资的账面余额调减至公允价值，按差额贷记“其他权益工具投资——公允价值变动”账户。

【例 5-14】

甲公司持有乙公司股票 60 000 股，初始确认金额为 840 000 元。该股票在 2×18 年 12 月 31 日的每股市价为 15 元，在 2×19 年 12 月 31 日的每股市价为 13 元。账务处理如下：

（1）2×18 年 12 月 31 日，调整其他权益工具投资账面余额。

公允价值变动=15×60 000−840 000=60 000（元）

借：其他权益工具投资——公允价值变动（乙公司股票）	60 000	
贷：其他综合收益——金融资产公允价值变动		60 000

调整后甲公司持有的该股票账面余额=15×60 000=900 000（元）

（2）2×19年12月31日，调整其他权益工具投资账面余额。

公允价值变动=13×60 000−900 000=−120 000（元）

借：其他综合收益——金融资产公允价值变动　　120 000

　贷：其他权益工具投资——公允价值变动（乙公司股票）　　120 000

调整后甲公司持有的该股票账面余额=13×60 000=780 000（元）

案例5-1

ST昌鱼公司公告确认其他权益工具投资公允价值变动

湖北武昌鱼股份有限公司（以下简称“ST昌鱼公司”）于2021年4月30日发布公告称，根据《企业会计准则》及公司会计政策的相关规定，为更加真实、准确和公允地反映公司资产价值及财务状况，基于谨慎性原则，公司对持有的金达担保公司11.53%股权的公允价值进行了确认。

截至2020年年末，金达担保公司由于新冠肺炎疫情影响、国家金融政策收紧以及涉及较多债权债务诉讼等原因，经营持续恶化，目前已处于停业状态，且未有改善迹象。公司从谨慎性角度考虑，对所持有的11.53%股权的公允价值进行了测试与分析，经审计、评估等中介机构审慎评估，确认指定为其他权益工具投资的部分股权投资截至2020年12月31日的公允价值为9 147 837.17元。ST昌鱼公司对本次确认其他权益工具投资公允价值变动进行了明细说明，详细公告了该项投资的公允价值计算过程。公告称，本次其他权益工具投资公允价值与账面价值的变动差额为−60 852 162.83元，计入其他综合收益，将减少公司2020年度其他综合收益60 852 162.83元，减少公司2020年年末所有者权益60 852 162.83元。公司董事会认为本次确认其他权益工具投资公允价值变动，能够公允地反映其他权益工具投资资产的账面价值，有助于广大投资者更加准确地了解公司的资产状况。

（根据巨潮资讯网http：//www.cninfo.com.cn/上市公司公告整理）

四、其他权益工具投资的处置

企业处置其他权益工具投资时，将售价与该金融资产账面余额之间的差额计入其他综合收益，并将累计确认的其他综合收益转为留存收益。企业根据其他权益工具投资的售价，借记“银行存款”等账户；将其账面余额从“其他权益工具投资”账户转出，差额贷记或借记“其他综合收益——金融资产公允价值变动”账户。同时，将该金融资产累计计入其他综合收益的公允价值变动金额转入留存收益，借记或贷记“其他综合收益——金融资产公允价值变动”账户，贷记或借记“利润分配——未分配利润”账户。

【例5-15】

2×19年1月1日，甲公司将持有的60 000股乙公司股票出售，实际收到价款

930 000元。出售日，该项“其他权益工具投资”账户的“成本”明细账借方余额为840 000元，“公允价值变动”明细账贷方余额为60 000元。账务处理如下：

（1）出售乙公司股票。

借：银行存款　930 000

　　其他权益工具投资——公允价值变动（乙公司股票）　60 000

　贷：其他权益工具投资——成本（乙公司股票）　840 000

　　　其他综合收益——金融资产公允价值变动　150 000

（2）结转累计计入其他综合收益的公允价值变动。

累计计入其他综合收益的公允价值变动=-60 000+ 150 000=90 000（元）

借：其他综合收益——金融资产公允价值变动　90 000

　贷：利润分配——未分配利润　90 000

【启发思考】同时归类为以公允价值计量且其变动计入其他综合收益的金融资产、其他权益工具投资与其他债权投资在期末是否确认减值损失的规定上有何差异？为什么？

第五节　交易性金融资产

一、交易性金融资产的确认

以公允价值计量且其变动计入当期损益的金融资产是指以摊余成本计量的金融资产和以公允价值计量且其变动计入其他综合收益的金融资产以外的金融资产。如，企业持有的随时准备出售的债权投资和股票投资等。企业取得该金融资产主要是为了近期内出售以赚取差价。企业应设置“交易性金融资产”科目核算以公允价值计量且其变动计入当期损益的金融资产，并设置“成本”“公允价值变动”明细账户，根据该类金融资产的类别和品种进行核算。企业持有的指定为以公允价值计量且其变动计入当期损益的金融资产，也通过“交易性金融资产”账户核算。

二、交易性金融资产的初始计量

以公允价值计量且其变动计入当期损益的金融资产和指定为以公允价值计量且其变动计入当期损益的金融资产的初始确认金额是该金融资产的公允价值。公允价值是金融资产的交易价格，相关的交易费用在发生时直接计入当期损益。

企业取得交易性金融资产所支付的价款中，如果包含已宣告但尚未发放的现金股利或已到付息期但尚未领取的债券利息，应当单独确认为应收项目，记入“应收股利”或“应收利息”账户，不计入交易性金融资产的初始计量成本。

【例 5-16】

2×19 年 10 月 1 日，甲公司按每股 8.20 元的价格购入乙公司股票 10 000 股，每股面值 1 元，确认为以公允价值计量且其变动计入当期损益的金融资产，股票价格中包含已宣告但尚未领取的现金股利，每股 0.20 元。另支付交易费用 860 元。账务处理如下：

借：交易性金融资产——成本（乙公司股票）　80 000
　　应收股利　2 000
　　投资收益　860
　贷：银行存款　82 860

收到上述股利时：

借：银行存款　2 000
　贷：应收股利　2 000

【例 5-17】

2×19 年 12 月 31 日，甲公司支付价款 23 300 元购入丙公司债券，该债券于 2×18 年 12 月 31 日发行，面值 20 000 元、期限 5 年、票面利率 4%、每年 1 月 1 日付息、到期还本的债券确认为以公允价值计量且其变动计入当期损益的金融资产，债券购买价格中包含已到付息期但尚未支付的利息 800 元。另支付交易费用 1 200 元。账务处理如下：

借：交易性金融资产——成本（丙公司债券）　22 500
　　应收利息　800
　　投资收益　1 200
　贷：银行存款　24 500

收到上述股利时：

借：银行存款　800
　贷：应收利息　800

三、交易性金融资产的后续和期末计量

（一）持有期间投资收益的确认

企业持有以公允价值计量且其变动计入当期损益的金融资产期间，会获得现金股利或债券利息，应当确认为投资收益。持有期间按应收的现金股利或利息金额，借记“应收股

利”或“应收利息”账户，贷记“投资收益”账户。

【例 5-18】

2×18年1月1日，甲公司购入的乙公司股票确认为以公允价值计量且其变动计入当期损益的金融资产。2×19年3月20日，乙公司宣布发放现金股利，甲公司应收股利为4 000元。账务处理如下：

借：应收股利——乙公司 4 000

贷：投资收益 4 000

收到股利时，借记“银行存款”账户，贷记“应收股利——乙公司”账户。

（二）资产负债表日以公允价值计量

在持有期间，以公允价值计量且其变动计入当期损益的金融资产应按资产负债表日的公允价值计量，公允价值的变动计入当期损益。

资产负债表日，以公允价值计量且其变动计入当期损益的金融资产的公允价值高于其账面余额时，将交易性金融资产的账面余额调增至公允价值，借记“交易性金融资产——公允价值变动”账户，将公允价值上升带来的收益，贷记“公允价值变动损益”账户；该金融资产的公允价值低于其账面余额时，将交易性金融资产的账面余额调减至公允价值，公允价值下降带来的损失，借记“公允价值变动损益”账户，贷记“交易性金融资产——公允价值变动”账户。

【例 5-19】

甲公司每年年末对持有的以公允价值计量且其变动计入当期损益的金融资产按公允价值进行后续计量。2×18年12月31日，甲公司持有的以公允价值计量且其变动计入当期损益的金融资产乙公司股票的公允价值为65 000元，调整前账面余额为63 000元。2×19年12月31日，该股票公允价值为64 000元。账务处理如下：

（1）2×18年12月31日：

借：交易性金融资产——公允价值变动（乙公司股票） 2 000

贷：公允价值变动损益 2 000

（2）2×19年12月31日：

借：公允价值变动损益 1 000

贷：交易性金融资产——公允价值变动（乙公司股票） 1 000

四、交易性金融资产的处置

处置以公允价值计量且其变动计入当期损益的金融资产时，实际收到的价款与该金融资产账面余额的差额为处置损益。

以公允价值计量且其变动计入当期损益的金融资产的账面余额，是指以公允价值计量且其变动计入当期损益的金融资产的初始入账金额，加上或减去至资产负债表日累计的公允价值变动后的金额。如果在处置该金融资产时，已计入应收项目的现金股利或债券利息尚未收回，还应从处置价款中扣除该部分应收的现金股利或债券利息，然后确认处置损益。

【例 5-20】

2×19年5月1日，甲公司出售本年度购入的乙公司股票，购入时确认为以公允价值计量且其变动计入当期损益的金融资产，实际收到出售价款276 000元。出售日该股票“成本”明细账借方余额200 000元，“公允价值变动”明细账借方余额50 000元。账务处理如下：

借：银行存款　276 000

　贷：交易性金融资产——成本（乙公司股票）　200 000

　　　　　　　　　　——公允价值变动（乙公司股票）　50 000

　　　投资收益　26 000

同时：

借：公允价值变动损益　50 000

贷：投资收益　50 000

【例 5-21】

2×19年6月1日，甲公司出售本年度购入的丙公司债券，初始确认为以公允价值计量且其变动计入当期损益的金融资产，实际收到出售价款60 000元。出售日，该债券“成本”明细账借方余额为55 000元，“公允价值变动”明细账贷方余额5 000元。债券已计提但尚未收到的利息为2 200元。账务处理如下：

借：银行存款　60 000

　　交易性金融资产——公允价值变动（丙公司债券）　5 000

　贷：交易性金融资产——成本（丙公司债券）　55 000

　　　应收利息　2 200

　　　投资收益　7 800

同时：

借：投资收益　5 000

　贷：公允价值变动损益　5 000

第六节 金融资产的重分类

一、金融资产重分类的含义及处理原则

金融资产的重分类，是指金融资产可以在以摊余成本计量的金融资产、以公允价值计量且其变动计入其他综合收益的金融资产和以公允价值计量且其变动计入当期损益的金融资产之间进行重分类。

企业改变其管理金融资产的业务模式时，应当对相关金融资产进行重分类。企业很少变更管理金融资产的业务模式，因此，企业会计准则规定，金融资产重分类从重分类日采用未来适用法进行相关会计处理，不对以前已经确认的利得或损失进行追溯调整。重分类日是指导致企业对金融资产进行重分类的业务模式发生变更后的首个报告期间的第一天。

二、以摊余成本计量的金融资产重分类

(一) 以摊余成本计量的金融资产重分类为以公允价值计量且其变动计入当期损益的金融资产

企业将一项以摊余成本计量的金融资产重分类为以公允价值计量且其变动计入当期损益的金融资产时，应按照该金融资产在重分类日的公允价值计量，原账面价值与公允价值之间的差额计入当期损益。

重分类日，按该金融资产的摊余成本，借记“交易性金融资产——成本”账户，贷记“债权投资”等账户。同时，根据该金融资产公允价值与账面价值的差额，借记或贷记“交易性金融资产——公允价值变动”账户，贷记或借记“公允价值变动损益”账户。

【例 5-22】

甲公司于2×19年12月31日将持有的一项初始确认为债权投资的乙公司债券，重分类为以公允价值计量且其变动计入当期损益的金融资产。重分类日，该债券公允价值为589 600元，账面价值为537 600元，其中，“债券面值”明细账借方余额500 000元，“利息调整”明细账借方余额12 600元，“应计利息”明细账借方余额25 000元。账务处理如下：

(1) 结转债券账面价值：

借：交易性金融资产——成本	537 600	
贷：债权投资——债券面值（乙公司债券）		500 000
——利息调整（乙公司债券）		12 600
——应计利息（乙公司债券）		25 000

（2）调整为公允价值：

借：交易性金融资产——公允价值变动　　52 000

　贷：公允价值变动损益　　52 000

（二）以摊余成本计量的金融资产重分类为以公允价值计量且其变动计入其他综合收益的金融资产

企业将一项以摊余成本计量的金融资产重分类为以公允价值计量且其变动计入其他综合收益的金融资产时，按该金融资产在重分类日的公允价值计量，原账面价值与公允价值之间的差额计入其他综合收益。该金融资产重分类不影响其实际利率和预期信用损失的计量。

重分类日，按其摊余成本，借记“其他债权投资”账户，贷记“债权投资”等账户。同时，根据该金融资产公允价值与账面价值的差额，借记或贷记“其他债权投资——公允价值变动”账户，贷记或借记“其他综合收益——金融资产公允价值变动”账户。

【例 5-23】

甲公司于2×19年12月31日将持有的一项初始确认为债权投资的乙公司债券，重分类为以公允价值计量且其变动计入其他综合收益的金融资产。重分类日，该债券公允价值为589 600元，账面价值为537 600元，其中，“债券面值”明细账借方余额500 000元，“利息调整”明细账借方余额12 600元，“应计利息”明细账借方余额25 000元。账务处理如下：

（1）结转债券账面价值：

借：其他债权投资——债券面值（乙公司债券）　　500 000

　　　　　　　　——利息调整（乙公司债券）　　12 600

　　　　　　　　——应计利息（乙公司债券）　　25 000

　贷：债权投资——债券面值（乙公司债券）　　500 000

　　　　　　　——利息调整（乙公司债券）　　12 600

　　　　　　　——应计利息（乙公司债券）　　25 000

（2）调整为公允价值：

借：其他债权投资——公允价值变动　　52 000

　贷：其他综合收益——金融资产公允价值变动　　52 000

三、以公允价值计量且其变动计入其他综合收益的金融资产重分类

（一）以公允价值计量且其变动计入其他综合收益的金融资产重分类为以摊余成本计量的金融资产

企业将一项以公允价值计量且其变动计入其他综合收益的金融资产重分类为以摊余

成本计量的金融资产的，应当将之前计入其他综合收益的累计利得或损失转出，调整该金融资产在重分类日的公允价值，并以调整后的金额作为新的账面价值，即视同该金融资产一直以摊余成本计量。该金融资产重分类不影响其实际利率和预期信用损失的计量。

重分类日，企业应根据该金融资产的摊余成本，借记“债权投资”账户，贷记“其他债权投资”账户。其他权益投资的公允价值变动属于减值准备部分，应将其他债权投资公允价值变动转为债权投资减值准备，借记或贷记“其他债权投资——公允价值变动”账户，贷记或借记“债权投资减值准备”账户；同时借记或贷记“其他综合收益——金融资产公允价值变动”账户，贷记或借记“信用减值损失”账户；根据累计确认的资产减值准备，借记“其他综合收益——信用减值准备”账户，贷记“债权投资减值准备”账户。

【例 5-24】

甲公司于2×19年1月1日将持有的原确认为其他债权投资的乙公司债券，重分类为以摊余成本计量的金融资产。重分类日，该投资的“债券面值”明细账借方余额200 000元，“利息调整”明细账借方余额1 200元，“应计利息”明细账借方余额8 000元，“公允价值变动”明细账贷方余额4 600元，累计计提减值准备为6 000元。账务处理如下：

（1）结转摊余成本：

借：债权投资——债券面值（乙公司债券）	200 000	
——利息调整（乙公司债券）	1 200	
——应计利息（乙公司债券）	8 000	
贷：其他债权投资——债券面值（乙公司债券）		200 000
——利息调整（乙公司债券）		1 200
——应计利息（乙公司债券）		8 000

（2）结转公允价值变动：

借：其他债权投资——公允价值变动	4 600	
贷：债权投资减值准备		4 600
借：信用减值损失	4 600	
贷：其他综合收益——金融资产公允价值变动		4 600

（3）结转减值准备：

借：其他综合收益——信用减值准备	6 000	
贷：债权投资减值准备		6 000

（二）以公允价值计量且其变动计入其他综合收益的金融资产重分类为以公允价值计量且其变动计入当期损益的金融资产

企业将一项以公允价值计量且其变动计入其他综合收益的金融资产重分类为以公允价值计量且其变动计入当期损益的金融资产时，应当继续以公允价值计量该金融资产。同时，企业应当将之前计入其他综合收益的累计利得或损失从其他综合收益转入当期损益。

重分类日，企业应根据该金融资产的公允价值，借记“交易性金融资产”账户，贷记“其他债权投资”账户。将原计入其他综合收益的累计公允价值变动转入损益，借记或贷记“其他综合收益”账户，贷记或借记“公允价值变动损益”账户；根据冲销其已计提的减值准备，借记“其他综合收益——信用减值准备”账户，贷记“信用减值损失”账户。

【例 5-25】

甲公司于2×19年1月1日将持有的原确认为其他债权投资的乙公司债券，重分类为以公允价值计量且其变动计入当期损益的金融资产。重分类日，该债券的账面价值，即公允价值为204 600元，其中，“债券面值”明细账借方余额200 000元，“利息调整”明细账借方余额1 200元，“应计利息”明细账借方余额8 000元，“公允价值变动”明细账贷方余额4 600元，累计计提减值准备为6 000元。账务处理如下：

（1）结转摊余成本和公允价值：

借：交易性金融资产——成本（乙公司债券）	204 600	
其他债权投资——公允价值变动（乙公司债券）	4 600	
贷：其他债权投资——债券面值（乙公司债券）		200 000
——利息调整（乙公司债券）		1 200
——应计利息（乙公司债券）		8 000

（2）结转公允价值变动：

借：公允价值变动损益	4 600	
贷：其他综合收益——金融资产公允价值变动		4 600

（3）结转减值准备：

借：其他综合收益——信用减值准备	6 000	
贷：信用减值损失		6 000

四、以公允价值计量且其变动计入当期损益的金融资产重分类

（一）以公允价值计量且其变动计入当期损益的金融资产重分类为以摊余成本计量的金融资产

企业将一项以公允价值计量且其变动计入当期损益的金融资产重分类为以摊余成本计量的金融资产时，按重分类日的公允价值作为新的账面余额，以该金融资产在重分类日的公允价值确定实际利率。按以摊余成本计量的金融资产的相关规定进行后续计量。企业重分类日应根据该债券的公允价值，借记“债权投资”账户，贷记“交易性金融资产”账户。

【例 5-26】

甲公司于2×19年12月31日决定将原持有的以公允价值计量且其变动计入当期损益的金融资产重分类为以摊余成本计量的金融资产。该债券重分类日的公允价值为884 000元，其中“成本”明细账借方余额864 000元，“公允价值变动”明细账借方余额20 000元。该债券是乙公司于2×17年1月1日发行的，面值800 000元，期限5年，票面利率4%，到期一次还本付息。重分类日重新确定其实际利率为4.21%。账务处理如下：

债券应计利息=800 000×4%×3=96 000（元）

债券利息调整=884 000−800 000−96 000=−12 000（元）

借：债权投资——债券面值　　800 000

　　　　　　——应计利息　　96 000

　贷：交易性金融资产——成本　　864 000

　　　　　　　　　　——公允价值变动　　20 000

　　　债权投资——利息调整　　12 000

（二）以公允价值计量且其变动计入当期损益的金融资产重分类为以公允价值计量且其变动计入其他综合收益的金融资产

企业将一项以公允价值计量且其变动计入当期损益的金融资产重分类为以公允价值计量且其变动计入其他综合收益的金融资产的，应当继续以公允价值计量该金融资产。重分类日，按债券面值借记“其他债权投资——债券面值”账户，按应收未收的利息借记“其他债权投资——应计利息”或“应收利息”账户，按其原账面余额贷记“交易性金融资产——成本”账户，贷记或借记“交易性金融资产——公允价值变动”账户，差额借记或贷记“其他债权投资——利息调整”账户。企业应当根据该金融资产在重分类日的公允价值确定其实际利率。

【例 5-27】

甲公司于2×19年12月31日决定将原分类为以公允价值计量且其变动计入当期损益的金融资产的债券重分类为以公允价值计量且其变动计入其他综合收益的金融资产。重分类日该债券的公允价值为580 000元，其中“成本”明细账余额为520 000元，“公允价值变动”明细账余额为60 000元。该债券是乙公司于2×18年1月1日发行的，面值500 000元，4年期，票面利率6%，到期一次还本付息。账务处理如下：

债券应计利息=500 000×6%×2=60 000（元）

债券利息调整=580 000−500 000−60 000=20 000（元）

借：其他债权投资——债券面值　　500 000

　　　　　　　　——应计利息　　60 000

　　　　　　　　——利息调整　　20 000

　贷：交易性金融资产——成本　　520 000

　　　　　　　　　　——公允价值变动　　60 000

引导案例分析

依据引导案例陕国投公司发布的计提金融资产减值准备公告，分析该公司对不同类别的金融资产减值分别进行了哪些会计处理，以更加真实、客观、公允地反映公司的资产状况及实际情况，并评价其财务影响。通过收集金融、农业等某一行业2～3家上市公司资产减值资料，分析比较不同行业资产减值存在哪些规律性特征，并在行业间进行比较分析。

思考题

1. 现行金融资产分类的依据和具体内容有哪些？
2. 什么是债权投资？债权投资的初始确认金额包括哪些内容？
3. 其他债权投资与债权投资确认与后续计量的区别有哪些？
4. 其他权益工具投资包括哪些具体内容？其公允价值计量的方法有哪些？
5. 何为交易性金融资产？与其他类别金融资产的差异有哪些？
6. 金融资产分类与重分类的意义有哪些？

即测即评

业务实操

20×8年1月1日，甲公司从二级市场购入丙公司债券，支付价款合计1 020 000元（含已到付息期但尚未领取的利息20 000元），另发生交易费用20 000元。该债券面值1 000 000元，剩余期限为2年，票面年利率为4%，每半年末付息一次，其合同现金流量特征满足仅对本金和以未偿付本金金额为基础的利息的支付。甲公司根据其管理该债券的业务模式和该债券的合同现金流量特征，将该债券分类为以公允价值计量且其变动计入当期损益的金融资产。

其他资料如下：

（1）20×8年1月5日，收到丙公司债券20×7年下半年利息20 000元。

（2）20×8年6月30日，丙公司债券的公允价值为1 150 000元（不含利息）。

（3）20×8年7月5日，收到丙公司债券20×8年上半年利息。

（4）20×8年12月31日，丙公司债券的公允价值为1 100 000元（不含利息）。

（5）20×9年1月5日，收到丙公司债券20×8年下半年利息。

（6）20×9年6月20日，通过二级市场出售丙公司债券，取得价款1 180 000元（含一季度利息10 000元）。

要求：假定不考虑其他因素，请对甲公司20×8年1月1日及上述各个日期进行相关账务处理；并思考该笔投资业务对公司的财务影响。

参考答案

第六章 长期股权投资

【内容框架】

本章主要介绍长期股权投资的确认、计量及账务处理。具体内容框架如下图所示：

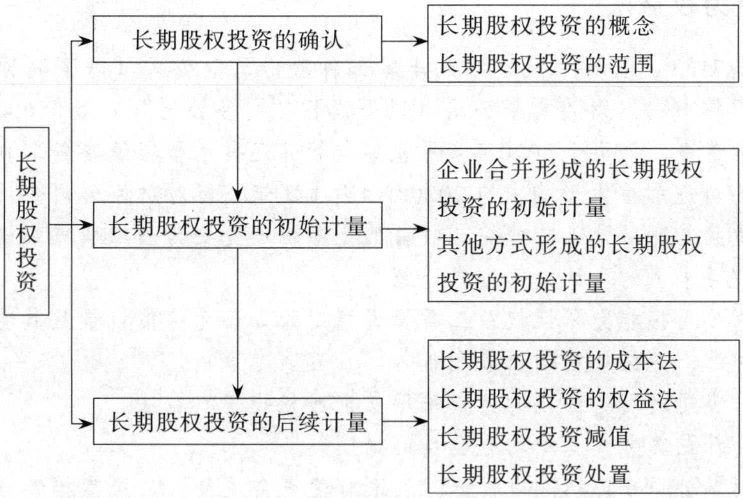

【学习目标】

通过本章学习，了解长期股权投资的核算内容；能够正确判断同一控制下的企业合并和非同一控制下的企业合并以及其他方式形成的长期股权投资；明确长期股权投资初始成本的确认与计量；掌握长期股权投资成本法与权益法的核算原理；能够识别长期股权投资的减值迹象并能进行账务处理；能够掌握长期股权投资处置的核算方法。

引导案例

会计核算变更为权益法

2020年7月31日，长春一汽富维汽车零部件股份有限公司（以下简称“公司”）发布公告称，公司持有一汽财务有限公司（以下简称“财务公司”）股份6.4348%，并向财务公司派出一名董事，公司于2020年4月收到监管部门关于核准董事任职资格的批复，认定公司对财务公司施加重大影响，自2020年4月1日起公司对财务公司会计核算方式拟由以公允价值计量且其变动计入其他综合收益的金融资产变更为长期股权投资权益法核算。

一、变更前后采用的会计核算方式介绍

1. 变更前，公司将非交易性权益工具投资指定为以公允价值计量且其变动计入其他综合收益的金融资产，并按规定确认股利收入。

2. 变更后，公司对财务公司的投资采用长期股权投资权益法。

二、关于会计核算方式变更的合理性的说明

公司持有财务公司6.4348%的股份，且派有董事会成员，公司直接参与了董事会的运作，虽对其不具有控制，但对财务公司的经营决策具有重大影响，根据《企业会计准则第2号——长期股权投资》的相关规定，采用权益法核算，能更加准确地反映公司对财务公司投资的会计核算情况。

三、会计核算变更对公司的影响

从4月1日起，公司核算财务公司投资收益方法将变更为：被投资单位剩余月份实现的归属于母公司的净利润×持股比例。本年度，财务公司董事会已于年初批准了分红预案，本次变更的核算方法所产生的收益与现金分红产生的收益无较大差异，对公司总资产不产生影响。日后，公司效益将趋于平稳，不受财务公司分红时间及金额影响。

（根据巨潮资讯网 http：//www.cninfo.com.cn/上市公司公告整理）

通过以上资料，我们发现当投资方对被投资方的影响程度发生改变时，可能会使权益工具投资的核算方法发生调整。权益工具投资核算方法的改变怎么进行会计处理？会计处理会给企业财务状况带来什么样的影响呢？除此之外，企业权益工具投资核算时还要注意什么问题呢？本章将在对长期股权投资的确认与计量问题进行系统讲解后，对这些问题进行解答。

第一节　长期股权投资概述

一、长期股权投资的概念

股权投资，又称权益性投资，是指通过付出现金或非现金资产等取得被投资单位的股份或股权，享有一定比例的权益份额代表的资产。投资企业取得被投资单位的股权相应地享有被投资单位净资产有关份额，通过被投资单位分得现金股利或利润以及待被投资单位增值后出售等获利。

本章所指的长期股权投资，是指投资方对被投资单位实施控制或重大影响的权益性投资，以及对其合营企业的权益性投资。

二、长期股权投资的范围

（一）对子公司的权益性投资

对子公司投资，是投资方持有的能够对被投资单位施加控制的股权投资。控制是指投资方拥有对被投资单位的权力，通过参与被投资单位的相关活动享有可变回报，并且有能力运用对被投资单位的权力影响其回报金额。

控制意味着投资方对被投资单位拥有权力，包括以下两种情形：一是投资方持有被投资单位半数以上的表决权；二是投资方持有被投资单位半数或以下的表决权，但通过与其他表决权持有人之间的协议能够控制半数以上的表决权。

上述第二种情形的表现形式有：通过与其他投资者的协议，投资方拥有被投资单位半数以上有表决权资本的控制权；根据章程或协议，投资方有权决定被投资单位的财务和经营政策；投资方有权任免被投资单位董事会或类似权力机构的多数成员；投资方在被投资单位董事会或类似权力机构会议上有半数以上的投票权。

（二）对合营企业的权益性投资

对合营企业投资，是指投资方持有的对构成合营企业的合营安排的投资。投资方判断持有的对合营企业的投资，应当首先看是否构成合营安排，其次看有关合营安排是否构成合营企业。合营安排是指一项由两个或两个以上的参与方共同控制的安排。

合营安排分为共同经营和合营企业。共同经营是指合营方享有该安排相关资产且承担该安排相关负债的合营安排。合营企业是指合营方仅对该安排的净资产享有权利的合营安排。

共同控制是指按照相关约定对某项安排所共有的控制，并且该安排的相关活动必须经过分享控制权的参与方一致同意后才能决策。相关活动是指对某项安排的回报产生重大影响的活动。某项安排的相关活动应当根据具体情况进行判断，通常包括商品或劳务的销售和购买、金融资产的管理、资产的购买和处置、研发活动以及融资活动等。在判断是否存在共同控制时，应当首先判断所有参与方或参与方组合是否集体控制该安排，然后判断该安排相关活动的决策是否必须经过这些集体控制该安排的参与方一致同意。

（三）对联营企业的权益性投资

具有重大影响的权益性投资是指对联营企业投资。重大影响是指对一个企业的财务和经营政策有参与决策的权力，但并不能控制或者与其他方一起共同控制这些政策的制定。通常情况下，如果投资方直接或通过子公司间接拥有被投资单位20%或以上表决权资本，但未形成控制或共同控制，可以认为其对被投资单位具有重大影响，除非有确凿的证据表明投资方不能参与被投资单位的生产经营决策，不能对被投资单位形成重大影响。如果投资方拥有被投资单位的表决权资本不足20%，一般认为对被投资单位不具有重大影响，但符合下列情况之一的，可以认为对被投资单位具有重大影响：在被投资单位董事会或类似权力机构中派有代表；参与被投资单位的政策制定过程，包括股利分配政策等的制定；与被投资单位之间发生重要交易；向被投资单位派出管理人员；向被投资单位提供关键技术资料。

第二节　长期股权投资的初始计量

长期股权投资的初始计量，是指长期股权投资初始成本的确定与计量。在不同的取得方式下，初始成本的确定方法也不同。

一、企业合并形成的长期股权投资

企业合并形成的长期股权投资，是指控股合并所形成的投资方对被投资方的股权投资，对于形成控股合并的长期股权投资，应区分同一控制下控股合并与非同一控制下控股合并两种情况，确定长期股权投资的初始投资成本。

（一）同一控制下企业合并形成的长期股权投资

同一控制下企业合并中，考虑到构成同一控制下企业合并的有关条件，即交易发生前后合并方、被合并方均在相同的最终控制方控制之下。从能够对参与合并各方在合并前及合并后均实施最终控制的一方来看，最终控制方在企业合并前及合并后能够控制的资产并没有发生变化，只是由于合并方的加入，其所控制子公司相互的层级、直接或间接关系的变化。最终控制方所能够支配和运用的经济资源是不变的，一般不能改变相关资产、负债的价值。

我国会计准则是从最终控制方的角度，将合并方取得被合并方股权的交易作为企业集团内资产和权益的重新整合处理，不管交易本身是否是按照公平的市场价格作价，也不管交易本身是否是在最终控制方的主导下进行，只要符合同一控制下企业合并的界定，合并方通过交易取得对被合并方的长期股权投资，即应按照通过该项交易取得的被合并方账面净资产的份额确认。应予关注的是，该账面净资产并非指被合并方个别财务报表中体现的有关资产、负债的价值，而是从最终控制方的角度，被合并方自其被最终控制方开始控制时开始，其所持有的资产、负债确定对于最终控制方的价值持续计算至合并日的账面价值。具体处理如下：

（1）合并方以支付现金、转让非现金资产或承担债务方式作为合并对价的，应当在合并日按照取得被合并方所有者权益在最终控制方合并财务报表中的账面价值的份额作为长期股权投资的初始投资成本。长期股权投资的初始投资成本与支付的现金、转让的非现金资产及所承担债务账面价值之间的差额，应当调整资本公积，资本公积的余额不足冲减的，调整留存收益。具体进行会计处理时，合并方在合并日按取得被合并方所有者权益在最终控制方合并财务报表中账面价值的份额，借记“长期股权投资”科目，按应享有被投资单位已宣告但尚未发放的现金股利或利润，借记“应收股利”科目，按支付的合并对价的账面价值，贷记有关资产或负债类科目，如为贷方差额，贷记“资本公积——资本溢价或股本溢价”科目；如为借方差额，应借记“资本公积——资本溢价或股本溢价”科目，资本公积不足冲减的，借记“盈余公积”“利润分配——未分配利润”科目。

（2）合并方以发行权益性证券作为合并对价的，应按合并日取得被合并方所有者权益在最终控制方合并财务报表中的账面价值的份额确认长期股权投资，按发行权益性证券的面值总额作为股本，长期股权投资初始投资成本与所发行权益性证券面值总额之间的差额，应当调整资本公积；资本公积不足冲减的，调整留存收益。具体进行会计处理时，在合并日应按取得被合并方所有者权益在最终控制方合并财务报表中的账面价值的份额，借记“长期股权投资”科目，按应享有被投资单位已宣告但尚未发放的现金股利或利润，借记“应收股利”科目，按发行权益性证券的面值，贷记“股本”科目，如为贷方差额，贷记“资本公积——资本溢价或股本溢价”科目，如为借方差额，应借记“资本公积——资本溢价或股本溢价”科目，资本公积不足冲减的，借记“盈余公积”“利润分配——未分配利润”科目。

视野拓展

合并方发生的审计、法律服务、评估咨询等中介费用以及其他相关管理费用，于发生时计入当期损益。与发行权益性工具作为合并对价直接相关的交易费用，应当冲减资本公积（资本溢价或股本溢价），资本公积（资本溢价或股本溢价）不足冲减的，依次冲减盈余公积和未分配利润。与发行债务性工具作为合并对价直接相关的交易费用，应当计入债务性工具的初始确认金额。

【例 6-1】

20×8 年 2 月 26 日，甲公司和乙公司达成合并协议，约定甲公司以银行存款 3 040 万元作为合并对价，取得乙公司 80% 的股权。甲公司和乙公司同为集团内的母公司所控制。20×8 年 4 月 26 日，甲公司实际取得对乙公司的控制权，当日，乙公司所有者权益账面价值总额为 3 600 万元，甲公司“资本公积——股本溢价”科目余额为 120 万元。在与乙公司的合并中，甲公司以银行存款支付审计费用、评估费用、法律服务费用等共计52万元。

本例中，甲公司和乙公司在合并前后均受集团内的母公司控制，合并后甲公司取得了对乙公司的控制权。因此，该合并为同一控制下的控股合并，集团内的母公司在合并前后均是实施最终控制的一方，甲公司在合并日的账务处理如下：

（1）确认初始投资成本。

借：长期股权投资——乙公司	28 800 000	
资本公积——股本溢价	1 200 000	
盈余公积	400 000	
贷：银行存款		30 400 000

（2）支付直接相关费用。

借：管理费用	520 000	
贷：银行存款		520 000

【例6-2】

丙公司和丁公司同为明星公司所控制的子公司。根据丙公司和丁公司达成的合并协议，20×8年3月15日，丙公司以增发的股票作为合并对价，取得丁公司90%的股权。丙公司增发面值1元的普通股股票2 000万股，支付手续费及佣金等发行费用64万元。20×8年3月15日，丙公司实际取得对丁公司的控制权，当日丁公司所有者权益账面价值总额为4 000万元。丙公司在合并日的账务处理如下：

（1）确认初始投资成本。

借：长期股权投资——丁公司	36 000 000	
贷：股本		20 000 000
资本公积——股本溢价		16 000 000

（2）支付发行股票的手续费及佣金。

借：资本公积——股本溢价	640 000	
贷：银行存款		640 000

视野拓展

同一控制下的控股合并业务发生时，如果被合并方的账面净资产为负数时，除合并方负有承担额外损失的义务外，合并方个别报表对被合并方的长期股权投资应减记至零为限，通常不应当出现负数，同时在备查簿中予以登记。相应地，合并方付出的对价与长期股权投资账面价值零之间的差额应调整资本公积；资本公积不足冲减的，调整留存收益。

（二）非同一控制下企业合并形成的长期股权投资

非同一控制下的控股合并，是指参与合并的各方在合并前或后不受同一方或相同的多方最终控制的企业合并。购买方应当按照确定的企业合并成本作为长期股权投资的初始投资成本。企业合并成本包括购买方付出的资产、发生或承担的负债、发行的权益性证券的公允价值之和。

具体进行会计处理时，对于非同一控制下控股合并形成的长期股权投资，应在购买日按企业合并成本（不含应从被投资单位收取的现金股利或利润），借记“长期股权投资”科目，按享有被投资单位已宣告但尚未发放的现金股利或利润，借记“应收股利”科目，按支付合并对价的账面价值，贷记有关资产或负债类科目，按其差额，贷记或借记“资产处置损益”或“投资收益”等科目。购买方以发行权益性证券作为合并对价的，应在购买日按照发行的权益性证券的公允价值，借记“长期股权投资”科目，按照发行的权益性证券的面值总额，贷记“股本”科目，按其差额，贷记“资本公积——资本溢价或股本溢价”科目。企业发生的直接相关费用，应借记“管理费用”科目，贷记“银行存款”等科目。

非同一控制下控股合并涉及以库存商品等作为合并对价的，应按库存商品的公允价值，贷记“主营业务收入”或“其他业务收入”科目，并同时结转相关的成本。以公允价值计量且其变动计入其他综合收益的债权性金融资产作为合并对价的，原持有期间公允价值变动形成的其他综合收益应一并转入投资收益，借记“其他综合收益”科目，贷记“投资收益”科目。

【例 6-3】

甲公司和乙公司为两个独立的法人企业，合并之前不存在任何关联方关系。20×8年1月10日，甲公司和乙公司达成合并协议，约定甲公司以库存商品和银行存款作为合并对价，取得乙公司70%的股权。甲公司付出库存商品的账面价值为2 560万元，购买日公允价值为3 200万元，增值税税额为416万元；付出银行存款的金额为4 000万元。20×8年2月1日，甲公司实际取得对乙公司的控制权。在与乙公司的合并中，甲公司以银行存款支付审计费用、评估费用、法律服务费用等共计144万元。甲公司在购买日的账务处理如下：

（1）确认合并成本。

合并成本=3 200+416+4 000=7 616（万元）

借：长期股权投资——乙公司	76 160 000	
贷：主营业务收入		32 000 000
应交税费——应交增值税（销项税额）		4 160 000
银行存款		40 000 000
借：主营业务成本	25 600 000	
贷：库存商品		25 600 000

（2）支付直接相关费用。

借：管理费用　　1 440 000

　贷：银行存款　　1 440 000

【例 6-4】

A公司于20×8年3月31日取得B公司70%的股权。为核实B公司的资产价值，A公司聘请专业资产评估机构对B公司的资产进行评估，支付评估费用300万元。合并中，A公司支付的有关资产在购买日的账面价值与公允价值见表6-1。

表6-1　**有关资产在购买日的账面价值与公允价值**　单位：万元

项目	账面价值	公允价值
土地使用权（自用）	6 000	9 600
专利技术	2 400	3 000
银行存款	2 400	2 400
合计	10 800	15 000

假定合并前A公司与B公司不存在任何关联方关系，且B公司所持有资产、负债构成业务，A公司用作合并对价的土地使用权和专利技术原价为9 600万元，至控股合并发生时已累计摊销1 200万元。

分析：本例中因A公司与B公司在合并前不存在任何关联方关系，应作为非同一控制下的控股合并处理。

A公司对于控股合并形成的对B公司的长期股权投资，应按确定的企业合并成本作为其初始投资成本。A公司应进行如下账务处理：

借：长期股权投资　　150 000 000

　　累计摊销　　12 000 000

　贷：无形资产　　96 000 000

　　　银行存款　　24 000 000

　　　资产处置损益　　42 000 000

借：管理费用　　3 000 000

　贷：银行存款　　3 000 000

【例 6-5】

丙公司和丁公司为两个独立的法人企业，合并之前不存在任何关联方关系。丙公司和丁公司达成合并协议，约定丙公司以发行的股票作为合并对价，取得丁公司80%的股权。丙公司拟增发每股面值1元的普通股股票1 600万股，每股公允价值2.80元。20×8年7月1日，丙公司完成了普通股股票的增发，发生手续费及佣金等股票发行费用96万元。在与丁公司的合并中，丙公司另以银行存款支付审计费用、评估费用、法律服务费用等共计64万元。丙公司在购买日的账务处理如下：

（1）确认合并成本4 480万元（2.80×1 600）。

借：长期股权投资——丁公司 44 800 000

贷：股本 16 000 000

资本公积——股本溢价 28 800 000

（2）支付股票发行费用。

借：资本公积——股本溢价 960 000

贷：银行存款 960 000

（3）支付直接相关费用。

借：管理费用 640 000

贷：银行存款 640 000

二、非企业合并方式取得的长期股权投资

非企业合并方式取得的长期股权投资的初始投资成本的确定方法与非同一控制下企业合并形成的长期股权投资成本的确定方法基本相同。

1. 以支付现金取得的长期股权投资

按照实际支付的购买价款作为长期股权投资的初始投资成本，包括与取得长期股权投资直接相关的费用、税金及其他必要支出，但所支付价款中包含的被投资单位已宣告但尚未发放的现金股利或利润应作为应收项目核算，不构成取得长期股权投资的成本。

【例6-6】

甲公司以支付现金的方式取得A公司20%的股权，实际支付的买价为256万元。在购买过程中另支付手续费等相关费用6万元。股权购买价款中包含已宣告但尚未发放的现金股利8万元。甲公司取得该20%的股权后，能够对A公司的生产经营决策施加重大影响，甲公司将其划分为长期股权投资。初始投资成本的计量及账务处理如下：

（1）购入A公司20%的股权。

初始投资成本=256+6−8=254（万元）

借：长期股权投资——A公司 2 540 000

应收股利 80 000

贷：银行存款 2 620 000

（2）收到A公司派发的现金股利。

借：银行存款 80 000

贷：应收股利 80 000

2. 以发行权益性证券方式取得的长期股权投资

其成本为所发行权益性证券的公允价值，但不包括被投资单位已宣告但尚未发放的现金股利或利润。

为发行权益性证券支付给有关证券承销机构等的手续费、佣金等与权益性证券发行直接相关的费用，不构成取得长期股权投资的成本。该部分费用应自权益性证券的溢价发行收入中扣除，权益性证券的溢价收入不足冲减的，应冲减盈余公积和未分配利润。

【例 6-7】

20×8年3月5日，A公司通过增发9 000万股本公司普通股（每股面值1元）取得B公司20%的股权，该9 000万股股份的公允价值为15 600万元。为增发该部分股份，A公司向证券承销机构等支付了600万元的佣金和手续费。假定A公司取得该部分股权后，能够对B公司的财务和生产经营决策施加重大影响。

A公司应当以所发行股份的公允价值作为取得长期股权投资的成本，账务处理为：

借：长期股权投资　156 000 000

　贷：股本　90 000 000

　　资本公积——股本溢价　66 000 000

发行权益性证券过程中支付的佣金和手续费，应冲减权益性证券的溢价发行收入，账务处理为：

借：资本公积——股本溢价　6 000 000

　贷：银行存款　6 000 000

3. 接收投资形成的长期股权投资

投资者投入的长期股权投资，应当按照投资合同或协议约定的价值作为初始投资成本，但合同或协议约定价值不公允的除外。

【例 6-8】

A公司以其持有的对B公司的长期股权投资作为出资，在C股份公司增资扩股的过程中投入C公司，取得C公司10 000 000股普通股（每股面值为1元）。A公司和C公司协议约定对B公司投资的价值为40 000 000元。C公司应进行的账务处理为：

借：长期股权投资——B公司　40 000 000

　贷：股本　10 000 000

　　资本公积——股本溢价　30 000 000

4. 非货币性资产交换或债务重组取得的长期股权投资

通过非货币性资产交换取得的长期股权投资，其初始投资成本应当参照“非货币性资产交换”的有关规定确定；通过债务重组取得的长期股权投资，其初始投资成本参照“债务重组”的有关规定确定。

第三节　长期股权投资的后续计量

投资企业在持有长期股权投资期间，应当根据对被投资单位能够施加的影响程度进行划分，在个别财务报表中分别采用成本法及权益法进行核算。

一、长期股权投资的成本法

（一）成本法的概念及适用范围

成本法，是指投资按成本计价的方法。长期股权投资的成本法适用于企业持有的、能够对被投资单位实施控制的长期股权投资。

（二）成本法下的账务处理

成本法要求按照股权投资取得的成本计量，持有过程中除发生追加投资和收回投资、减值等情况外，对其账面价值不予调整。为反映长期股权投资的增减变化及投资损益，需设置“长期股权投资”“投资收益”“长期股权投资减值准备”等账户进行核算。采用成本法核算的长期股权投资，核算方法如下：

（1）初始投资或追加投资时，按照初始投资或追加投资时的成本增加长期股权投资的账面价值。

（2）除取得投资时实际支付的价款或对价中包含的已宣告但尚未发放的现金股利或利润外，投资企业应当按照享有被投资单位宣告发放的现金股利或利润确认投资收益，不管有关利润分配是属于对取得投资前还是取得投资后被投资单位实现净利润的分配。

（3）期末应考虑长期股权投资的预计可收回金额是否低于其账面价值，若预计其可收回金额低于其账面价值，则应确认投资减值损失，计提长期股权投资减值准备。

（4）收回投资时，实际收到的金额与长期股权投资账面价值的差额，确认投资收益。

【例 6-9】

20×8 年 6 月 20 日，甲公司以 1 500 万元购入乙公司 80% 的股权。甲公司取得该部分股权后，能够有权力主导乙公司的相关活动并获得可变回报。20×8 年 9 月 30 日，乙公司宣告分派现金股利，甲公司按照其持有比例确定可分回 20 万元。甲公司对乙公司长期股权投资应进行的账务处理如下：

借：长期股权投资	15 000 000	
贷：银行存款		15 000 000
借：应收股利	200 000	
贷：投资收益		200 000

二、长期股权投资的权益法

(一) 权益法的概念及适用范围

长期股权投资的权益法是指长期股权投资最初以初始成本计价，以后根据投资企业享有被投资单位所有者权益份额的变动对投资的账面价值进行调整的方法。在权益法下，“长期股权投资”账户的金额反映投资企业在被投资企业拥有的实际权益，随着被投资企业所有者权益的变化而调整。

投资方对联营企业和合营企业的长期股权投资，应采用权益法进行核算。

(二) 权益法下会计科目的设置

长期股权投资采用权益法核算的，应当在“长期股权投资”账户下分别设置“投资成本”“损益调整”“其他综合收益”“其他权益变动”进行明细核算。其中，投资成本，反映长期股权投资的初始投资成本，以及在长期股权投资的初始投资成本小于取得投资时应享有被投资单位可辨认净资产公允价值份额的情况下，按其差额调整初始投资成本后形成的账面价值；损益调整，反映被投资单位因发生净损益、分配利润引起的所有者权益变动中，投资方按持股比例计算的应享有或应分担的份额；其他综合收益，反映被投资单位因确认其他综合收益引起的所有者权益变动中，投资方按持股比例计算的应享有或应分担的份额；其他权益变动，反映被投资单位除发生净损益、分配利润以及确认其他综合收益以外所有者权益的其他变动中，投资方按持股比例计算的应享有或应分担的份额。

(三) 权益法下的账务处理

1. 初始投资成本的调整

投资企业取得对联营企业或合营企业的投资以后，对于取得投资时投资成本与应享有被投资单位可辨认净资产公允价值份额之间的差额，应区别情况分别进行处理：

①初始投资成本大于取得投资时应享有被投资单位可辨认净资产公允价值份额的，该部分差额从本质上是投资企业在取得投资过程中通过购买作价体现出的与所取得股权份额相对应的商誉及被投资单位不符合确认条件的资产价值。长期股权投资在投资方的个别财务报表中作为单项资产核算的情况下，商誉等不单独反映，初始投资成本大于投资时应享有被投资单位可辨认净资产公允价值的份额时，不要求对长期股权投资的成本进行调整。

②初始投资成本小于取得投资时应享有被投资单位可辨认净资产公允价值份额的，两者之间的差额体现为双方在交易作价过程中转让方的让步，该部分经济利益流入应作为收益处理，计入取得投资当期的营业外收入，同时调整增加长期股权投资的账面价值。

【例 6-10】

20×8 年 1 月，A 公司支付价款 6 000 万元取得 B 公司 30% 的股权，在取得 B 公司的股权后，能够对 B 公司施加重大影响。不考虑相关税费等其他因素影响。

假定一：取得投资时，被投资单位净资产账面价值为 15 000 万元（假定被投资单位各项可辨认净资产的公允价值与其账面价值相同）。

借：长期股权投资——投资成本　　60 000 000

　贷：银行存款　　60 000 000

不需要调整长期股权投资的账面价值。理由：长期股权投资的初始投资成本6 000万元大于取得投资时应享有被投资单位可辨认净资产公允价值的份额4 500万元（15 000×30%），该差额1 500万元不调整长期股权投资的账面价值。

假定二：取得投资时被投资单位可辨认净资产的公允价值为24 000万元，A企业按持股比例30%计算确定应享有7 200万元，则初始投资成本与应享有被投资单位可辨认净资产公允价值份额之间的差额1 200万元应计入取得投资当期的营业外收入。有关会计处理如下：

借：长期股权投资——投资成本　　72 000 000

　贷：银行存款　　60 000 000

　　营业外收入　　12 000 000

【启发思考】商誉通常是指企业在同等条件下，能获得高于正常投资报酬率所形成的价值。这是由于企业所处地理位置的优势，或是由于经营效率高、历史悠久、人员素质高等多种原因，与同行企业比较，可以获得超额利润。商誉能不能确认？什么时候确认？

2. 被投资单位实现净利润或发生净亏损

投资企业取得长期股权投资后，应当按照应享有或应分担被投资单位实现净利润或发生净亏损的份额，调整长期股权投资的账面价值，并确认为当期投资损益。

在确认应享有或应分担被投资单位的净利润或净亏损时，在被投资单位账面净利润的基础上，应考虑以下因素的影响进行适当调整：

一是被投资单位采用的会计政策及会计期间与投资企业不一致的，应按投资企业的会计政策及会计期间对被投资单位的财务报表进行调整。

二是以取得投资时被投资单位固定资产、无形资产的公允价值为基础计提的折旧额或摊销额，以及以投资企业取得投资时的公允价值为基础计算确定的资产减值准备金额等对被投资单位净利润的影响。

【例 6-11】

20×8年1月1日，甲公司购入A公司股票1 600万股，实际支付购买价款1 920万元（含交易税费）。该股份占A公司普通股股份的20%，甲公司在取得股份后，派人参与了A公司的生产经营决策，因而对该项股权投资采用权益法进行后续计量。取得投资当日，A公司可辨认净资产公允价值为8 000万元，假定除固定资产项目外，A公司其他资产、负债的公允价值与账面价值相同。20×8年1月1日，固定资产的账面原价为1 600万元，预计使用年限20年，已使用年限5年，已计提折旧400万元；公允价值为1 440万元，剩余使用年限15年。

20×8年度，A公司实现净利润800万元，甲公司的固定资产按直线法计提折旧，预计净残值为零。甲公司与A公司的会计年度及采用的会计政策相同，双方未发生任何内部交易。甲公司的账务处理如下：

固定资产差额应调减利润=1 440÷15-1 600÷20=16（万元）

调整后的净利润=800-16=784（万元）

应享有收益份额=784×20%=156.8（万元）

借：长期股权投资——损益调整（A公司）　　1 568 000

　　贷：投资收益　　1 568 000

三是在确认投资收益时，除考虑公允价值的调整外，对于投资企业与其联营企业及合营企业之间发生的未实现内部交易损益应予抵销，即投资企业与联营企业及合营企业之间发生的未实现内部交易损益按照持股比例计算归属于投资企业的部分应当予以抵销，在此基础上确认投资损益。

应当注意的是，未实现内部交易损益的抵销既包括顺流交易也包括逆流交易。其中，顺流交易是指投资企业向其联营企业或合营企业出售资产，逆流交易是指联营企业或合营企业向投资企业出售资产。当未实现内部交易损益体现在投资企业或其联营企业、合营企业持有的资产账面价值中时，相关的损益在计算确认投资损益时应予抵销。

【例 6-12】

甲企业持有乙公司20%的有表决权股份，能够对乙公司的财务和生产经营决策施加重大影响。20×8年，甲企业将其账面价值为600万元的商品以1 000万元的价格出售给乙公司。至20×8年资产负债表日，该批商品尚未对外部第三方出售。假定甲企业取得该项投资时，乙公司各项可辨认资产、负债的公允价值与其账面价值相同，两者在以前期间未发生过内部交易。乙公司20×7年净利润为2 000万元。假定不考虑所得税因素。

甲企业在该项交易中实现利润400万元，其中的80万元（400×20%）是针对本企业持有的对联营企业的权益份额，在采用权益法计算确认投资损益时应予抵销，即甲企业应当进行的账务处理为：

借：长期股权投资——损益调整（（20 000 000-4 000 000）×20%）

　　3 200 000

　　贷：投资收益　　3 200 000

【例 6-13】

丙公司持有丁公司20%的有表决权股份，能够对丁公司生产经营决策施加重大影响，采用权益法进行后续计量。丁公司于20×8年11月，将其成本为320万元的B商品以480万元的价格出售给丙公司，丙公司将取得的B商品作为存货入账，至20×8

年12月31日，丙公司尚未对外出售该批B商品。丙公司在取得丁公司20%的股权时，丁公司各项可辨认资产、负债的公允价值与其账面价值相同，双方以前未发生过内部交易。20×8年度，丁公司实现净利润800万元。假定不考虑所得税影响。丙公司的账务处理如下：

调整后的净利润=800-160=640（万元）

应享有收益份额=640×20%=128（万元）

借：长期股权投资——损益调整（丁公司）　　1 280 000

　贷：投资收益　　1 280 000

3. 投资单位取得现金股利或利润

当被投资单位宣告发放现金股利或利润时，投资企业应当根据享有的份额确认“应收股利”，同时冲减“长期股权投资——损益调整”。

【例 6-14】

A公司持有B公司40%的股权，对B公司的长期股权投资采用权益法核算，20×8年4月12日B公司宣告发放现金股利60 000 000元。A公司应当做以下会计处理：

借：应收股利——B公司　　24 000 000

　贷：长期股权投资——损益调整（B公司）　　24 000 000

收到股利时：

借：银行存款　　24 000 000

　贷：应收股利——B公司　　24 000 000

4. 超额亏损的账务处理

按照权益法核算的长期股权投资，投资企业确认应分担被投资单位发生的损失，原则上应以长期股权投资及其他实质上构成对被投资单位净投资的长期权益减记至零为限，投资企业负有承担额外损失义务的除外。投资企业在确认应分担被投资单位发生的亏损时，具体应按照以下顺序处理：

第一步，减记长期股权投资的账面价值。在发生投资损失时，应借记“投资收益”科目，贷记“长期股权投资——损益调整”科目。

第二步，在长期股权投资的账面价值减记至零的情况下，对于未确认的投资损失，应考虑除长期股权投资以外，投资方的账面上是否有其他实质上构成对被投资单位净投资的长期权益项目，如果有，则应以其他长期权益的账面价值为限，继续确认投资损失，冲减长期应收项目等的账面价值，应借记“投资收益”科目，贷记“长期应收款”等科目。

第三步，经过上述处理，按照投资合同或协议约定，投资企业仍需要承担额外损失弥补等义务的，应按预计将承担的义务金额确认预计负债，计入当期投资损失，借记“投资收益”科目，贷记“预计负债”科目。

第四步，除上述情况仍未确认的应分担被投资单位的损失，应在账外备查登记。

第五步，在确认了有关的投资损失以后，被投资单位于以后期间实现盈利的，应按以上相反顺序分别减记账外备查登记的金额、已确认的预计负债、恢复其他长期权益及长期股权投资的账面价值，同时确认投资收益，即应当按顺序分别借记“预计负债”“长期应收款”“长股权投资”等科目，贷记“投资收益”科目。

【例 6-15】

甲企业持有乙企业40%的股权，能够对乙企业施加重大影响。20×8年12月31日，该项长期股权投资的账面价值为6 000万元。乙企业20×9年由于一项主营业务市场条件发生变化，当年度亏损9 000万元。假定甲企业在取得该投资时，乙企业各项可辨认资产、负债的公允价值与其账面价值相等，双方所采用的会计政策及会计期间也相同，则甲企业当年度应确认的投资损失为3 600万元。确认上述投资损失后，长期股权投资的账面价值变为2 400万元。

如果乙企业当年度的亏损额为18 000万元，则甲企业按其持股比例确认应分担的损失为7 200万元，但长期股权投资的账面价值仅为6 000万元，如果没有其他实质上构成对被投资单位净投资的长期权益项目，则甲企业应确认的投资损失仅为6 000万元，超额损失在账外进行备查登记；在确认了6 000万元的投资损失，长期股权投资的账面价值减记至零以后，如果甲企业账上仍有应收乙企业的长期应收款2 400万元，该款项从目前情况看，没有明确的清偿计划，则在长期应收款的账面价值大于1 200万元的情况下，应以长期应收款的账面价值为限进一步确认投资损失1 200万元。甲企业应进行的账务处理为：

借：投资收益	60 000 000	
贷：长期股权投资——损益调整		60 000 000
借：投资收益	12 000 000	
贷：长期应收款		12 000 000

5. 其他综合收益的处理

其他综合收益发生变动，也会影响被投资单位所有者权益总额，进而影响投资企业应享有被投资单位所有者权益的份额。因此，当被投资单位其他综合收益发生变动时，投资企业应当按照归属于本企业的部分，相应调整长期股权投资的账面价值，同时增加或减少其他综合收益。

【例 6-16】

甲公司持有乙公司25%的股份，并能对乙公司施加重大影响。当期，乙公司将作为存货的房地产转换为以公允价值模式计量的投资性房地产，转换日公允价值大于账面价值1 500万元，计入了其他综合收益。不考虑其他因素，甲公司当期按照权益法核算应确认的其他综合收益的会计处理如下：

按权益法核算甲公司应确认的其他综合收益=1 500×25%=375（万元）

借：长期股权投资——其他综合收益	3 750 000	
贷：其他综合收益		3 750 000

6. 其他权益变动的处理

采用权益法核算时，投资企业对于被投资单位除净损益、其他综合收益以及利润分配以外所有者权益的其他变动，应按照持股比例与被投资单位所有者权益的其他变动计算的归属于本企业的部分，相应调整长期股权投资的账面价值，同时增加或减少资本公积（其他资本公积）。

【例 6-17】

A企业持有B企业30%的股份，能够对B企业施加重大影响。B企业为上市公司，当期B企业的母公司捐赠给B公司1 000万元，该捐赠实质上属于资本性投入，B公司将其计入资本公积（股本溢价）。不考虑其他因素，A企业按权益法做如下会计处理：

A企业确认应享有被投资单位所有者权益的其他变动=1 000×30%=300（万元）

借：长期股权投资——其他权益变动　3 000 000

　贷：资本公积——其他资本公积　3 000 000

7. 收到股票股利的处理

被投资单位分派的股票股利，投资方不做账务处理，但应于除权日注明所增加的股数，以反映股份的变化情况。

【启发思考】对于被投资单位分派股票股利的处理，实务中有不同的意见：有意见认为股票股利与现金股利应采用同样的处理方法，即投资方应在确认应收股利的同时，减少长期股权投资（损益调整），同时将应收股利相关价值量调整增加长期股权投资（投资成本）；另有意见认为股票股利不影响被投资单位所有者权益总额，投资方不应进行会计处理。目前我国会计准则及实务中均采用了第二种做法。你对此有什么看法呢？

第四节　长期股权投资核算方法的转换

在长期股权投资持有期间，因持股比例发生变化等原因，会导致成本法和权益法的相互转换。

一、成本法转为权益法

企业原持有对被投资单位具有控制的长期股权投资，因处置投资导致持股比例下降，不再对被投资单位具有控制但仍能够施加重大影响或与其他投资方一起实施共同控制的，股权投资的核算方法应当由成本法转换为权益法。对于处置的长期股权投资部分，应当按照处置投资比例转销终止确认的长期股权投资账面价值；对于剩余的长期股权投资，应当按照权益法的核算要求对其账面价值进行调整。具体处理方法如下：

（1）比较剩余的长期股权投资成本与按照剩余持股比例计算的取得原投资时应享有被

投资单位可辨认净资产公允价值的份额，如果属于剩余投资成本大于取得原投资时应享有被投资单位可辨认净资产公允价值份额的差额，不调整长期股权投资的账面价值；如果属于剩余投资成本小于取得原投资时应享有被投资单位可辨认净资产公允价值份额的差额，在调整长期股权投资成本的同时，应调整留存收益。

（2）对于取得原投资后至转为权益法核算之间被投资单位实现的净损益中应享有的份额，在调整长期股权投资账面价值的同时，对于在取得原投资时至处置投资当期期初被投资单位实现的净损益中应享有的份额，应调整留存收益；对于在处置投资当期期初至处置投资交易日之间被投资单位实现的净损益中应享有的份额，应调整当期损益；对于其他原因导致的所有者权益变动中应享有的份额，在调整长期股权投资账面价值的同时，计入其他综合收益。

【例 6-18】

20×7 年 1 月 1 日，甲公司支付 600 万元取得乙公司 100% 的股权，投资当时乙公司可辨认净资产的公允价值为 500 万元。20×7 年 1 月 1 日至 20×8 年 12 月 31 日，乙公司的净资产增加了 75 万元，其中按购买日公允价值计算的净利润 50 万元，持有的其他权益工具投资的公允价值升值 25 万元。

20×9 年 1 月 8 日，甲公司转让乙公司 60% 的股权，收取现金 480 万元存入银行，转让后甲公司对乙公司的持股比例为 40%，能对其施加重大影响。20×9 年 1 月 8 日，即甲公司丧失对乙公司的控制权日，乙公司剩余 40% 股权的公允价值为 320 万元。假定甲、乙公司提取盈余公积的比例均为 10%，乙公司未分配现金股利，并不考虑其他因素的影响。甲公司的会计处理如下：

（1）确认部分股权处置收益：

借：银行存款	4 800 000	
贷：长期股权投资（6 000 000×60%）		3 600 000
投资收益		1 200 000

（2）对剩余股权改按权益法核算：

借：长期股权投资	300 000	
贷：盈余公积（500 000×40%×10%）		20 000
利润分配——未分配利润（500 000×40%×90%）		180 000
其他综合收益（250 000×40%）		100 000

经上述调整后，在个别财务报表中，剩余股权的账面价值为 270 万元（600×40%+30）。

二、权益法转为成本法

企业因追加投资导致原持有的对联营企业或合营企业的投资转变为对子公司的投资，股权投资的核算方法应当由权益法转换为成本法。转换核算方法时，应当以原采用权益法核算的长期股权投资账面价值加上追加投资的成本，作为按照成本法核算的初始投资成本。

【例 6-19】

20×9年1月5日，甲公司以4 560万元的价款取得乙公司30%的股权，能够对乙公司施加重大影响，采用权益法核算长期股权投资，当日，乙公司可辨认净资产公允价值为15 200万元。20×9年度，乙公司实现净收益800万元，未分配现金股利，甲公司已将应享有的收益份额240万元（800×30%）作为投资收益确认入账，并相应调整了长期股权投资账面价值；除实现净损益外，乙公司在此期间还确认了以公允价值计量且其变动计入其他综合收益的金融资产公允价值变动利得400万元，甲公司已将应享有的其他权益变动份额120万元（400×30%）确认入账，并相应调整了长期股权投资账面价值。20×9年2月10日，甲公司又以3 840万元的价款取得乙公司25%的股权。至此，甲公司对乙公司的持股比例已增至55%，对乙公司形成控制，长期股权投资的核算方法由权益法改为成本法。

原持有股权按权益法核算的账面价值=4 560+240+120=4 920（万元）

成本法下的初始投资成本=4 920+3 840=8 760（万元）

借：长期股权投资——乙公司	87 600 000	
贷：长期股权投资——成本（乙公司）		45 600 000
——损益调整（乙公司）		2 400 000
——其他权益变动（乙公司）		1 200 000
银行存款		38 400 000

第五节 长期股权投资的减值和处置

一、长期股权投资减值

企业持有的长期股权投资，应当在资产负债表日进行减值测试，如果发生减值，则应当计提减值准备，借记“资产减值损失”账户，贷记“长期股权投资减值准备”账户。处置长期股权投资时，应同时结转已计提的长期股权投资减值准备。长期股权投资的减值一经计提，在持有期间不得转回。

长期股权投资减值金额的确定方法如下：

1. 按成本法核算、在活跃市场中没有报价、公允价值不能可靠计量的长期股权投资的减值，应根据《企业会计准则第22号——金融工具确认和计量》第四十五条的规定来进行：在活跃市场中没有报价且其公允价值不能可靠计量的权益工具投资，或与该权益工具挂钩并须通过交付该权益工具结算的衍生金融资产发生减值时，应当将该权益工具投资或衍生金融资产的账面价值与按照类似金融资产当时市场收益率对未来现金流量折现确定的现值之间的差额，确认为减值损失，计入当期损益。

2. 其他长期股权投资的减值。长期股权投资的减值是指长期股权投资可收回金额低于其账面价值所发生的损失。可收回金额应当根据该长期股权投资的公允价值减去处置费用后的净额与资产预计未来现金流量的现值两者之间的较高者确定。

【例 6-20】

20×9年12月31日，甲公司持有乙公司的普通股股票账面价值为1 350万元，作为长期股权投资进行核算。乙公司当年经营不善，资金周转发生困难，使得其股票市价下跌至1 140万元，短期内难以恢复。假设甲公司本年度首次对其计提长期股权投资减值准备，则计提的减值准备金额为210万元（1 350-1 140）。甲公司的账务处理如下：

借：资产减值损失——长期股权投资减值损失　　2 100 000

　贷：长期股权投资减值准备——股票投资（乙公司）　　2 100 000

案例6-1

沈阳化工股份有限公司计提长期股权投资减值准备

沈阳化工股份有限公司（以下简称“公司”）于2021年3月29日召开第九届董事会第三次会议审议通过了《关于2021年度计提对子公司长期股权投资减值准备的议案》。根据《企业会计准则》和公司会计政策的规定，公司拟对全资子公司沈阳石蜡化工有限公司（以下简称“沈阳蜡化”）的长期股权投资计提减值准备。

根据公司会计政策及相关规定，公司对年末长期股权投资进行了减值测试。经测试，公司所持有沈阳蜡化的长期股权投资存在减值，以该项资产的账面价值与其可收回金额相比较，2021年度需在母公司报表提取长期股权投资减值准备307 798 976.62元，相应计入母公司报表2021年度资产减值损失，上述长期股权投资减值准备在合并报表中予以抵销，该项减值准备的计提对2021年度合并报表净利润不产生直接影响。

（根据沈阳化工股份有限公司2022年3月29日发布的公告整理）

二、长期股权投资处置

企业处置长期股权投资时，应相应结转与所售股权相对应的长期股权投资的账面价值，出售所得价款与处置长期股权投资账面价值之间的差额，应确认为处置损益。

采用权益法核算的长期股权投资，原计入其他综合收益（不能结转损益的除外）或资本公积（其他资本公积）中的金额，如处置后因具有重大影响或共同控制仍然采用权益法核算的，在处置时亦应进行结转，将与所出售股权相对应的部分在处置时自其他综合收益或资本公积转入当期损益。如处置后对有关投资终止采用权益法的，则原计入其他综合收益（不能结转损益的除外）或资本公积（其他资本公积）中的金额全部结转。

【例 6-21】

A企业原持有B企业40%的股权，20×9年12月20日，A企业决定出售10%的B企业股权，出售时A企业账面上对B企业长期股权投资的构成为：投资成本1 800万元，损益调整480万元，可转入损益的其他综合收益100万元，其他权益变动200万元。出售取得价款705万元。

（1）A企业确认处置损益的账务处理：

借：银行存款　　7 050 000

　贷：长期股权投资（（18 000 000+4 800 000+1 000 000+2 000 000）÷40%×10%）　　6 450 000

　　投资收益　　600 000

（2）除应将实际取得价款与出售长期股权投资的账面价值进行结转，确认出售损益以外，还应将原计入其他综合收益或资本公积的部分按比例转入当期损益。

借：资本公积——其他资本公积　　500 000

　　其他综合收益　　250 000

　贷：投资收益　　750 000

引导案例分析

根据引导案例长春一汽富维汽车零部件股份有限公司发布的将其他权益工具投资变更为长期股权投资权益法核算的公告，分析此次变更的理由，并且说明此次变更的会计处理都会用到哪些账户。请收集2～3家上市公司的长期股权投资核算资料，分析其在初始确认和后续确认时的原则。

思考题

1. 什么是同一控制下的企业合并？如何确定其初始投资成本？
2. 什么是非同一控制下的企业合并？如何确定其初始投资成本？
3. 什么是成本法？其适用范围是什么？
4. 成本法下如何确认投资收益？
5. 什么是权益法？其适用范围是什么？
6. 权益法下如何确认投资收益？
7. 成本法与权益法会计处理的主要区别是什么？
8. 如何确认长期股权投资的处置损益？

即测即评

业务实操

20×8年1月1日，甲公司购入乙公司普通股股票2 000万股作为长期股权投资，占乙公司普通股股份的30%，甲公司采用权益法核算。假定投资当时，乙公司可辨认净资产公允价值与其账面价值之间的差额较小，甲公司直接根据乙公司账面净损益计算确认投资损益。20×8年度，乙公司报告净收益1 500万元，20×9年3月10日，乙公司宣告20×8年度利润分配方案，每股分派现金股利0.15元；20×9年度，乙公司报告净亏损600万元，当年未进行利润分配。

要求：编制甲公司持有该项股权投资期间发生的下列业务的会计分录（会计分录中的金额单位用万元表示）：

（1）确认20×8年度的投资收益。

（2）20×9年3月10日，确认应收股利。

（3）确认20×9年度的投资损失。

参考答案

第七章 固定资产

【内容框架】

固定资产是企业生产经营的基础条件，是企业资产的重要组成部分。本章主要介绍固定资产的确认、计量及账务处理。具体内容框架如下图所示：

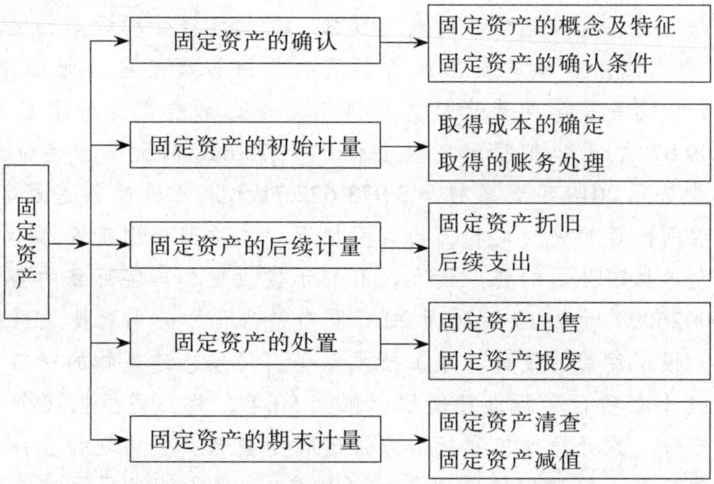

【学习目标】

通过本章的学习，了解固定资产的性质、分类、计价，理解固定资产后续支出的核算与期末计价，掌握固定资产购置、自行建造的业务处理，掌握固定资产折旧的计算与核算，掌握固定资产的清理核算。

引导案例

同和药业、捷顺科技发布固定资产相关处理公告

同和药业（300636）于2019年10月28日发布公告称，由于现行国家政策对企业环保要求提高，公司原污水处理设施已不能满足要求，新的环保处理设施已投入试运行，拟将原污水处理站部分无使用价值的机器设备等进行拆除报废处理（账面净值3 658 413.04元），另有部分办公设备及车间生产装置已陈旧落后，影响工作效率且无修复利用价值（账面净值315 209.67元），也拟报废，以上合计3 973 622.71元。上述部分固定资产报废处置，预计将减少公司2019年度净利润3 973 622.71元，公司对上述固定资产进行处置，符合《企业会计准则》等相关规定和公司实际情况。本次部分固定资产处置后，能够更加真实、客观、公允地反映公司的资产状况，有利于提供更加真实可靠的会计信息。

捷顺科技（002609）于2019年10月22日发布公告称，公司对捷顺科技中心项目的建设投资不断增加，根据目前的设计、施工技术水平，房屋、建筑物的材料等建造标准也不断提高，捷顺科技中心项目实际设计使用年限为50年，故公司根据《企业会计准则》对固定资产的使用寿命、预计净残值和折旧方法进行了复核。公司现行会计政策中，房屋及建筑物实际使用寿命长于原确定的使用年限（30年），现行的房屋及建筑物折旧年限已不能真实反映公司实际情况。为更加合理地估计公司固定资产的折旧，公允地反映公司的财务状况和经营成果，公司依照会计准则等相关规定并结合公司实际情况，对新增的固定资产——房屋及建筑物的预计使用年限进行重新确定，以客观、如实地反映公司的成本费用支出。具体变更情况见表7-1。

表7-1 **捷顺科技固定资产折旧年限变更表**

类型		折旧方法	折旧年限	残值率	年折旧率
房屋及建筑物	变更前	年限平均法	30年	5%	3.17%
	变更后	年限平均法	30～50年	5%	3.17%～1.9%

（根据巨潮资讯网http：//www.cninfo.com.cn/上市公司公告整理）

通过阅读同和药业、捷顺科技发布的固定资产相关处理公告，我们关注到，同和药业拟报废处理固定资产3 973 622.71元，该资产报废处置，预计将减少公司2019年度净利润3 973 622.71元；捷顺科技根据公司实际情况，调整了公司固定资产折旧年限及年折旧率。那么，同和药业如何对该项固定资产处置业务进行会计处理呢？该项固定资产清理业务的

性质及具体财务影响有哪些？依据捷顺科技发布的公告，理解会计准则规定“企业至少应当于每年年度终了，对固定资产使用寿命、预计残值和折旧方法进行复核”的现实意义是什么？折旧年限变更对公司可能造成的财务影响又有哪些？本章将在对固定资产确认与计量问题系统讲解后，对这些问题进行解答。

第一节 固定资产的确认

一、固定资产的概念与特征

固定资产是企业赖以生存的物质基础，是企业产生效益的源泉，关系到企业的运营与发展。企业科学管理和正确核算固定资产，有利于促进企业正确评估固定资产的整体情况，提高资产使用效率，降低生产成本，保护固定资产的安全完整，实现资产的保值增值，增强企业的综合竞争实力。

固定资产，是指企业为生产商品、提供劳务、出租或经营管理而持有的，使用寿命超过一个会计年度的有形资产。从定义看，固定资产具有下列特征：

1. 固定资产是为生产商品、提供劳务、出租或经营管理而持有

企业使用固定资产所带来的经济利益，具体可表现为通过固定资产作用于商品生产、劳务提供过程并具体表现为产成品的形式，最终通过销售实现其经济利益的流入；或者通过把固定资产出租给他人，企业以收取租金的形式实现经济利益的流入；或者通过在企业的生产经营管理中使用固定资产，并最终改进了生产经营过程，降低了生产经营成本等实现经济利益的流入。其中“出租”的固定资产，指用以出租的机器设备类固定资产，不包括以经营租赁方式出租的建筑物，后者属于企业的投资性房地产，不属于固定资产。

2. 固定资产使用寿命超过一个会计年度

固定资产的使用寿命，通常情况下指使用固定资产的预计期间，如自用房屋建筑物的使用寿命或使用年限。某些机器设备或运输设备等固定资产，其使用寿命往往以该固定资产所能生产产品或提供劳务的数量来表示，例如，发电设备按其预计发电量估计使用寿命，汽车或飞机等按其预计行驶里程估计使用寿命。固定资产使用寿命超过一个会计年度，意味着固定资产属于长期资产，随着使用和磨损，通过计提折旧方式逐渐减少账面价值。

3. 固定资产是有形资产

一般情况下，除了无形资产、应收账款、应收票据、其他应收款等资产外，资产都具有实物形态，而对于固定资产来说，这一特征则更为明显。例如，固定资产一般表现为房屋建筑物、机器、机械、运输工具以及其他与生产经营有关的设备、器具、工具等，具有实物形态，属于有形资产。固定资产具有实物这一特征将固定资产与无形资产区别开来。有些无形资产可能同时符合固定资产的其他特征，如无形资产为生产商品、提供劳务而持有，使用寿命超过一个会计年度，但是，由于其没有实物形态，所以不属于固定资产。

【启发思考】企业在生产经营过程中，并不是将所有的劳动资料都列为固定资产，一般使用年限在一年以上，单位价值较高的，才列为固定资产，否则应列为周转材料等。那么，为什么固定资产的概念中不再明确列明判断固定资产的价值标准？其中蕴含了对会计人员职业能力的哪些要求？

二、固定资产的确认条件

固定资产的确认，就是将符合固定资产确认条件的资产，作为固定资产入账并通过资产负债表予以报告。一个资产项目要作为固定资产入账，必须在符合固定资产定义的基础上同时满足以下两个条件：

1. 与该固定资产有关的经济利益很可能流入企业；

2. 该固定资产的成本能够可靠地计量。

企业在对固定资产进行确认时，应该按照固定资产定义和确认条件，结合企业自身具体情况做出职业判断。企业购置的环保设备和安全设备等资产，它们的使用虽然不能直接为企业带来经济利益，但有助于企业从相关资产的使用中获得未来经济利益，或者将减少企业未来经济利益的流出，也应将其确认为固定资产。

构成固定资产的各组成部分，如果各自具有不同的使用寿命或者以不同的方式为企业提供经济利益，从而适用不同的折旧率或者折旧方法，此时，该各组成部分实际上是以独立的方式为企业提供经济利益，企业应将其各组成部分单独确认为单项固定资产。例如，飞机的引擎，如果其与飞机机身具有不同的使用寿命，适用不同折旧率或折旧方法，则企业应当将其确认为单项固定资产。

工业企业拥有的工具、用具、备品备件和维修设备，施工企业持有的挡板、架料等周转材料，以及地质勘探企业所持有的管材等资产，尽管使用期限超过一年，也能够带来经济利益，但由于数量多、单价低，考虑到成本效益原则，通常确认为存货。而对于某些备品备件和维修设备，符合固定资产定义和确认条件的，如民用航空运输企业的高价周转件等，应当确认为固定资产。

三、固定资产的分类

为了便于固定资产的管理与核算，企业应对固定资产进行分类，以提供不同的会计信息。根据不同的分类标准，固定资产可以做如下分类。

（一）按照固定资产的经济用途分类

按照固定资产的经济用途，固定资产可以分为生产经营用固定资产和非生产经营用固定资产。

生产经营用固定资产，是指直接服务于企业生产经营过程的固定资产，如生产经营用的房屋、机器设备、器具、工具等。

非生产经营用固定资产，是指不直接服务于生产经营过程的固定资产，如职工宿舍、食堂等房屋以及行政管理用设备、器具等。

这种分类可以提供不同用途固定资产的价值信息，有利于分析掌握固定资产投资的去向，使固定资产在生产经营和非生产经营方面合理配置，提高投资效率。

（二）按照固定资产的使用情况分类

按照固定资产使用情况，可以分为在用固定资产和未使用固定资产。

在用固定资产，指正在使用过程中的各种固定资产，包括正在使用的房屋建筑物、机器设备等。

未使用固定资产，指暂时闲置的房屋建筑物、大修理停用或季节性生产暂时停用的固定资产。

这种分类可以提供固定资产使用状况的信息，有利于管理层掌握固定资产使用状况，加强暂时闲置固定资产的管理，提高固定资产使用效率。

（三）按固定资产的所有权归属分类

按照所有权归属，可将固定资产分为自有固定资产和租入固定资产两类。

自有固定资产是指企业拥有所有权的可供企业自由支配使用的各项固定资产。

租入固定资产是指企业采用租赁方式从其他单位租入的不拥有所有权而拥有实质性控制权的各种固定资产。

这种分类可以提供固定资产所有权的归属信息，有利于管理层了解固定资产的筹资状况，加强固定资产筹资管理。

第二节　固定资产的初始计量与账务处理

一、固定资产的初始计量

固定资产应当按照成本进行初始计量。固定资产的成本，是指企业购建某项固定资产达到预定可使用状态前所发生的一切合理、必要的支出。这些支出包括直接发生的价款、运杂费、包装费和安装成本等，也包括间接发生的费用，如应承担的借款利息、外币借款折算差额以及应分摊的其他间接费用。

对于特殊行业的特定固定资产，确定其初始入账成本时还应考虑弃置费用。

固定资产取得时的成本，因其取得的方式和渠道不同而存在着一定的差异。

1.企业外购固定资产的成本，包括购买价款、相关税费、使固定资产达到预定可使用状态前所发生的可归属于该项资产的运输费、装卸费、安装费和专业人员服务费等。

需要注意的是，外购生产经营用机器设备、房屋建筑物等不动产的增值税进项税额可以抵扣，不计入固定资产成本，同时处置时应考虑销项税额的计算。

2.自行建造的固定资产，按建造该项资产达到预定可使用状态前所发生的全部支出作为初始入账成本，包括工程用物资成本、人工成本、缴纳的相关税费、应予资本化的借款费用以及应分摊的间接费用等。企业为在建工程准备的各种物资，应按实际支付的购买价款、运输费、保险费等相关税费，作为实际成本，并按各种专项物资的种类进行明细核算。

3.投资者投入的固定资产，在办理了固定资产移交手续之后，按投资合同或协议约定的价值加上应支付的相关税费作为入账价值。在投资合同或协议确定的价值不公允的情况下，应按照该项固定资产的公允价值作为入账价值。

4.接受捐赠的固定资产，按以下规定确定其入账价值：

（1）捐赠方提供了有关凭据的，按凭据上标明的金额加上应支付的相关税费作为入账价值。

（2）捐赠方没有提供有关凭据的，按以下顺序确定其入账价值：

① 同类或类似固定资产存在活跃市场的，按同类或类似固定资产的市场价格估计的金额，加上应支付的相关税费，作为入账价值；

② 同类或类似固定资产不存在活跃市场的，按接受捐赠的固定资产的预计未来现金流量现值，作为入账价值。

如果接受捐赠旧的固定资产，应该把按照上述方法确认的价值减去按该项固定资产的新旧程度估计的价值损耗后的余额作为入账价值。

5.盘盈的固定资产，按以下规定确认其入账价值：

（1）同类或类似固定资产存在活跃市场的，按同类或类似固定资产的市场价格，减去按该项资产的新旧程度估计的价值损耗后的余额，作为入账价值；

（2）同类或类似固定资产不存在活跃市场的，按该项固定资产的预计未来现金流量现值，作为入账价值。

视野拓展

2014年1月财政部发布的《企业会计准则第39号——公允价值计量》提出了“公允价值层次”的概念，是依据公允价值计量所使用的输入值来划分。其中，第一层次公允价值是在计量日能够取得的相同资产或负债在活跃市场上未经调整的报价；第二层次公允价值是使用除第一层次外相关资产或负债直接或间接可观察输入值；第三层次公允价值是使用相关资产或负债的不可观察输入值。

二、固定资产取得的账务处理

（一）外购的固定资产

外购固定资产分为购入不需要安装的固定资产和购入需要安装的固定资产两类。

1.外购不需要安装的固定资产

企业购入的这类固定资产，购入后不需要安装即可投入使用，不会发生安装成本。因此，应按购入时实际支付的买价和包装费、运杂费等相关费用等作为固定资产的入账价值，借记“固定资产”账户，根据可以抵扣的增值税进项税额，借记“应交税费——应交增值税（进项税额）”账户，根据支付的全部款项，贷记“银行存款”等账户。

【例 7-1】

某公司于20×8年4月1日外购一台不需要安装的设备，增值税专用发票注明的设备价款为1 000 000元、增值税130 000元，发生运输费10 000元，运输费增值税900元，合计1 140 900元。款项已通过银行支付。会计处理如下：

固定资产原始价值=1 000 000+10 000=1 010 000（元）

增值税进项税额=130 000+900=130 900（元）

借：固定资产	1 010 000	
应交税费——应交增值税（进项税额）	130 900	
贷：银行存款		1 140 900

2. 外购需要安装的固定资产

企业购入的这类固定资产，只有安装之后才能交付使用，因此需要通过“在建工程”账户核算其总成本，待安装完毕交付使用时，再按其总成本从“在建工程”账户转入“固定资产”账户。

企业购入需要安装的固定资产，按支付的买价、包装费、运杂费等，借记“在建工程”账户；根据可以抵扣的增值税进项税额，借记“应交税费——应交增值税（进项税额）”账户；根据实际支付的价款，贷记“银行存款”等账户。发生安装费时，应计入安装工程成本，借记“在建工程”“应交税费——应交增值税（进项税额）”账户，贷记“银行存款”“应付职工薪酬”等账户；安装完毕交付使用时，按其实际成本，借记“固定资产”账户，贷记“在建工程”账户。

【例 7-2】

某公司于20×8年4月1日外购一台需要安装的设备，取得的增值税专用发票上注明的设备买价为2 000 000元、增值税税额为260 000元，发生运输费30 000元，运输费增值税2 700元，合计2 292 700元，款项已通过银行支付；安装该设备时，用银行存款支付安装费5 000元，增值税650元，另支付安装工人工资6 000元。会计处理如下：

（1）购入固定资产。

固定资产原始价值=2 000 000+30 000=2 030 000（元）

增值税进项税额=260 000+2 700=262 700（元）

借：在建工程	2 030 000	
应交税费——应交增值税（进项税额）	262 700	
贷：银行存款		2 292 700

（2）支付安装费。

借：在建工程	11 000	
应交税费——应交增值税（进项税额）	650	
贷：银行存款		5 650
应付职工薪酬		6 000

(3) 设备安装完毕达到预定可使用状态。

借：固定资产　　2 041 000

　贷：在建工程　　2 041 000

3. 外购固定资产的特殊情况

(1) 一次外购多项资产

如果以一笔款项购入多项没有单独标价的固定资产，应当按照各项固定资产的公允价值比例对总成本进行分配，分别确定各项固定资产的成本。

【例 7-3】

某公司于20×8年4月1日同时购入两台设备（甲和乙），总价款为1 000 000元，增值税税款为130 000元，发生运输费10 000元，运输费增值税为900元。假定设备甲、乙的公允价值分别为300 000元和900 000元，款项已通过银行支付。会计处理如下：

首先确定各设备公允价值对总成本分配的比例。

设备甲分摊比例为：300 000÷（300 000+900 000）×100% =25%

设备甲应分摊的成本价值为：（1 000 000+10 000）×25%=252 500（元）

同理可得，设备乙分摊比例为75%，设备乙应分摊的成本价值为757 500元。

借：固定资产——设备甲　　252 500

　　　　　——设备乙　　757 500

　　应交税费——应交增值税（进项税额）　　130 900

　贷：银行存款　　1 140 900

(2) 具有融资性质的延期支付购买固定资产

企业购买固定资产有时会采用分期付款的方式，且在合同中规定的付款期限比较长，超过了正常信用条件。在这种情况下，该项购货合同实质上具有融资性质，固定资产的成本以购买价款的现值为基础确定。实际支付的价款与购买价款的现值之间的差额，除按照《企业会计准则第17号——借款费用》应予以资本化的以外，应当在信用期间内计入当期损益。购入固定资产时，按购买价款的现值，借记“固定资产”或“在建工程”账户；按应支付的金额，贷记“长期应付款”账户；按其差额，借记“未确认融资费用”账户。每期付款时，除了借记“长期应付款”账户，贷记“银行存款”账户以外，还要按照实际利率法摊销未确认融资费用，即借记“在建工程”或“财务费用”账户，贷记“未确认融资费用”账户。

（二）自行建造的固定资产

企业自行建造的固定资产，根据建造方式不同分为自营工程和出包工程两种。

1. 自营在建工程

企业自营建造的固定资产原值，原则上包括建造期间的全部支出，如直接材料、直接人工、其他与自营建造固定资产相关的支出以及在固定资产达到预定可使用状态前的长期负债利息等，主要通过“在建工程”和“工程物资”账户进行核算。

企业购入自营工程所需材料物资时，按照实际支付的买价和应计入工程物资成本的包装费、运杂费等，借记“工程物资”账户；根据可以抵扣的增值税进项税额，借记“应交税费”账户；根据支付的全部价款，贷记“银行存款”等账户。

企业自营工程领用工程材料物资时，按照实际成本，借记“在建工程”账户，贷记“工程物资”账户。

企业自营工程领用本企业存货时，将存货的实际成本计入自营工程成本，借记“在建工程”账户，贷记“原材料”“库存商品”账户。

企业自营工程应负担的职工薪酬，借记“在建工程”账户，贷记“应付职工薪酬”账户。

企业自营工程发生的借款费用应计入自营工程成本，借记“在建工程”账户，贷记“长期借款”“应付利息”等账户。

企业自营工程发生的其他支出，应借记“在建工程”账户，贷记“银行存款”等账户。

企业自营工程报废或毁损的净损失在工程项目尚未达到预定可使用状态时，计入工程成本；工程项目已达到预定可使用状态的，属于筹建期间的计入管理费用，不属于筹建期间的，计入营业外支出；如为非正常原因造成的报废或毁损，或工程项目全部报废或毁损的，应将其净损失列入营业外支出。

企业自营工程建设期间发生的工程物资盘亏，借记“在建工程”账户，贷记“工程物资”账户；盘盈的工程物资，做相反的会计处理。

企业自营工程进行负荷联合试车发生的费用，计入工程成本；试车期间形成的产品或副产品对外销售或转为库存商品的，应冲减工程成本。

企业自营建造的固定资产交付使用时，按照自营工程的实际成本，借记“固定资产”账户，贷记“在建工程”账户。

视野拓展

按照财政部2021年12月30日发布的《企业会计准则解释第15号》（财会〔2021〕35号），企业将固定资产达到预定可使用状态前或者研发过程中产出的产品或副产品对外销售（即“试运行销售”），应当按照《企业会计准则第14号——收入》《企业会计准则第1号——存货》等的规定，对试运行销售相关的收入和成本分别进行会计处理，计入当期损益，不应将试运行销售相关收入抵销相关成本后的净额冲减固定资产成本或者研发支出。测试固定资产可否正常运转而发生的支出属于固定资产达到预定可使用状态前的必要支出，应当按照《企业会计准则第4号——固定资产》的有关规定，计入该固定资产成本。

【例 7-4】

某公司为增值税一般纳税人，适用的增值税税率为13%。该公司在生产经营期间以自营方式建造一条生产线。20×8年1月购入一批工程物资，收到的增值税专用发票上注明的价款为200万元、增值税税额为26万元，款项已通过银行转账支付；工程领用工程物资180万元；工程领用生产用A原材料一批，实际成本为100万元，购入该批A原材料支付的增值税税额为13万元；工程领用库存商品一批，生产成本300万元，公允价值500万元；应付工程人员职工薪酬114万元；工程建造过程中，由于非正常原因造成部分毁损，该部分工程实际成本为50万元，未计提在建工程减值准备，应从保险公司收取赔偿款5万元，该赔偿款尚未收到。工程达到预定可使用状态前进行试运转，领用生产用B原材料实际成本为20万元，购入该批B原材料时支付的增值税税额为2.6万元。工程试运转生产的产品完工转为库存商品，价值380 000元。20×8年4月工程达到预定可使用状态并交付使用。

(1) 购入工程物资。

借：工程物资	2 000 000	
应交税费——应交增值税（进项税额）	260 000	
贷：银行存款		2 260 000

(2) 领用工程物资。

借：在建工程	1 800 000	
贷：工程物资		1 800 000

(3) 在建工程领用本企业原材料。

借：在建工程	1 000 000	
贷：原材料——A原材料		1 000 000

(4) 在建工程领用本企业库存商品。

借：在建工程	3 000 000	
贷：库存商品		3 000 000

(5) 自营工程发生的工程人员工资等。

借：在建工程	1 140 000	
贷：应付职工薪酬		1 140 000

(6) 非正常原因造成部分毁损。

借：营业外支出	450 000	
其他应收款	50 000	
贷：在建工程		500 000

(7) 工程领用材料试运转。

借：在建工程	200 000	
贷：原材料——B原材料		200 000

(8) 工程试运转生产的产品完工转为库存商品。

借：库存商品	380 000	

贷：在建工程 380 000

（9）工程达到预定可使用状态，竣工结算。

在建工程=1 800 000+1 000 000+3 000 000+1 140 000−500 000+200 000−380 000= 6 260 000（元）

借：固定资产 6 260 000

贷：在建工程 6 260 000

2. 出包在建工程

采用出包方式建造固定资产，企业要与建造承包商签订建造合同。企业房屋建筑物的新建、改建、扩建等建设项目，通常均采用出包方式。

企业以出包方式建造固定资产，其成本由建造该项固定资产达到预定可使用状态前所发生的必要支出构成，包括发生的建筑工程支出、安装工程支出，以及需分摊计入的待摊支出。待摊支出是指在建设期间发生的、不能直接计入某项固定资产价值，而应由所建造固定资产共同负担的相关费用，包括为建造工程发生的管理费，可行性研究费，临时设施费，公证费，监理费，应负担的税金，符合资本化条件的借款费用，建设期间发生的工程物资盘亏、报废及毁损净损失，以及负荷联合试车费等。

在出包方式下，“在建工程”账户主要是企业与建造承包商办理工程价款的结算账户，企业支付给建造承包商的工程价款作为工程成本通过“在建工程”账户核算。企业应按照合理估计的工程进度和合同规定的结算进度款，借记“在建工程——建筑工程（×工程）”“在建工程——安装工程（×工程）”账户，贷记“银行存款”“预付账款”等账户。工程完工时，按合同规定补付工程款，借记“在建工程”账户，贷记“银行存款”等账户。

【例 7-5】

某企业将新建仓库出包给M建筑公司，发生相关业务及账务处理如下：

（1）根据工程出包合同规定，企业预付给M建筑公司工程款500 000元。

借：预付账款 500 000

贷：银行存款 500 000

（2）办理仓库建造工程价款结算，共800 000元。

借：在建工程——建筑工程（生产线） 800 000

贷：预付账款 500 000

银行存款 300 000

（3）仓库交付使用，结转在建工程。

借：固定资产 800 000

贷：在建工程——建筑工程（生产线） 800 000

（三）投资者投入的固定资产

接受投资者投入固定资产的成本，应当按照投资合同或协议约定的价值和相关税费确定，但投资合同或协议约定不公允的除外。收到投资者投入的固定资产时，借记“固定资产”科目，贷记“实收资本”或“股本”科目。

【例 7-6】

某企业收到乙企业投入的固定资产一台，乙企业记录的该固定资产的账面原价为10 000元，已提折旧1 000元；某企业接受投资时，聘请资产评估师对该固定资产进行评估，评估净值为11 000元。双方协议约定以评估净值确认投资额。账务处理如下：

借：固定资产　　11 000

　贷：实收资本（股本）　　11 000

(四) 接受捐赠的固定资产

接受捐赠的固定资产，按捐赠方是否提供了有关凭据等具体情况合理确定其入账价值后，按接受捐赠的金额，作为捐赠利得，计入营业处收入。

【例 7-7】

某企业接受捐赠的一台机器设备，捐赠方提供的有关凭证上标明价款为300 000元、增值税税额为39 000元，企业支付直接相关税费共计7 000元。账务处理如下：

借：固定资产　　307 000

　　应交税费——应交增值税（进项税额）　　39 000

　贷：营业外收入——捐赠利得　　339 000

　　　银行存款　　7 000

【启发思考】企业接受的捐赠和债务豁免，按照会计准则规定符合确认条件的，通常应当确认为当期收益。如果接受控股股东或控股股东的子公司直接或间接捐赠，接受非控股股东（或非控股股东的子公司）直接或间接代为偿债、债务豁免或捐赠等，能否确认损益？为什么？

(五) 存在弃置费用的固定资产

对于特殊行业的特定固定资产，确定其初始成本时，还应考虑弃置费用。弃置费用通常是指按照国家法律和行政法规、国际公约等的规定，企业承担的环境保护和生态恢复等义务而在未来弃置固定资产时预计发生的支出。如核电站设施和石油天然气开采企业油气资产等，在未来弃置时，为恢复生态环境，企业应对其产生的环境污染等进行治理，预计发生的大额支出即为弃置费用。该项固定资产预计发生的弃置费用应计入固定资产的原始价值，通过折旧方式予以补偿。

弃置费用的金额与其现值比较通常相差较大，需要考虑货币时间价值，弃置费用应当按照取得固定资产时的实际利率进行折现，将其现值计入固定资产的原始价值，借记“固定资产”账户，贷记“在建工程”“预计负债”账户。预计未来将发生的弃置费用与其现值之间的差额，应在固定资产使用期间内分期确认为财务费用，借记“财务费用”账户，贷记“预计负债”等账户。一般工商企业的固定资产发生的报废清理费用不属于弃置费用，应当在发生时作为固定资产处置费用处理。

【例 7-8】

某企业经国家批准20×8年1月1日建造完成核电站核反应堆并交付使用，建造成本为25 000 000 000元，预计使用寿命为40年。根据法律规定，该核反应堆将会对当地的生态环境产生一定的影响，企业应在该项设施使用期满后将其拆除，并对造成的污染进行整治，预计发生弃置费用2 500 000 000元。假定适用的折现率为10%。核反应堆属于特殊行业的特定固定资产，确定其成本时应考虑弃置费用。账务处理为：

20×8年1月1日，弃置费用的现值=2 500 000 000×（P/F，10%，40）

=2 500 000 000×0.0221=55 250 000（元）

固定资产的成本=25 000 000 000+55 250 000=25 055 250 000（元）

借：固定资产　　25 055 250 000

　贷：在建工程　　25 000 000 000

　　　预计负债　　55 250 000

计算第1年应负担的利息费用=55 250 000×10%=5 525 000（元）

借：财务费用　　5 525 000

　贷：预计负债　　5 525 000

计算第2年应负担的利息（按实际利率法计算）=（55 250 000+5 525 000）×10%=6 077 5 00（元）

借：财务费用　　6 077 500

　贷：预计负债　　6 077 500

以后年度，企业应当按照实际利率法计算确定每年财务费用，账务处理略。

第三节　固定资产的后续计量与账务处理

固定资产后续计量与账务处理是与初始计量及账务处理相对而言的。固定资产经过初始计量入账之后，还可能会因为改建扩建、修理、损耗等原因而发生后续支出、折旧、减值等情况，这就需要对固定资产进行后续计量和账务处理。

一、固定资产折旧

（一）固定资产折旧的概念

固定资产长期参加生产经营，仍然保持其原有的实物形态，但其价值会随着固定资产的使用而逐渐转移到生产的产品成本中，构成企业的费用。这部分随着固定资产的磨损而逐渐转移的价值称为固定资产的折旧。固定资产的价值不是一次转移计入产品成本或费用，而是在长期使用的过程中，随着损耗程度，以折旧费项目分期计入产品成本或费用，并通过取得相应的收入而得到补偿。

折旧是指在固定资产的使用寿命内，将固定资产由于损耗而减少的价值按照一定的方法进行系统的分摊。从本质上讲，虽然折旧没有付出实实在在的货币资金，但也是一种费用。不论是从权责发生制角度，还是从收入与费用相配比的角度讲，折旧的计提都是必需的，不计提和不正确计提折旧的行为，都会对企业产品成本的计算乃至损益产生影响。

（二）影响固定资产折旧的因素

企业分期计算提取折旧时，应考虑的因素有固定资产原值、固定资产预计净残值、固定资产减值准备、固定资产的使用寿命等。

1. 固定资产原值

固定资产原值，指固定资产的成本，即固定资产初始确认的账面价值。固定资产原值除非发生以下情况，否则不得任意变动：根据国家规定进行固定资产价值重估；固定资产改良或补充设备；固定资产拆除一部分；调整原来确认的暂估价值；纠正原来固定资产价值错误。以固定资产原值为计提折旧的基数，可以使折旧额的计算建立在客观基础上，减少主观因素的影响。

2. 固定资产预计净残值

固定资产预计净残值，指固定资产报废时，预计从该项资产处置中获得的残余价值扣除预计处置费用后的金额。固定资产原值减去预计净残值后的余额，即为固定资产应计提折旧额。在我国，预计净残值一般根据固定资产原值乘以预计净残值率计算。预计净残值率指预计净残值与固定资产原值的比率。

【启发思考】固定资产计提折旧时，以固定资产原值扣除固定资产预计净残值时，是否需要考虑固定资产预计净残值的时间价值？实务中是如何处理的？为什么？思考会计专业知识学习中如何培养质疑精神，成为一名具有创新思维的优秀会计人员。

3. 固定资产减值准备

固定资产减值准备是指固定资产已计提的固定资产减值准备的累计金额。固定资产计提减值准备后，应当在剩余使用寿命内根据调整后的固定资产账面价值（固定资产账面余额扣减累计折旧和累计减值准备后的余额）和预计净残值重新计算确定折旧率和折旧额。

4. 固定资产的使用寿命

固定资产的使用寿命，或者称固定资产折旧年限，指固定资产的预计使用年限，或者该固定资产所能生产产品或提供劳务的数量。固定资产使用寿命的长短，直接影响各项应计提折旧额，企业应根据国家有关规定，结合企业具体情况合理确定使用寿命。

（三）固定资产折旧的范围

企业应当对所有的固定资产计提折旧，但是已提足折旧仍继续使用的固定资产和单独作为固定资产入账的土地除外。在确定计提折旧的范围时还应注意以下几点：

（1）固定资产应当按月计提折旧，并根据用途计入相关资产的成本或者当期损益。固定资产应自达到预定可使用状态时开始计提折旧，终止确认时或划分为持有待售非流动资产时停止计提折旧。为了简化核算，当月增加的固定资产，当月不计提折旧，从下月起计提折旧；当月减少的固定资产，当月仍计提折旧，从下月起不计提折旧。

（2）固定资产已提足折旧，不论能否继续使用，均不再计提折旧；提前报废的固定资产不再补提折旧。提足折旧是指已经提足该项固定资产的应计提折旧额。

（3）已达到预定可使用状态但尚未办理竣工决算的固定资产，应当按照估计价值确定其成本，并计提折旧；待办理竣工决算后再按实际成本调整原来的暂估价值，但不需要调整原已计提的折旧额。

案例7-1

“去产能”被封存设备是否需要计提折旧

A公司根据国家去产能政策的要求，封存了一组450立方米的高炉，该设备不属于淘汰的落后产能设备，但何时能够重新启用存在不确定性。A公司是否可以停止计提该设备的折旧？

A公司根据国家政策要求封存部分设备，虽然该设备目前处于封存状态，但其目前并无明确的处置计划，其持有目的也没有发生改变（为生产商品、提供劳务、出租或经营管理而持有），仍应作为固定资产核算（暂时闲置），且封存期间仍会发生资产实体的自然损耗和无形的价值损耗，应继续计提折旧。在封存期间的每个资产负债表日，应根据宏观经济环境和政策的发展变化情况，以及企业后续处理计划等，对该封存资产进行减值测试和计提减值准备。当然，如果A公司就这些封存资产的处置，与其他方达成了不可撤销的处置协议，满足“持有待售资产”判断标准的，则可以转为持有待售资产核算，自转为持有待售资产之日起停止计提折旧，并按持有待售准则对该持有待售资产进行初始及后续计量。

（根据中审众环会计师事务所（特殊普通合伙）编著的《中审众环研究·实务案例卷（2020）》整理）

（四）固定资产折旧的方法

企业应根据与固定资产有关的经济利益的预期消耗方式，合理选择折旧方法，可以选择的固定资产折旧方法有年限平均法、工作量法、双倍余额递减法、年数总和法。企业选择不同的固定资产折旧方法，影响不同期间的折旧费用，因此，固定资产折旧方法一经确定，不得随意变更。

1.年限平均法

年限平均法，是将固定资产的应提折旧额在固定资产预计使用年限内平均分摊的一种折旧方法。采用年限平均法计提折旧，假定固定资产的服务潜能随着时间推移而逐渐递减，而与固定资产的新旧程度无关。有关计算公式如下：

年折旧额=固定资产原值×（1-预计净残值率）÷固定资产预计使用年限

月折旧额=年折旧额÷12

在会计实务中，通常先计算出每项（类）固定资产折旧率，然后计算出应提折旧额。折旧率是指一定期间应提折旧额与固定资产原值的百分比。折旧率按计算对象不同，分为个别折旧率、分类折旧率和综合折旧率三种。个别折旧率是按单项固定资产计算的折旧率，分类折旧率是按各类固定资产分别计算的折旧率，综合折旧率则是按全部固定资产计算的折旧率。

按综合折旧率计算折旧，所有固定资产都采用一个折旧率，能够极大简化会计核算工作，而影响折旧费的合理分摊，固定资产折旧信息的客观性最差；采用分类折旧率通过把固定资产分成若干类别，每一类别折旧率相同，能适当简化核算工作，可以较为合理地分配折旧费，而固定资产折旧信息的客观性稍差些；按个别折旧率计算折旧，手工记账情况下工作量较烦琐，而折旧计算更符合固定资产自身实际情况，固定资产折旧信息客观性最好，在现行会计信息化情况下也不存在工作量繁杂问题。因此，从会计信息质量角度看，不再适宜采用分类折旧率，而应该采用个别折旧率来计提折旧。

年折旧率=（1-预计净残值率）÷固定资产预计使用年限

月折旧率=年折旧率÷12

年折旧额=固定资产原值×年折旧率

月折旧额=固定资产原值×月折旧率

【例 7-9】

某企业一项固定资产初始计量的入账价值为200 000元，预计使用年限为8年，预计净残值率为4%。该项固定资产年折旧率、年折旧额计算如下：

年折旧率=（1-4%）÷8=12%

年折旧额=200 000×12%=24 000（元）

月折旧率=12%÷12=1%

月折旧额=200 000×1%=2 000（元）

年限平均法计算简便，但年限平均法没有考虑固定资产在不同生命周期所带来的经济利益不均衡问题，没有考虑固定资产维修费用随着使用年限延长而不断增加的问题，也没有考虑不同使用年限的折现因素，会使人们产生投入资本总额的收益率不断提高的假象。

当固定资产各期负荷程度相同时，各期应分摊相同的折旧费，这时采用平均年限法是合理的。但是，如果固定资产各期负荷程度不同时仍采用年限平均法计算折旧，则不能反映固定资产的损耗程度和实际使用情况。

2. 工作量法

工作量法，是将固定资产应提折旧额按预计总工作量平均分摊的一种折旧方法。采用工作量法计量折旧，假定固定资产的服务潜能随着完成工作量的增加而逐渐减少，与固定资产的新旧程度无关。因此，此种方法将固定资产应计提折旧额平均分配至每一单位工作量，计算出预计单位工作量应平均计提的折旧额，再根据每期实际工作量计算出每期应提折旧额。有关计算公式如下：

单位工作量应提折旧额=固定资产原值×（1-预计净残值率）÷预计总工作量

月折旧额=当月实际工作量×单位工作量应提折旧额

【例 7-10】

某企业有运输工具一辆，初始计量入账原值为120 000元，预计净残值率为3%，预计总行驶里程为500 000千米。20×8年8月份，该运输工具实际行驶5 800千米。月折旧额计算如下：

每千米应提折旧额=120 000×（1-3%）÷500 000=0.2328（元/千米）

8月份应提折旧额=5 800×0.2328=1 350.24（元）

工作量法适用于那些在使用期间负担程度差异很大、提供的经济效益不均衡的固定资产，如各月的工作量不是很均衡的大型精密机床、运输设备等。

工作量法按照实际使用过程的磨损程度计算折旧，能正确反映运输工具、精密设备等使用程度，且把折旧费用与业务成果相联系。但是，工作量法只考虑到固定资产有形损耗，未考虑到无形损耗对固定资产价值的影响。

3. 双倍余额递减法

双倍余额递减法，是在不考虑固定资产净残值情况下，根据每年年初固定资产净值和双倍的直线法折旧率计算固定资产折旧的一种方法。

由于采用这种方法计算折旧额时，每年计提折旧的基数是年初固定资产净值，并没有扣除预计净残值，因此，在计算固定资产折旧额时，应在其折旧年限到期前两年内，将固定资产的折余价值扣除预计净残值后的余额平均摊销。计算公式如下：

年折旧率=2÷预计使用年限×100%

年折旧额=本年初固定资产折余价值×年折旧率

月折旧额=年折旧额÷12

【例 7-11】

某企业一项固定资产采用双倍余额递减法计提折旧。该固定资产的原值为200 000元，预计净残值率为5%，预计使用年限为5年。投入使用后每年的折旧额计算如下：

年折旧率=2÷5×100%=40%

第一年应提折旧额=200 000×40%=80 000（元）

第二年应提折旧额=（200 000-80 000）×40%=48 000（元）

第三年应提折旧额=（200 000-80 000-48 000）×40%=28 800（元）

第四、五年应提折旧额=［200 000×（1-5%）-80 000-48 000-28 800］÷2=16 600（元）

4. 年数总和法

年数总和法，是以固定资产原值减去预计净残值后的余额为基数，以每年固定资产尚可使用年限与固定资产预计使用年限总和之比为每年折旧率计算每年的折旧额的一种折旧方法。有关计算公式如下：

每年折旧率 = 该年尚可使用年限÷预计使用年限总和

每年折旧额 =（固定资产原值-预计净残值）×该年折旧率

【例 7-12】

某企业一项固定资产采用年数总和法计提折旧。该固定资产的原值为 200 000 元，预计净残值率为 5%，预计使用年限为 4 年。投入使用后每年的折旧额计算如下：

该固定资产预计使用年限总和=4+3+2+1=10（年）

第一年折旧率=4÷10×100%=40%

第一年折旧额=200 000×（1-5%）×40%=76 000（元）

第二年折旧率=3÷10×100%=30%

第二年折旧额=200 000×（1-5%）×30%=57 000（元）

第三年折旧率=2÷10×100%=20%

第三年折旧额=200 000×（1-5%）×20%=38 000（元）

第四年折旧率=1÷10×100%=10%

第四年折旧额=200 000×（1-5%）×10%=19 000（元）

年限平均法和工作量法将固定资产的转移价值平均摊配于使用期间或完成工作量，使用方便，容易理解。双倍余额递减法和年数总和法都属于加速折旧法，其特点是在固定资产有效使用年限的前期多提折旧，后期则少提折旧，其递减的速度逐年加快，从而相对加快折旧的速度，以使固定资产成本在有效使用年限中加快得到补偿；同时在税法允许将计提折旧税前扣除情况下，加速折旧法还能够减少前期所得税税额，符合谨慎性原则。

视野拓展

财政部、国家税务总局发布财税〔2015〕106 号文件，对属于轻工、纺织、机械、汽车等四个领域重点行业的企业，2015 年 1 月 1 日后新购进固定资产，可由企业选择缩短折旧年限或采取加速折旧的方法。其中，采取加速折旧方法的，可采取双倍余额递减法或年数总和法。财政部、国家税务总局 2019 年第 66 号公告又进一步规定，为支持制造业企业加快技术改造和设备更新，自 2019 年 1 月 1 日起，将固定资产加速折旧优惠的行业范围，扩大至全部制造业领域。

【启发思考】企业计提固定资产折旧采用的直线法与加速折旧法具有哪些不同的财务影响？思考作为一名优秀财务人员，选择固定资产折旧方法应遵循哪些职业道德标准？如何防范可能出现的道德风险？

（五）固定资产折旧的账务处理

固定资产应按月计提折旧，计提的折旧应通过“累计折旧”账户核算，根据固定资产的用途，计入相关成本费用。

对于企业基本生产车间使用固定资产，计提折旧记入“制造费用”科目；管理部门使用固定资产，计提折旧记入“管理费用”科目；销售部门使用固定资产，计提折旧记入

"销售费用"科目；经营租出固定资产，计提折旧记入"其他业务成本"科目；未使用固定资产，计提折旧记入"管理费用"科目。

【例 7-13】

某企业采用年限平均法计提固定资产折旧。20×8年6月份确定的各车间、厂部销售部门和管理部门应分配的折旧额为：甲车间10 000元，乙车间20 000元，销售部门5 000元，管理部门8 000元。会计处理如下：

借：制造费用——甲车间　　10 000

　　　　　　——乙车间　　20 000

　　销售费用　　5 000

　　管理费用　　8 000

　贷：累计折旧　　43 000

案例 7-2

固定资产季节性停用期间的折旧处理

A公司是一家番茄加工企业，每年仅有8、9月两个月处于生产期（受番茄加工行业特点的影响），其余10个月均为季节性停工期。A公司每年用于生产加工的固定资产折旧额约为140万元，每年的销售收入约为6 000万元，A公司加工后的番茄制品一般在两年内销售完毕。那么，A公司季节性停工期间是否需要计提固定资产折旧？如果需要，该计提的折旧是列入存货项目并在下一年的产品成本中进行分摊，还是作为闲置固定资产记入"管理费用"科目？

按照会计准则要求，季节性停工期间也需要计提固定资产折旧。虽然对于季节性生产的企业整体而言，季节性停工期间应计提的生产用设备折旧是不可避免的支出，但就开工期间生产的某一批特定产品而言，此处的季节性停产期间支出并不是使其达到目前场所和状态所需的必要支出，因此不符合计入存货成本的条件。对于可以合理预见、符合行业惯例、每年都会定期发生的淡季季节性停产期间发生的生产设备折旧和人工成本等，应当在发生时计入管理费用，不计入开工期间所生产的存货的成本；属于无法合理预见的非正常停产期间发生的相关支出，应计入营业外支出处理。相关处理方法构成企业的一项会计政策，应当一贯地运用于所有同类或类似交易的会计处理。

（根据中审众环会计师事务所（特殊普通合伙）编著的《中审众环研究·实务案例卷（2020）》整理）

（六）固定资产会计折旧政策的复核

在固定资产使用过程中，其所处经济环境、技术环境以及其他环境可能对固定资产使用寿命和预计净残值产生较大影响，环境变化也可能导致与固定资产有关的经济利益预期消耗方式发生重大改变。因此，企业至少应当于每年年度终了，对固定资产的使用寿命、预计净残值和折旧方法进行复核。

如有确凿证据表明：固定资产使用寿命预计数与原先估计数有差异，应当调整固定资产使用寿命；如果固定资产预计净残值预计数与原先估计数有差异，应当调整预计净残值；如果与固定资产有关的经济利益预期消耗方式发生重大改变，应相应改变固定资产折旧方法。

固定资产使用寿命、预计净残值和折旧方法的改变，按照会计估计变更的有关规定进行处理。

二、固定资产后续支出

固定资产的后续支出是指固定资产投入使用后发生的更新改造支出、修理费用等。企业的固定资产在投入使用后，为了适应新技术发展的需要，或者为维护或提高固定资产的使用效能，往往需要对现有固定资产进行维护、改建、扩建或者改良。

与固定资产有关的后续支出，符合固定资产确认条件的，应将后续支出资本化，计入固定资产成本，同时将被替换部分的账面价值扣除；不符合固定资产确认条件的，应将后续支出费用化，计入当期损益。

（一）资本化的后续支出

通常情况下，企业在固定资产使用过程中会发生对固定资产进行改建、扩建等更新改造活动。企业在原有固定资产基础上所进行的改建、扩建等更新改造，一般情况下会使固定资产内在质量及使用性能与以前相比发生很大变化。因此，一般把固定资产在原有基础上的更新改造支出作为资本性支出，计入固定资产成本。

对原有固定资产进行更新改造发生资本化后续支出时，首先将该项固定资产的原值、已提折旧额和已提取的减值准备予以转销，将固定资产账面价值转入在建工程，同时，停止计提固定资产折旧。按该项固定资产的账面价值，借记“在建工程”科目，按已提折旧额和减值准备，借记“累计折旧”和“固定资产减值准备”科目，按固定资产的原值，贷记“固定资产”科目。

对于改建、扩建、改良过程中所发生的后续支出，借记“在建工程”科目，贷记“银行存款”等科目。对于改建、扩建、改良过程中所发生的残料变价收入，冲减工程成本，借记“银行存款”等科目，贷记“在建工程”科目。改建、扩建完成，在固定资产达到预定可使用状态时，根据“在建工程”科目所归集的金额，借记“固定资产”科目，贷记“在建工程”科目。

注意，更新改造后的固定资产，账面价值、预计使用年限、预计净残值都有可能发生了变化，所以，更新改造后的固定资产达到预定可使用状态之后，应按新的固定资产应提折旧额和预计使用年限，重新计算每年折旧额。

【例 7-14】

某企业扩建生产线一条，扩建前的原值为500 000元，预计使用年限为5年，预计净残值为100 000元；已使用3年，采用平均年限法计提折旧；以银行存款支付扩建工程款500 000元；扩建过程中拆除部件的残值计价10 000元入库；工程完工后，该条生产线可延长使用寿命5年，预计净残值200 000元。会计处理如下：

(1) 扩建前的固定资产原值和累计折旧注销，并将其净值转作在建工程：

原值=500 000元

累计折旧=（500 000−100 000）×3÷5=240 000（元）

净值=500 000−240 000=260 000（元）

借：在建工程 260 000
　　累计折旧 240 000
　贷：固定资产 500 000

(2) 用银行存款支付扩建工程款500 000元：

借：在建工程 500 000
　贷：银行存款 500 000

(3) 拆除部件的残值计价10 000元入库：

借：原材料 10 000
　贷：在建工程 10 000

(4) 工程完工，全部工程成本计入固定资产原值：

工程成本=260 000+500 000−10 000=750 000（元）

借：固定资产 750 000
　贷：在建工程 750 000

(5) 工程扩建后第6至10年的各年折旧额计算：

改建后的年折旧额=（750 000−200 000）÷5=110 000（元）

第6至10年计提固定资产折旧：

借：制造费用 110 000
　贷：累计折旧 110 000

某些固定资产后续支出可能涉及替换原固定资产的某组成部分，当发生的后续支出符合固定资产确认条件时，应将其计入固定资产成本，同时将被替换部分的账面价值扣除。这样可以避免将替换部分的成本和被替换部分的成本同时计入固定资产成本，导致固定资产成本重复计算。企业对固定资产进行定期检查发生的大修理费用，有确凿证据表明符合固定资产确认条件的部分，可以计入固定资产成本，不符合固定资产的确认条件的应当费用化，计入当期损益。固定资产在定期大修理间隔期间，照提折旧。

【例7-15】

某企业生产线上的专用设备由于意外原因损毁，需要更换新专用设备。该生产线原价5 000万元（含专用设备），已计提折旧1 200万元。损毁专用设备成本为500万元，无残值。新专用设备成本为700万元，支付安装费用50 000元。不考虑相关税费的影响，企业相关账务处理如下：

(1) 注销生产线价值：

借：在建工程 38 000 000

借：累计折旧　　12 000 000
　贷：固定资产　　50 000 000

（2）购买新专用设备：

借：工程物资　　7 000 000
　贷：银行存款　　7 000 000

（3）安装新专用设备：

借：在建工程　　7 050 000
　贷：工程物资　　7 000 000
　　　银行存款　　50 000

（4）终止确认损毁专用设备：

损毁专用设备累计折旧=1 200×500÷5 000=120（万元）

损毁专用设备账面净值=500−120=380（万元）

借：营业外支出　　3 800 000
　贷：在建工程　　3 800 000

（5）生产线达到预定可使用状态：

生产线入账价值=38 000 000+7 050 000−3 800 000=41 250 000（元）

借：固定资产　　41 250 000
　贷：在建工程　　41 250 000

（二）费用化的后续支出

与固定资产有关的修理费用等后续支出，不符合固定资产确认条件的，应当根据不同情况分别在发生时计入当期管理费用或销售费用。

一般情况下，固定资产投入使用之后，由于固定资产磨损、各组成部分耐用程度不同，可能导致固定资产的局部损坏，为了维护固定资产的正常运转和使用，充分发挥其使用效能，企业将对固定资产进行必要的维护。固定资产的日常修理费用在发生时应直接计入当期损益。企业生产车间（部门）和行政管理部门等发生的固定资产修理费用等后续支出计入管理费用；企业专设销售机构的，其发生的与专设销售机构相关的固定资产修理费用等后续支出，计入销售费用。固定资产更新改造支出不满足固定资产的确认条件，在发生时直接计入当期损益。

第四节　固定资产的处置

一、固定资产终止确认

为了真实反映企业固定资产的状况，当某项固定资产处于处置状态或预期不能给企业带来经济利益时，就应终止确认。固定资产处置，包括固定资产的出售、报废和毁损、对外投资、非货币性资产交换、债务重组等。固定资产满足下列条件之一的，应当予以终止确认：

1.该固定资产处于处置状态

当某项固定资产因出售、报废、毁损、对外投资、非货币性交换、债务重组等原因而退出使用，不再为企业生产商品、提供劳务、出租或经营管理时，这项固定资产已不符合固定资产定义，因此应终止确认。

2.该固定资产预期通过使用或处置不能产生经济利益

某项固定资产尽管没有处于处置状态，但预期不能再给企业带来经济利益，即“与固定资产有关的经济利润不是很可能流入企业”，则该项固定资产已不再符合固定资产确认条件，应终止确认。

二、固定资产处置的账务处理

企业出售、转让固定资产（划分为持有待售的除外），通过“固定资产清理”科目归集所发生的损益，其产生的利益或损失转入“资产处置损益”科目，计入当期损益；固定资产因报废、毁损等原因而终止确认的，通过“固定资产清理”科目归集所发生的损益，所产生的利得或损失计入营业外收入或营业外支出。固定资产处置通过“固定资产清理”科目进行核算的步骤如下：

1. 固定资产转入清理

企业出售、转让、报废固定资产或发生固定资产损毁时，按照清理固定资产的净值，借记“固定资产清理”科目，按已计提累计折旧，借记“累计折旧”科目，按已提减值准备，借记“固定资产减值准备”科目，按固定资产原价，贷记“固定资产”科目。

2. 发生清理费用

固定资产清理过程中发生的有关费用及相关税费，借记“固定资产清理”科目，贷记“银行存款”“应交税费”等科目。

3. 出售收入和残料

企业收回出售固定资产的价款、残料价值和变价收入等，应冲减清理支出。按实际收到的出售价款和残料变价收入等，借记“银行存款”“原材料”等科目，贷记“固定资产清理”“应交税费——应交增值税”等科目。

4. 保险公司赔偿

企业计算或收到的应由保险公司或过失人赔偿的损失，应冲减清理支出，借记“其他应收款”“银行存款”等科目，贷记“固定资产清理”科目。

5. 结转清理净损益

固定资产清理完成后的净损益，属于正常出售、转让所产生的利益或损失，借记或贷记“资产处置损益”科目，贷记或借记“固定资产清理”科目；属于固定资产丧失使用功能后的报废，其产生的利得或损失，借记或贷记“营业外支出——非流动资产报废”科目，贷记或借记“固定资产清理”科目；属于自然灾害等非正常原因造成的，借记或贷记“营业外支出——非常损失”科目，贷记或借记“固定资产清理”科目。

【例 7-16】

某企业出售一台车床设备，原值为 200 000 元，累计折旧 100 000 元，已计提固定资产减值准备 1 000 元，清理过程中支付清理费用 2 000 元，取得出售价款 150 000 元，已存入银行，应交增值税为 19 500 元。账务处理如下：

（1）固定资产转入清理。

借：固定资产清理　　99 000
　　累计折旧　　100 000
　　固定资产减值准备　　1 000
　贷：固定资产　　200 000

（2）支付清理费用。

借：固定资产清理　　2 000
　贷：银行存款　　2 000

（3）取得出售价款存入银行。

借：银行存款　　169 500
　贷：固定资产清理　　150 000
　　　应交税费——应交增值税（销项税额）　　19 500

（4）结转固定资产净损益。

车床设备清理净收益=150 000-2 000-99 000=49 000（元）

借：固定资产清理　　49 000
　贷：资产处置损益　　49 000

固定资产报废的原因可分为正常报废和非正常报废。正常报废，指由于使用期限已满不再继续使用而形成的正常报废以及由于技术进步而发生的提前报废；非正常报废，指管理不善、自然灾害等原因造成的固定资产毁损。

正常报废的固定资产的核算方法，与出售固定资产的核算方法相同。非正常报废的固定资产根据其损毁原因，有可能收回一部分赔偿款，如管理不善造成的毁损有可能取得相关责任人的赔款，自然灾害造成的毁损有可能取得保险公司的赔款等，这部分赔款应视为清理过程中的一项收入，借记“其他应收款”“银行存款”等科目，贷记“固定资产清理”科目。另外，提前报废的固定资产未提足折旧，为了简化核算，未提足的折旧也不再补提，而是在计算清理净损益时一并考虑。

【例 7-17】

某企业有专用设备一台，原值为 200 000 元，已计提折旧 180 000 元，已计提固定资产减值准备 1 000 元，因使用期满经批准报废。在清理过程中，以现金支付清理费用 200 元，收到残料变卖收入 800 元存入银行。账务处理如下：

（1）报废固定资产转入清理。

借：固定资产清理 19 000
　　累计折旧 180 000
　　固定资产减值准备 1 000
　贷：固定资产 200 000

（2）支付清理费用。

借：固定资产清理 200
　贷：库存现金 200

（3）取得残料变卖收入存入银行。

借：银行存款 800
　贷：固定资产清理 800

（4）结转固定资产净损益。

专用设备清理净损失=19 000+200−800=18 400（元）

借：营业外支出——非流动资产报废 18 400
　贷：固定资产清理 18 400

视野拓展

同时满足下列条件的非流动资产应当划分为持有待售：企业已经就处置该非流动资产做出决议；已经与受让方签订了不可撤销的转让协议；该项转让将在一年内完成。企业对于持有待售的固定资产，应当调整该项固定资产的预计净残值，使该项固定资产的预计净残值能够反映其公允价值减去处置费用后的金额，但不得超过符合持有待售条件时该项固定资产的原账面价值，原账面价值高于调整后预计净残值的差额应作为资产减值损失计入当期损益。企业应当在报表附注中披露持有待售的固定资产名称、账面价值、公允价值、预计处置费用和预计处置时间等。持有待售的固定资产不计提折旧，按照账面价值与公允价值减去处置费用后的净额孰低进行计量。

第五节 固定资产的期末计量

一、固定资产的清查

固定资产清查，是指企业定期对固定资产进行实地盘点，以查明各项固定资产实有数额的工作。账实相符，是固定资产核算的基本要求。企业应当定期或者至少每年年末对固定资产进行清查盘点，通过对固定资产清查盘点，不仅可以了解各项固定资产的实物及使用状况，而且可以检查固定资产是否账实相符，从而确保固定资产核算质量。

通过对固定资产的清查盘点，结果一般有三种情况：一是账实相符；二是固定资产盘盈，即固定资产实际数量大于账面数量；三是固定资产盘亏，即固定资产实际数量小于账面数量。如果发现固定资产盘盈、盘亏，应当及时填制固定资产盘盈盘亏报告表，及时查明原因，按照规定程序报批处理。

（一）固定资产盘盈的账务处理

在正常情况下，固定资产不应该存在盘盈现象。因为固定资产不同于存货，不存在收发计量误差或自然条件影响其实物数量变动问题。由此，固定资产清查盘点中如果出现盘盈，只能说明前期固定资产核算出现差错。因此，按照现行会计准则规定，固定资产清查中盘盈的固定资产，应作为前期会计差错处理。企业在财产清查中盘盈的固定资产，在按管理权限报批处理前应先通过“以前年度损益调整”科目核算。盘盈的固定资产，应按重置成本确定其入账价值，借记“固定资产”科目，贷记“以前年度损益调整”科目。

（二）固定资产盘亏的账务处理

固定资产中除了不动产和大型设备外，有些固定资产的使用具有流动性，这样在使用过程中因丢失等原因而盘亏固定资产是企业财产清查中有可能出现的情况。财产清查中发现的固定资产盘亏，通过“待处理财产损溢——待处理固定资产损溢”科目核算，盘亏造成的损失，通过“营业外支出——盘亏损失”科目核算，计入当期损益。

盘亏固定资产时，应按固定资产账面价值，借记“待处理财产损溢——待处理固定资产损溢”科目，按已提折旧额，借记“累计折旧”科目，按该项固定资产已计提的减值准备，借记“固定资产减值准备”科目，按固定资产原值，贷记“固定资产”科目；盘亏的固定资产报经批准后，应转入“营业外支出”科目，借记“营业外支出——盘亏损失”科目，贷记“待处理财产损溢”科目。

【例 7-18】

某企业年末对固定资产进行清查时，发现丢失一台冷冻设备。该设备原价52 000元，已计提折旧20 000元，并已计提减值准备12 000元。经查，冷冻设备丢失的原因是保管员王利看管不当。经批准，由保管员赔偿5 000元。有关账务处理如下（不考虑增值税）：

（1）发现冷冻设备丢失时：

借：待处理财产损溢——待处理固定资产损溢——冷冻设备	20 000	
累计折旧	20 000	
固定资产减值准备	12 000	
贷：固定资产——冷冻设备		52 000

（2）报经批准后：

借：其他应收款——王利	5 000	
营业外支出——盘亏损失	15 000	
贷：待处理财产损溢——待处理固定资产损溢——冷冻设备		20 000

二、固定资产的减值

固定资产减值，是指固定资产发生损坏或由于技术陈旧、市场环境变化等原因，导致其可收回金额低于其账面价值。这里的可回收金额，是指根据资产的公允价值减去处置费用后的净额与资产预计未来现金流量的现值两者之中的较高者。其中，公允价值应根据公平交易中销售协议价格确定；不存在销售协议但存在资产活跃市场的，按照该固定资产的市场价格确定；销售协议与资产活跃市场均不存在的，则以可获取的最佳信息为基础，估计固定资产的公允价值。处置费用，是指与资产处置有关的搬运费、相关税费及使资产达到可销售状态所发生的直接费用等。企业按照以上规定仍然无法可靠估计固定资产的公允价值减去处置费用后的净额的，应当以该固定资产预计未来现金流量的现值作为其可收回金额。

（一）固定资产的减值迹象

企业应当于期末或至少每年年度终了，对固定资产逐项进行检查，以判定固定资产是否发生减值。当出现以下情况之一时，表明该固定资产已出现减值迹象，应对固定资产的可收回金额进行估计：

固定资产的市价当期大幅度下跌，其跌幅明显高于因时间的推移或正常使用而预计的下跌，且预计在近期不可能恢复；企业经营所处的经济、技术或法律等环境以及资产所处的市场在当期或将在近期发生严重调整，从而对企业产生不利影响；市场利率或其他市场投资报酬率在当期大幅度提高，从而影响企业计算固定资产预计未来现金流量现值的折现率，导致资产可收回金额大幅度降低；有证据表明固定资产已经陈旧过时或其实体已经损坏；固定资产预计使用方式发生重大不利变化，导致该固定资产已经或将被闲置、终止使用或计划提前处置等；其他表明资产可能已经发生减值的迹象。

固定资产出现减值迹象后，计算得到固定资产的可收回金额如果低于账面价值，表明该固定资产发生减值，应当按可收回金额低于账面价值的差额计提固定资产减值准备，并计入当期损益。

（二）固定资产减值金额的确定及账务处理

一旦固定资产出现减值迹象，应估计其可收回金额，固定资产可回收金额的计量结果表明固定资产的可回收金额低于其账面价值的，其差额即为应计提的固定资产减值的金额，并将固定资产的账面价值减记至可收回金额，借记“资产减值损失”账户，贷记“固定资产减值准备”账户。

固定资产减值损失确认后，减值的固定资产的折旧费用必须在未来期间做相应调整，应按扣除减值后的账面价值以及尚可使用年限重新计算折旧，以使该固定资产在剩余使用寿命内，系统地分摊调整后的固定资产账面价值（扣除预计净残值）；因计提减值准备而调整固定资产折旧额，对以前已计提的累计折旧不做调整。

固定资产减值损失一经确认，在以后会计期间不得转回。

【启发思考】固定资产减值损失一经确认，如何以后价值回升为什么不能转回减值损失？类似不能转回的资产减值损失还有哪些？会计准则这样规范能够完全达到既定目标吗？你能否为我国资产减值理论的发展完善提供合理化建议？

【例 7-19】

某企业机器设备的原值为100 000元，累计折旧50 000元，尚可使用年限5年，预计净残值5 000元，年末该设备出现减值迹象，公允价值减去处置费用后的金额为20 000元，未来现金流量现值为30 000元，折旧方法为年限平均法。会计处理如下：

（1）计算计提减值准备前该设备的账面价值。

账面价值=100 000−50 000=50 000（元）

（2）计提减值准备。

该设备的可收回金额为公允价值减去处置费用后的金额与未来现金流量的现值中较高者，即30 000元。

应补提的减值准备=50 000−30 000=20 000（元）

借：资产减值损失	20 000	
贷：固定资产减值准备		20 000

计提减值准备后，每年应计提的折旧额为：

折旧额=（30 000−5 000）÷5=5 000（元）

借：制造费用	5 000	
贷：累计折旧		5 000

引导案例分析

依据引导案例同和药业和捷顺科技发布的固定资产相关处理公告，分析两家上市公司分别进行了哪些会计处理，以更加真实、客观、公允地反映公司的资产状况及实际情况。通过收集某行业2~3家上市公司固定资产资料，分析比较同一行业固定资产折旧方法、折旧年限、残值率等存在哪些规律性特征，并在行业间进行比较分析。

思考题

1. 固定资产确认的条件有哪些？
2. 外购固定资产的成本具体包括哪些内容？
3. 固定资产为什么要计提折旧？影响固定资产折旧的因素有哪些？
4. 固定资产后续支出的处理原则是什么？
5. 固定资产盘盈盘亏处理的差异是什么？其他资产清查的处理又有哪些不同？
6. 固定资产在资产负债表中是如何列示的？

即测即评

业务实操

某公司有关固定资产更新改造的资料如下：

（1）20×7年12月3日，该公司自行建造一条生产线，共发生建造成本1 136 000元；采用年限平均法计提折旧，预计净残值率为3%，预计使用寿命为6年。

（2）20×9年12月31日，由于生产的产品适销对路，现有生产线的生产能力已难以满足公司生产发展的需要，该公司决定对现有生产线进行改扩建，以提高其生产能力。假定该生产线未发生减值。

（3）2×10年1月1日至2×10年3月31日，经过三个月的改扩建，完成了对这条生产线的改扩建工程，达到预定可使用状态，共发生支出537 800元，全部以银行存款支付。

（4）该生产线改扩建工程达到预定可使用状态后，大大提高了生产能力，预计使用寿命延长4年，即为10年；改扩建后生产线的预计净残值率仍为3%，仍采用年限平均法计提折旧。

要求：假定不考虑其他相关税费，公司按年度计提固定资产折旧。对该公司固定资产更新改造进行相关业务处理，计算中保留两位小数。

参考答案

（四）土地使用权的计量与会计处理

企业取得的土地使用权，通常应当按照取得时所支付的价款及相关税费确认为无形资产。土地使用权用于自行开发建造厂房等地上建筑物时，土地使用权的账面价值不与地上建筑物合并计算其成本，而仍作为无形资产进行核算，土地使用权与地上建筑物分别进行摊销和提取折旧，但下列情况除外：

（1）房地产开发企业取得的土地使用权用于建造对外出售的房屋建筑物，相关的土地使用权应当计入所建造的房屋建筑物成本。

（2）企业外购的房屋建筑物，实际支付的价款中包括土地以及建筑物的价值，则应当对支付的价款按照合理的方法（例如，公允价值比例）在土地和地上建筑物之间进行分配。如果确实无法在地上建筑物与土地使用权之间进行合理分配的，应当全部作为固定资产，按照固定资产确认和计量的规定进行处理。

企业改变土地使用权的用途，将其用于出租或增值目的时，应将其转为投资性房地产。

【例 8-6】

甲公司购入一块土地的使用权，以银行存款支付1 000万元（假设不考虑增值税），并在该土地上自行建造厂房，发生材料支出1 500万元、工资费用500万元、其他相关费用300万元。期末，厂房已经完工并达到预定可使用状态。根据上述资料，甲公司为取得土地使用权支付的1 000万元应确认为企业的无形资产，自行建造厂房发生的费用合计2 300万元应当作为固定资产进行核算。

账务处理如下：

（1）支付土地使用权价款。

借：无形资产——土地使用权　　10 000 000

　贷：银行存款　　10 000 000

（2）自行建造厂房。

借：在建工程　　23 000 000

　贷：工程物资　　15 000 000

　　　应付职工薪酬　　5 000 000

　　　银行存款　　3 000 000

（3）厂房达到预定可使用状态。

借：固定资产　　23 000 000

　贷：在建工程　　23 000 000

（五）其他方式取得的无形资产

企业通过非货币性资产交换取得的无形资产，非货币性资产交换具有商业实质且公允价值能够可靠计量的，在发生补价的情况下，支付补价方应当以换出资产的公允价值加上支付的补价（即换入无形资产的公允价值）和应支付的相关税费，作为换入无形资产的成本；收到补价方，应当以换入无形资产的公允价值（或换出资产的公允价值减去补价）和支付的相关税费，作为换入无形资产的成本。通过债务重组取得的无形资产，应当以公允价值入账。通过政府补助取得的无形资产，应当按照公允价值计量，公允价值不能可靠取得的，按照名义金额计量。

案例 8-1

“大数据”的资本化问题

A公司是国内电视大数据、云计算和新媒体技术公司，拥有国内最大的电视云计算基地，提供高效便捷的视频新媒体产品与服务。A公司是国内一家实现即时海量电视内容搜索、有效存储、管理、分发和再利用的高科技企业。A公司运用业界领先的电视挖掘技术为核心构筑云服务平台，在全球第一个利用“媒体云计算技术”实现了7×24小时不间断地对数百套电视频道和数千档电视栏目的高效智能化处理，对节目资讯进行数字化编目、索引、转码、存储、碎片化加工处理和信息整理。

A公司基于强大的信息挖掘处理能力，以独特的多媒体交互技术和媒体资产管理系统，采用“云、场、端”的整体技术架构，在广电新媒体、互联网电视、教育信息化等领域提供专业服务及整体解决方案。

A公司下属子公司——B公司约300名员工专职从事节目资讯的数字化编目、索引、转码、存储、碎片化加工处理和信息整理，提供客户需要的专门视频资讯。截至目前，A公司和B公司已积累超过3PB的视频资料，拥有巨大的经济价值。众多的国家机关、传统媒体、视频网站直接或者间接使用着A公司提供的数据服务。

基于对生产出的大数据使用价值的判定，A、B公司自2013年开始将数据整理专业部门发生的成本予以资本化，截至2014年年末计入无形资产1 754万元，并按10年期限进行摊销。

（根据中审众环会计师事务所（特殊普通合伙）编著的《中审众环研究·实务案例卷（2020）》整理）

三、无形资产的后续计量

无形资产初始确认和计量后，在其后使用该项无形资产期间内应以成本减去累计摊销额和累计减值损失后的余额计量。要确定无形资产在使用过程中的累计摊销额，基础是估计其使用寿命，而使用寿命有限的无形资产才需要在估计使用寿命内采用系统合理的方法进行摊销，对于使用寿命不确定的无形资产则不需要摊销。

（一）使用寿命有限的无形资产的后续计量与会计处理

1. 无形资产使用寿命的确定

企业应当于取得无形资产时分析判断其使用寿命。无形资产的使用寿命如为有限的，应当估计该使用寿命的年限或者构成使用寿命的产量等类似计量单位数量；无法预见无形资产为企业带来未来经济利益期限的，应当视为使用寿命不确定的无形资产。

在确定无形资产的使用寿命时，应综合考虑如下因素：

时，应当考虑该项无形资产所服务的对象，并以此为基础将其摊销价值计入相关资产的成本或者当期损益，借记“管理费用”（管理用无形资产摊销）、“制造费用”（用于产品生产的无形资产摊销）、“销售费用”（销售部门使用的无形资产摊销）、“其他业务成本”（出租无形资产的摊销）、“研发支出”（研发无形资产时用到其他无形资产的摊销）账户，贷记“累计摊销”账户。

【例 8-7】

2×18 年 1 月 1 日，甲公司从外单位购得一项非专利技术，支付价款 5 000 万元（假设不考虑增值税），款项已支付，估计该项非专利技术的使用寿命为 10 年，该项非专利技术用于产品生产；同时，购入一项商标权，支付价款 3 000 万元，款项已支付，估计该商标权的使用寿命为 15 年。假定这两项无形资产的净残值均为零，并按直线法摊销。

本例中，甲公司外购的非专利技术的估计使用寿命为 10 年，表明该项无形资产是使用寿命有限的无形资产，且该项无形资产用于产品生产，因此，应当将其摊销金额计入相关产品的制造成本。甲公司外购的商标权的估计使用寿命为 15 年，表明该项无形资产同样也是使用寿命有限的无形资产，而商标权的摊销金额通常直接计入当期管理费用。

甲公司的有关账务处理如下：

（1）取得无形资产时：

借：无形资产——非专利技术	50 000 000	
——商标权	30 000 000	
贷：银行存款		80 000 000

（2）按年摊销时：

借：制造费用——非专利技术	5 000 000	
管理费用——商标权	2 000 000	
贷：累计摊销		7 000 000

（二）使用寿命不确定的无形资产的后续计量与会计处理

根据可获得的情况判断，如果无法合理估计其使用寿命的无形资产，应作为使用寿命不确定的无形资产进行核算。按照相关规定，对于使用寿命不确定的无形资产，在持有期间内不需要摊销，但需要至少于每一会计期末进行减值测试。其减值测试的方法按照资产减值的原则进行处理，如发生减值时，借记“资产减值损失”账户，贷记“无形资产减值准备”账户。

【例 8-8】

2×18 年 1 月 1 日，甲公司购入一项市场领先的畅销产品的商标权，成本为 6 000 万元（假设不考虑增值税），该商标权按照法律规定还有 5 年的使用寿命，但是在保护期届满时，甲公司可每10年以较低的手续费申请延期，同时，甲公司有充分的证据表明其有能力申请延期。此外，有关的调查表明，根据产品生命周期、市场竞争等方面情况综合判断，该商标权将在不确定的期间内为企业带来现金流量。

根据上述情况，该商标权可视为使用寿命不确定的无形资产，在持有期间内不需要进行摊销。

2×19年年底，甲公司对该商标权按照资产减值的原则进行减值测试，经测试表明该商标权已发生减值。2×19年年底，该商标权的公允价值为4 000万元。

甲公司有关账务处理如下：

（1）2×18年购入商标时：

借：无形资产——商标权　60 000 000

贷：银行存款　60 000 000

（2）2×19年发生减值时：

借：资产减值损失　20 000 000

贷：无形资产减值准备　20 000 000

（三）无形资产的期末计量

1. 无形资产期末计量的原则

企业应当定期或者至少每年年度终了检查各项无形资产预计给企业带来未来经济利益的能力，对预计可收回金额低于其账面价值的，应当计提减值准备；当无形资产已被其他新技术替代或已超过法律保护期限，不能为企业带来经济利益，也无使用价值和转让价值的，应当将该项无形资产的账面价值全部转入当期损益。

2. 无形资产减值的确认

企业一般在每年年末，应对无形资产账面价值进行检查，掌握预期会给企业带来经济利益的情况。当某项无形资产不能预期给企业带来经济利益，或带来经济利益的能力受到重大不利影响时，企业应根据谨慎性原则，考虑对该无形资产进行减值测试。

当存在下列一项或几项情况时，应当将该项无形资产的账面价值全部转入当期损益：

（1）某项无形资产已被其他新技术等代替，并且该项无形资产已无使用价值；

（2）某项无形资产已超过法律保护期限，并且已不能为企业带来经济利益；

（3）其他足以证明某项无形资产已丧失使用价值和转让价值的情形。

当存在下列一项或几项情况时，应当计提无形资产减值准备：

（1）该无形资产已被其他新技术等所替代，使其为企业创造经济利益的能力受到重大不利影响；

（2）该无形资产的市价在当期大幅下跌，在剩余摊销年限内预期不会恢复；

（3）某项无形资产已超过法律保护期限，但仍然具有部分使用价值；

（4）其他足以证明某项无形资产实质上已发生了减值的情况。

无形资产减值的计量方法为差额法，即无形资产减值的金额为无形资产的账面价值高于可收回金额的差额。

三、投资性房地产的后续计量

投资性房地产经过初始计量入账以后，每一资产负债表日还应进行后续计量，以报告其真实价值信息。我们知道在财务会计计量理论中，由于计量属性和计量单位的不同组合构成了不同的计量模式。按照规定，投资性房地产的后续计量，有成本模式和公允价值模式两种计量模式可供选择。

企业通常应当采用成本模式对投资性房地产进行后续计量，符合条件的情况下，也可以采用公允价值模式对投资性房地产进行后续计量。但是，同一企业只能采用一种模式对所有的投资性房地产进行后续计量，不得同时采用两种计量模式。

(一) 采用成本模式进行后续计量的投资性房地产

一般情况下，企业应采用成本模式对投资性房地产进行后续计量。在成本模式下，投资性房地产应当参照自用房地产，按照固定资产或无形资产的有关规定对投资性房地产按期计提折旧或进行摊销，存在减值迹象的，还应当按照资产减值的有关规定进行处理。具体会计处理如下：

1. 取得租金收入时，作为"其他业务收入"核算，借记"银行存款"等账户，贷记"其他业务收入"账户。

2. 要对投资性房地产按期计提折旧或摊销。对投资性房地产按期计提折旧或进行摊销时，借记"其他业务成本"账户，贷记"投资性房地产累计折旧"或"投资性房地产累计摊销"账户。

3. 存在减值迹象的，还应当按照资产减值的有关规定进行减值测试，实际发生减值的，应提取减值准备，借记"资产减值损失"账户，贷记"投资性房地产减值准备"账户。已经计提减值准备的投资性房地产，其减值损失在以后的会计期间不得转回。

【例 8-15】

某企业于2×19年9月1日开始自行建造一厂房，建造过程中领用工程物资900万元，发生支出290万元，用银行存款支付，应负担职工薪酬10万元。工程于2×19年12月31日达到预定可使用状态并直接出租给A企业使用。

该厂房采用年限平均法计提折旧，预计使用年限为20年，预计净残值为200万元。假定企业按年计提折旧。

租赁合同约定，租赁开始日为2×19年12月31日，租期3年，每年租金80万元，每年年末收取租金。到期日为2×22年12月31日。

该企业对租出厂房采用成本模式进行后续计量。

有关会计记录如下：

(1) 建设厂房时：

借：在建工程　　12 000 000

　贷：工程物资　　9 000 000

贷：银行存款 2 900 000

应付职工薪酬 100 000

（2）2×19年12月31日（租赁开始日）：

借：投资性房地产 12 000 000

贷：在建工程 12 000 000

（3）2×20、2×21、2×22年年末计提折旧和收取租金时：

年折旧额=（12 000 000–2 000 000）÷20 = 500 000（元）

借：其他业务成本 500 000

贷：投资性房地产累计折旧 500 000

借：银行存款 800 000

贷：其他业务收入 800 000

（二）采用公允价值模式进行后续计量的投资性房地产

如前所述，企业一般情况下应采用成本模式对投资性房地产进行后续计量。企业只有有确凿证据表明投资性房地产的公允价值能够持续可靠取得，才可以采用公允价值模式对投资性房地产进行后续计量。

企业一旦选择采用公允价值计量模式，就应当对其所有投资性房地产均采用公允价值模式进行后续计量。

1. 采用公允价值模式进行后续计量的投资性房地产应当同时满足的条件

（1）投资性房地产所在地有活跃的房地产交易市场；

（2）企业能够从活跃的房地产交易市场上取得同类或类似房地产的市场价格及其他相关信息，从而对投资性房地产的公允价值做出合理的估计。

2. 采用公允价值模式进行后续计量的会计处理

企业采用公允价值模式进行后续计量的，不对投资性房地产计提折旧或进行摊销，应当以资产负债表日投资性房地产的公允价值为基础，调整其账面价值。公允价值与原账面价值之间的差额，计入当期损益。具体会计处理如下：

（1）在“投资性房地产”账户下，设置“成本”和“公允价值变动”两个明细账户，分别记录投资性房地产初始成本和日后公允价值变动情况。

（2）取得租金收入时，作为“其他业务收入”核算，借记“银行存款”等账户，贷记“其他业务收入”账户。

（3）不对投资性房地产计提折旧或进行摊销。在资产负债表日，企业应当以资产负债表日投资性房地产的公允价值为计价基础，调整其账面价值。公允价值与原账面价值之间的差额，计入当期损益。资产负债表日，投资性房地产的公允价值高于原账面价值的，根据其差额借记“投资性房地产——公允价值变动”账户，贷记“公允价值变动损益”账户。资产负债表日，投资性房地产的公允价值低于原账面价值的，根据其差额借记“公允价值变动损益”账户，贷记“投资性房地产——公允价值变动”账户。

四、投资性房地产的转换和处置

（一）投资性房地产的转换

1. 投资性房地产的转换形式及转换日的确定

投资性房地产的转换是指房地产用途的变更。企业有确凿证据表明房地产的用途发生改变，满足下列条件之一的，应当将投资性房地产转换为其他资产或者将其他资产转换为投资性房地产。

（1）投资性房地产开始自用。在此种情况下，企业应在转换日将投资性房地产转为自用房地产。转换日为房地产达到自用状态，企业开始将其用于生产商品、提供劳务或者经营管理的日期。

（2）房地产企业将用于经营出租的房地产重新开发用于对外销售，从投资性房地产转为存货。在这种情况下，转换日为租赁期满，企业董事会或类似权力机构做出书面决议明确表明将其重新开发用于对外销售的日期。

（3）自用房屋建筑物或土地使用权停止自用改为出租，即企业将原本用于生产商品、提供劳务或者经营管理的房地产改用于出租，固定资产或土地使用权相应地转换为投资性房地产。在此种情况下，转换日为租赁期开始日。

（4）自用土地使用权停止自用，改用于资本增值，即企业将原本用于生产商品、提供劳务或者经营管理的土地使用权改用于资本增值，该土地使用权相应地转换为投资性房地产。在此种情况下，转换日为自用土地使用权停止自用后确定用于资本增值的日期。

（5）作为存货的房地产改为出租。通常指房地产开发企业将其持有的开发产品，以经营租赁的方式出租，存货相应地转换为投资性房地产。在此种情况下，转换日为房地产的租赁开始日。租赁开始日，是指承租人有权行使其使用租赁资产权利的日期。

2. 房地产转换的会计处理

（1）成本模式下的转换

①自用房地产转换为投资性房地产。

在后续计量采用成本模式下，企业将自用房地产转为投资性房地产时，应当将自用房地产在转换日的原值、累计折旧（摊销）、减值准备等，分别从有关账户转入“投资性房地产”“投资性房地产累计折旧（摊销）”“投资性房地产减值准备”账户。

【例 8-17】

某企业将转产后闲置的第二车间厂房于2×19年1月1日出租给其他企业使用，租期8年，该车间原值为500 000元，已经计提折旧200 000元。该企业投资性房地产采用成本模式进行后续计量。会计记录如下：

借：投资性房地产	500 000	
累计折旧	200 000	
贷：固定资产		500 000
投资性房地产累计折旧		200 000

②作为存货的房地产转换为投资性房地产。

在后续计量采用成本模式下，房地产开发企业将自行开发尚未出售的房地产转为投资性房地产时，应当将未出售房地产在转换日的账面余额从有关存货账户转入“投资性房地产”账户。

【例 8-18】

某房地产开发公司自行开发的一幢写字楼尚未出售，2×19 年 1 月 1 日，该公司将上述写字楼出租给其他企业使用，租期 5 年，该写字楼账面成本为 2 800 万元，未计提存货减值准备。该企业投资性房地产采用成本模式进行后续计量。会计记录如下：

借：投资性房地产	28 000 000	
贷：开发产品		28 000 000

③投资性房地产转换为自用房地产。

在后续计量采用成本模式下，企业将投资性房地产转为自用房地产时，应当将投资性房地产在转换日的账面余额、累计折旧（摊销）、减值准备等，分别从“投资性房地产”“投资性房地产累计折旧（摊销）”“投资性房地产减值准备”账户转入“固定资产”“无形资产”“累计折旧（摊销）”“固定资产（无形资产）减值准备”等账户。

【例 8-19】

A 公司于 2×19 年 1 月 1 日，将采用成本模式计量的一项投资性房地产改为自行办公使用。该项投资性房地产 2×19 年 1 月 1 日的账面价值为 800 万元，其中，投资性房地产账面余额为 1 000 万元，投资性房地产累计折旧为 200 万元。转换日的会计记录如下：

借：固定资产	10 000 000	
投资性房地产累计折旧	2 000 000	
贷：投资性房地产		10 000 000
累计折旧		2 000 000

④投资性房地产转换为存货。

企业将采用成本模式计量的投资性房地产转换为存货时，应当按照该项房地产在转换日的账面价值，借记“开发产品”账户，按照已计提的折旧或摊销，借记“投资性房地产累计折旧（摊销）”账户，原已计提减值准备的，借记“投资性房地产减值准备”账户，按其账面余额，贷记“投资性房地产”账户。

（2）公允价值模式下的转换

①自用房地产转换为投资性房地产。

自用房地产转换为采用公允价值模式计量的投资性房地产时，投资性房地产应当按照转换当日的公允价值计量，转换当日的公允价值小于原账面价值的，其差额计入当期损益“公允价值变动损益”。转换当日的公允价值大于原账面价值的，其差额作为“资本公销）”账户，按照其账面余额，贷记“投资性房地产”账户，按其差额，借记“其他业务成本”账户。已计提减值准备的，还应结转减值准备。

【例 8-23】

某企业于2×19年12月31日将建造成本为1 200万元、已达到预定可使用状态的自建厂房直接出租给A企业使用。

该厂房采用年限平均法计提折旧，预计使用年限为10年，预计净残值为200万元。假定企业按年计提折旧。

租赁合同约定，租赁开始日为2×19年12月31日，租期3年，每年租金180万元，每年年末收取租金。到期日为2×22年12月31日。

2×22年12月31日，该企业将上述投资性房地产出售，取得收入950万元。

假定企业对租出厂房采用成本模式进行后续计量。

该企业有关会计记录如下：

（1）2×19年12月31日（租赁开始日）：

借：投资性房地产	12 000 000	
贷：在建工程		12 000 000

（2）2×20年年末、2×21年年末、2×22年年末计提折旧和收取租金时：

年折旧额=（12 000 000-2 000 000）÷10 = 1 000 000（元）

借：其他业务成本	1 000 000	
贷：投资性房地产累计折旧		1 000 000
借：银行存款	1 800 000	
贷：其他业务收入		1 800 000

（3）2×22年12月31日处置时：

借：银行存款	9 500 000	
贷：其他业务收入		9 500 000
借：其他业务成本	9 000 000	
投资性房地产累计折旧	3 000 000	
贷：投资性房地产		12 000 000

2. 公允价值模式计量的投资性房地产的处置

后续计量采用公允价值模式的投资性房地产处置的账务处理方法如下：

（1）取得处置收入时，按照实际收到的金额，借记“银行存款”账户，贷记“其他业务收入”账户。

（2）按照该投资性房地产的账面余额，借记“其他业务成本”账户，贷记“投资性房地产——成本”账户，贷记或借记“投资性房地产——公允价值变动”账户。同时，按公允价值变动，借记或贷记“公允价值变动损益”账户，贷记或借记“其他业务收入”账户。如果该项投资性房地产原来是由一般固定资产或无形资产转换而形成的，并且转换日形成资本公积，在处置时，还应按转换日计入资本公积的金额，借记“资本公积——其他资本公积”账户，贷记“其他业务收入”账户。

【例 8-24】

M公司的生产用厂房于2×19年1月1日停止使用并以经营租赁方式出租给某企业使用。租期2年，每年租金200万元，每年年末收取租金。起租日为2×19年1月1日，到期日为2×20年12月31日。

该厂房2×19年1月1日的原值为2 600万元，已经计提折旧500万元，已提减值准备100万元。

该公司对租出厂房采用公允价值模式计量。假定2×19年1月1日该资产公允价值为2 300万元，2×19年12月31日公允价值为2 380万元，2×20年12月31日公允价值为2 360万元。

2×20年12月31日，该公司将上述资产出售，取得收入900万元。

有关会计记录如下：

（1）2×19年1月1日（租赁开始日）：

借：投资性房地产——成本	23 000 000	
累计折旧	5 000 000	
固定资产减值准备	1 000 000	
贷：固定资产		26 000 000
资本公积——其他资本公积		3 000 000

（2）2×19年12月31日收取租金并按公允价值计量：

借：银行存款	2 000 000	
贷：其他业务收入		2 000 000

公允价值=2 380（万元）

账面价值=2 300（万元）

公允价值变动损益=2 380－2 300=80（万元）（收益）

借：投资性房地产——公允价值变动	800 000	
贷：公允价值变动损益		800 000

（3）2×20年12月31日收取租金和用公允价值计量时：

借：银行存款	2 000 000	
贷：其他业务收入		2 000 000

公允价值=2 360（万元）

账面价值=2 300+80=2 380（万元）

公允价值变动损益=2 360−2 380=−20（万元）（损失）

借：公允价值变动损益	200 000	
贷：投资性房地产——公允价值变动		200 000

（4）2×20年12月31日出售时：

借：银行存款	9 000 000	
贷：其他业务收入		9 000 000

借：其他业务成本　　23 600 000

贷：投资性房地产——成本

……应用指南的规定，分析应当以哪一个时点作为资本化的开始时点。

思考题

……产的特征主要表现在哪些方面？

……资产的确认应满足哪几个条件？如何理解？

3. 不同来源的无形资产成本是如何确定的？

4. 如何确定自行开发无形资产的成本？内部研究开发费用的确认和计量原则是什么？

5. 无形资产的摊销期限是如何规定的？摊销方法如何选择？

6. 什么是投资性房地产？投资性房地产包括哪些项目？

7. 如何确定投资性房地产的取得成本？投资性房地产的后续支出如何处理？

8. 投资性房地产的后续计量有哪几种模式？

9. 采用公允价值计量模式对投资性房地产进行后续计量需要满足哪些条件？

10. 不同后续计量模式下投资性房地产转换和处置的会计处理有何不同？

即测即评

第九章　负债

【内容框架】

本章主要阐述了流动负债与长期负债的分类；短期借款、交易性金融负债、应付账款、应付票据、预收账款和其他应付款的概念及会计处理；应付职工薪酬的会计处理；应交税费的会计处理；长期借款与应付债券的会计处理。具体内容框架如下图所示：

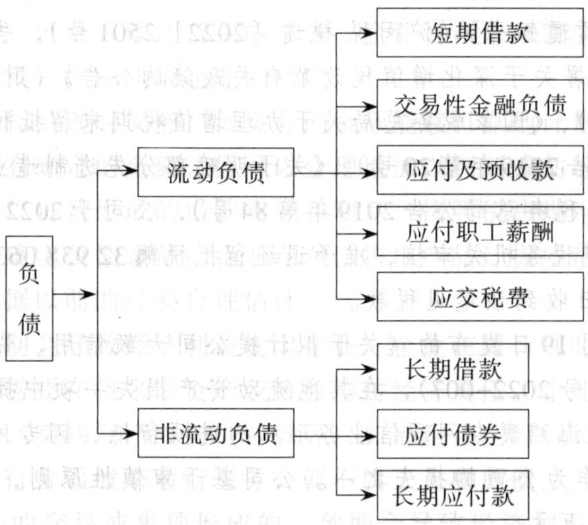

（1）7月1日开出票据。

借：材料采购　　20 000

　应交税费——应交增值税（进项税额）　　2 600

　贷：应付票据　　22 600

（2）向银行交纳承兑手续费11.70元。

借：财务费用　　11.70

　贷：银行存款　　11.70

（3）10月1日票据到期，企业以银行存款全额支付。

借：应付票据　　22 600

　贷：银行存款　　22 600

2. 带息应付票据的账务处理

（1）企业开出、承兑带息应付票据时，账务处理与不带息应付票据相同。

（2）一般情况下，在中期期末和年度终了两个时点上，企业必须计算带息应付票据的利息，并计入当期损益，即借记“财务费用”账户，贷记“应付票据”账户。

（3）票据到期支付本息时，按应付票据账面金额，借记“应付票据”账户，按未计提的利息，借记“财务费用”账户；按实际支付的金额，贷记“银行存款”账户。

【例 9-4】

甲公司20×8年11月1日开出商业承兑汇票一张，面值60 000元，票面年利率10%，期限3个月，用以抵付前欠某公司货款。相关账务处理如下：

（1）11月1日开出票据。

借：应付账款　　60 000

　贷：应付票据　　60 000

（2）20×8年12月31日，计算2个月的应付利息。

应付利息=60 000×10%×2÷12=1 000（元）

借：财务费用　　1 000

　贷：应付票据　　1 000

（3）20×9年2月1日到期支付票据本息。

借：应付票据　　61 000

　财务费用　　500

　贷：银行存款　　61 500

3. 逾期应付票据的账务处理

（1）如果应付商业承兑票据到期，企业无力支付票款，应按应付票据的账面余额，借记“应付票据”账户，贷记“应付账款”账户。如为带息应付票据，应按应付票据的账面余额，借记“应付票据”账户，按未计提的利息，借记“财务费用”账户，按票据本息贷记“应付账款”账户；转入“应付账款”账户核算后，期末不再计提利息。

（2）如果应付银行承兑票据到期，企业无力支付票款，应按应付票据的账面余额，借记“应付票据”账户，贷记“短期借款”账户。如为带息应付票据，应按应付票据的账面余额，借记“应付票据”账户，按未计提的利息，借记“财务费用”账户，按票据本息贷记“短期借款”等账户。

【例 9-5】

假如【例 9-3】和【例 9-4】中的票据到期均无力支付。

（1）【例 9-3】中银行承兑汇票到期，甲公司无力支付票款，承兑银行代为支付，并转作甲公司的逾期贷款，做会计记录如下：

借：应付票据　22 600

　贷：短期借款　22 600

（2）【例 9-4】中商业承兑汇票到期，甲公司无力支付票款，做会计记录如下：

借：应付票据　61 000

　　财务费用　500

　贷：应付账款　61 500

四、应付账款

应付账款指因购买材料、商品或接受劳务供应等而发生的债务。这是买卖双方由于取得物资或服务与支付货款在时间上不一致而产生的负债。

应付账款一般按应付金额入账，而不按到期应付金额的现值入账。

如果购入的资产在形成一笔应付账款时是带有现金折扣的，应付账款入账金额的确定一般按发票上记载的应付金额的总值（即不扣除折扣）记账。在这种方法下，应按发票上记载的全部应付金额，借记有关科目，贷记“应付账款”账户；获得的现金折扣作为购货价格的扣减，调减购货成本。

【例 9-6】

甲公司于20×8年6月1日购入材料一批，增值税专业发票注明材料价款为30 000元，增值税税额为3 900元，付款条件是2/10、N/30。材料已验收入库。假定按照不含税价格计折扣，相关账务处理如下：

（1）6月1日，企业购入材料。

借：原材料　30 000

　　应交税费——应交增值税（进项税额）　3 900

　贷：应付账款　33 900

（2）如果企业在6月1日至10日之间付款，可得到2%的现金折扣600元（30 000×2%）；实际应付款为33 300元。

计时工资、计件工资、超额劳动报酬和增收节支而支付的奖金、为补偿职工特殊贡献或额外劳动而支付的津贴，以及为了保证职工工资水平不受物价变动的影响而支付给职工的物价补贴等。

（2）职工福利费，是指给职工提供的福利，如职工生活困难补助等。

（3）社会保险费，是指企业按照国家规定的基准和比例计算，向社会保险经办机构缴纳的医疗保险费、工伤保险费和生育保险费等。

（4）住房公积金，是指企业按照国家规定的基准和比例计算，并向住房公积金管理机构缴存的公积金。

（5）工会经费和职工教育经费，是指为改善职工文化生活、提高职工业务素质，根据国家规定，从成本费用中提取的金额。

（6）短期带薪缺勤，是指企业支付工资或提供补偿的职工缺勤，包括年休假、病假、短期伤残、婚假、产假、丧假、探亲假等。

（7）短期利润分享计划，是指因职工提供服务而与职工达成的基于利润或其他经营成果提供薪酬的协议。

（8）非货币性福利，是指企业以自产产品或外购商品发放给职工作为福利，将自己拥有的资产或租赁的资产无偿提供给职工使用，如为职工无偿提供医疗保健服务或者向职工提供由企业支付一定补贴的商品或服务等。

（9）其他短期薪酬，是指除上述薪酬以外的其他为获得职工提供的服务而给予的短期薪酬。

2. 离职后福利

离职后福利是指企业为获得职工提供的服务而在职工退休或与企业解除劳动关系后，提供的各种形式的报酬和福利，短期薪酬和辞退福利除外。

3. 辞退福利

辞退福利是指企业在职工劳动合同到期之前解除与职工的劳动关系，或者为鼓励职工自愿接受裁减而给予职工的补偿。

4. 其他长期职工福利

其他长期职工福利是指除短期薪酬、离职后福利、辞退福利之外所有的职工薪酬，包括长期带薪缺勤、长期残疾福利、长期利润分享计划等。

（二）应付职工薪酬的确认与计量

企业应当在职工为其提供服务的会计期间，将实际发生的短期薪酬确认为负债并计入当期损益，其他会计准则要求或允许计入资产成本的除外。

1. 以货币形式支付短期薪酬

企业以货币形式支付给职工各项短期薪酬时应当在职工为其提供服务的会计期间，将应付职工短期薪酬确认为负债，并根据职工提供服务的受益对象，分以下情况进行处理：

（1）应由生产产品、提供劳务负担的职工短期薪酬，计入产品成本或劳务成本；

（2）应由在建工程、无形资产开发成本负担的职工短期薪酬，计入建造固定资产的成本或无形资产的开发成本；

（3）除上述之外的其他职工短期薪酬计入当期损益。

企业应当根据应计入职工薪酬的工资总额，按照受益对象计入相关资产的成本或当期费用，借记“生产成本”“管理费用”等账户，贷记“应付职工薪酬”账户。

企业在实际支付货币性职工薪酬时，应当按照实际应支付给职工的金额，借记“应付职工薪酬”账户；按照实际支付的总额，贷记“银行存款”账户；将应由职工个人负担由企业代扣代缴的职工个人所得税，贷记“应交税费——应交个人所得税”账户；将应由职工个人负担由企业代扣代缴的医疗保险费、住房公积金等，贷记“其他应付款”账户。

【例 9-8】

20×8 年 3 月份 A 企业根据“工资结算汇总表”结算本月应付职工薪酬总额为 497 000 元，其中：产品生产工人工资 240 000 元，车间管理人员工资 104 000 元，企业行政管理人员工资 58 000 元，在建工程人员工资 95 000 元；其中代扣职工房租 20 000 元，代扣代垫职工医药费 2 600 元，代扣个人所得税 5 000 元；实发工资 469 400 元。

（1）3月末，分配本月工资。

借：生产成本 240 000
　　制造费用 104 000
　　管理费用 58 000
　　在建工程 95 000
　贷：应付职工薪酬——工资 497 000

（2）代扣代垫款项。

借：应付职工薪酬——工资 27 600
　贷：其他应收款——代垫医药费 2 600
　　　　　　　——职工房租 20 000
　　应交税费——应交个人所得税 5 000

（3）4月初，通过银行转账发放工资。

借：应付职工薪酬——工资 469 400
　贷：银行存款 469 400

【例 9-9】

承【例 9-8】，A 企业 3 月份的工资总额为 497 000 元，根据当地政府规定，公司分别按职工工资总额的 10%、12% 和 2% 计提医疗保险费、养老保险费、失业保险费等社会保险费；按 10.5% 计提住房公积金。根据公司规定，按工资总额的 3%、2% 和 1.5% 分别计提职工福利费、工会经费和职工教育经费。另外本月给困难职工发放生活补助 2 600 元，以现金支付。

（1）计提各种社会保险费、住房公积金、职工福利费、工会经费、职工教育经费时：

享有但尚未使用的、预期将在下一年度使用的累积带薪缺勤，并计入当期损益或者相关资产成本。在本例中，甲公司在20×8年12月31日预计由于职工累积未使用的带薪年休假权利而导致预期将支付的工资负债即为75天（50×1.5）的年休假工资金额37 500元（75×500），并做如下账务处理：

借：管理费用　　37 500

　贷：应付职工薪酬——累积带薪缺勤　　37 500

假定20×9年12月31日，上述50名总部管理人员中有40名享受了6天半休假，并随同正常工资以银行存款支付。另有10名只享受了5天休假，由于该公司的带薪缺勤制度规定，未使用的权利只能结转1年，超过1年未使用的权利将作废。20×9年，甲公司应做如下账务处理：

借：应付职工薪酬——累积带薪缺勤（40×1.5×500）　　30 000

　贷：银行存款　　30 000

借：应付职工薪酬——累积带薪缺勤（10×1.5×500）　　7 500

　贷：管理费用　　7 500

假定二：该公司的带薪缺勤制度规定，职工累积未使用的带薪缺勤权利可以无限期结转，且可以于职工离开企业时以现金支付。甲公司1 000名职工中，50名为总部各部门经理，100名为总部各部门职员，800名为直接生产工人，50名工人正在建造一幢自用办公楼。

甲公司在20×8年12月31日应当预计由于职工累积未使用的带薪年休假权利而导致的全部金额，即相当于2 000天（1 000×2）的带薪年休假工资100万元（2 000×500），并做如下账务处理：

借：管理费用（150×2×500）　　150 000

　　生产成本（800×2×500）　　800 000

　　在建工程（50×2×500）　　50 000

　贷：应付职工薪酬——累积带薪缺勤　　1 000 000

非累积带薪缺勤，是指带薪缺勤权利不能结转下期的带薪缺勤，本期尚未用完的带薪缺勤权利将予以取消，并且职工离开企业时也无权获得现金支付。我国企业职工可享有的婚假、产假、丧假、探亲假、病假期间的工资通常都属于非累积带薪缺勤。对于非累积带薪缺勤，由于职工本期未使用的缺勤天数不会产生一种权利，因而企业不会增加额外的义务。

（2）离职后福利。离职后福利是指企业为获得职工提供的服务而在职工退休或与企业解除劳动关系后提供的各种形式的报酬和福利。离职后福利计划包括设定提存计划和设定受益计划。

设定提存计划，是指向独立的基金缴存固定费用后，企业不再承担进一步支付义务的离职后福利计划。企业应当在职工为其提供服务的会计期间，将根据设定提存计划确定的应缴存金额确认负债，并计入当期损益或相关资产成本。

设定受益计划，是指除设定提存计划以外的离职后福利计划。企业应当采用预期累计福利单位法和适当的精算假设，确认和计量设定受益计划所产生的义务。

视野拓展

设定提存计划和设定受益计划的区分：

在设定提存计划下，企业的义务以企业应向独立主体缴存的提存金金额为限，职工未来所能取得的离职后福利金额取决于向独立主体支付的提存金金额，以及提存金所产生的投资回报，因此精算风险和投资风险实质上要由职工来承担。

在设定受益计划下，企业的义务是为现在及以前的职工提供约定的福利，并且精算风险和投资风险实质上由企业来承担。

(3) 辞退福利。辞退福利包括以下两方面的内容：①职工没有选择权的辞退福利。这是指在职工劳动合同尚未到期前，不论职工本人是否愿意，企业都决定解除与职工的劳动关系而给予的补偿。②职工有选择权的辞退福利。这是指在职工劳动合同尚未到期前，企业为鼓励职工自愿接受裁减而给予的补偿，职工有权选择继续在职或接受补偿离职。

辞退福利的确认原则与其他职工薪酬基本相同，企业应当在同时满足以下两个条件时将辞退福利确认为一项应付职工薪酬：①企业已制订正式的解除劳动关系计划或提出自愿裁减建议，并即将实施。正式的辞退福利计划或建议，应当经过董事会或类似权力机构的批准。②企业不能单方面撤回解除劳动关系计划或自愿裁减建议。

与其他形式的职工薪酬不同的是，由于被辞退的职工不再为企业提供服务，因此不论辞退的职工原先在哪个部门，企业都应将本期确认的辞退福利全部计入当期管理费用，而不能计入资产成本。

辞退福利的计量因职工是否有选择权而有所不同：①对于职工没有选择权的辞退计划，企业应当根据辞退计划规定的拟辞退的职工数量、每一职位的辞退补偿计提应付职工薪酬（辞退福利）。②对于自愿接受裁减的辞退建议，企业应当按照或有事项准则的规定预计将接受裁减建议的职工数量，并根据预计自愿接受裁减职工数量和每一职位的辞退补偿等计提应付职工薪酬（辞退福利）。

(4) 其他长期职工薪酬，企业的职工薪酬除短期薪酬、离职后福利、辞退福利之外，还包括长期带薪缺勤、长期残疾福利、长期利润分享计划等其他长期职工福利。企业向职工提供的其他长期职工福利，符合设定提存计划条件的，应当根据设定提存计划的有关规定进行处理。如果企业适用设定受益计划，应按相关规定确认计量其他长期职工福利净负债或净资产。

七、应交税费

企业在一定时期内取得的营业收入和实现的利润或发生特定的经营行为，要按照规定向国家缴纳各种税费。这些应交的税金在尚未缴纳之前，应按权责发生制的原则确认，形成企业的一项负债。企业按照规定应缴纳的税费主要包括：增值税、消费税、城市维护建设税、资源税、所得税、土地增值税、房产税、车船税、城镇土地使用税、教育费附加、矿产资源补偿费等。其中，增值税、消费税是企业缴纳的两个主要税种。

(2) 销售产品时:

销项税额=300×13%=39(万元)

借：银行存款 3 390 000

贷：主营业务收入 3 000 000

应交税费——应交增值税（销项税额） 390 000

4. 视同销售业务的账务处理

会计上销售收入的确认以发生交易为前提，并要符合会计准则规定的条件。增值税应税销售额的认定主要考虑进入消费前能按税率足额征税，某些经济业务虽不构成交易，但税务上认定其“视同销售”。

企业的某些行为虽然没有取得销售收入，也视同发生应税行为，应当缴纳增值税。常见的视同销售行为包括：企业将自产、委托加工或购进的货物分配给股东或者投资者，将自产、委托加工的货物用于集体福利或个人消费，无偿转让无形资产或者不动产等，但用于公益事业或者以社会公众为对象的除外。

【例 9-14】

甲企业将某产品的商标权无偿转让给乙公司。该批产品的成本为40万元，市场售价（计税价格）为48万元，适用的增值税税率为13%。

该业务属于视同销售业务，甲企业应当按照产品的计税价格和适用税率计算增值税的销项税额。

销项税额=480 000×13%=62 400(元)

其账务处理如下:

借：营业外支出 462 400

贷：无形资产 400 000

应交税费——应交增值税（销项税额） 62 400

5. 进项税额不予抵扣的账务处理

在某些情况下，税法规定，企业发生的进项税额不得从销项税额中抵扣，主要情形包括:

(1) 用于简易计税方法计税项目、免征增值税项目、集体福利或者个人消费的购进货物、加工修理修配劳务、服务、无形资产和不动产。

(2) 非正常损失的购进货物，以及相关的加工修理修配劳务和交通运输服务。

(3) 非正常损失的在产品、产成品所耗用的购进货物（不包括固定资产）、加工修理修配劳务和交通运输服务。

(4) 非正常损失的不动产，以及该不动产所耗用的购进货物、设计服务和建筑服务。

(5) 非正常损失的不动产在建工程所耗用的购进货物、设计服务和建筑服务。

(6) 购进的旅客运输服务、贷款服务、餐饮服务、居民日常服务和娱乐服务。

在上述情形下，已经发生的增值税进项税额应当予以转出，贷记“应交税费——应交增值税（进项税额转出）”科目，不得从当期销项税额中抵扣。

【例 9-15】

甲企业为增值税一般纳税人，本期购入一批材料，增值税专用发票上注明的材料价款为240万元、增值税税额为31.2万元。材料已入库，货款已通过银行转账支付，企业的存货采用实际成本进行核算。材料入库后，甲企业将该批材料全部用于发放职工福利。其账务处理如下：

（1）购入材料并入库。

借：原材料　　2 400 000

　　应交税费——应交增值税（进项税额）　　312 000

　　贷：银行存款　　2 712 000

（2）用于发放职工福利。

借：应付职工薪酬　　2 712 000

　　贷：原材料　　2 400 000

　　　　应交税费——应交增值税（进项税额转出）　　312 000

6. 转出多交增值税、未交增值税及缴纳增值税的账务处理

为了分别反映一般纳税人欠交增值税和待抵扣增值税的情况，确保企业及时足额上交增值税，避免出现企业用以前月份欠交的增值税抵扣以后月份未抵扣的增值税的情况，企业应该在“应交税费”科目下设“未交增值税”科目。

月度终了，企业应当将当月应交未交或多交的增值税自“应交增值税”明细科目转入“未交增值税”明细科目。对于当月应交未交的增值税，借记“应交税费——应交增值税（转出未交增值税）”科目，贷记“应交税费——未交增值税”科目；对于当月多交的增值税，借记“应交税费——未交增值税”科目，贷记“应交税费——应交增值税（转出多交增值税）”科目。

缴纳当月应交增值税时应分不同情况处理：

（1）企业缴纳当月应交的增值税，借记“应交税费——应交增值税（已交税金）”科目，贷记“银行存款”科目。

（2）企业缴纳以前期间未交的增值税，借记“应交税费——未交增值税”科目，贷记“银行存款”科目。

（3）企业预交增值税时，借记“应交税费——预交增值税”科目，贷记“银行存款”科目。月末，企业应将“预交增值税”明细科目余额转入“未交增值税”明细科目，借记“应交税费——未交增值税”科目，贷记“应交税费——预交增值税”科目。

7. 小规模纳税人增值税的账务处理

小规模纳税人是指应纳增值税销售额在规定的标准以下，并且会计核算不健全的纳税人。小规模纳税人增值税的主要特点有：购买货物或接受劳务时，按照所应支付的全部价款计入存货入账价值，不论是否取得增值税专用发票，支付的增值税税额均不确认为进项税额；销售货物或者提供应税劳务时，销售额通常含增值税；应纳增值税额按照不含税销

贷：应付利息 250 000

实际支付利息时：

借：应付利息 250 000

贷：银行存款 250 000

第一年12月31日计息时：

借：在建工程或财务费用 208 900

应付债券——利息调整 41 100

贷：应付利息 250 000

实际支付利息时：

借：应付利息 250 000

贷：银行存款 250 000

第二年6月30日计息时：

借：在建工程或财务费用 207 256

应付债券——利息调整 42 744

贷：应付利息 250 000

实际支付利息（略）。

第二年12月31日计息时：

借：在建工程或财务费用 205 546

应付债券——利息调整 44 454

贷：应付利息 250 000

实际支付利息（略）。

第三年6月30日计息时：

借：在建工程或财务费用 203 768

应付债券——利息调整 46 232

贷：应付利息 250 000

实际支付利息（略）。

第三年12月31日计息时：

借：在建工程或财务费用 202 024

应付债券——利息调整 47 976

贷：应付利息 250 000

实际支付利息（略）。

第三年12月31日还本时：

借：应付债券——面值 5 000 000

贷：银行存款 5 000 000

三、长期应付款

长期应付款是指企业除长期借款和应付债券以外的其他各种长期应付款项，包括以分期付款方式购入固定资产、无形资产或存货等发生的应付款项等。

企业在购买固定资产、无形资产或存货过程中，延期支付的购买价款超过正常信用条件，实质上具有融资性质的，应当按照未来分期付款的现值，借记“固定资产”“无形资产”“原材料”等科目；按照未来分期付款的总额，贷记“长期应付款”科目；按照差额，借记“未确认融资费用”科目。企业在按照合同约定的付款日分期支付价款时，借记“长期应付款”科目，贷记“银行存款”等科目。

引导案例分析

依据引导案例中上海宏达新材料股份有限公司2022年2月23日发布的全资子公司收到增值税增量留抵退税公告，分析增值税进项税额项目可能会发生在什么业务中？进项税额在什么样的情况下可以退还或者转出？通过收集2～3家企业的增值税核算信息，分析比较不同行业间增值税税率和税收优惠的差异，并形成分析报告。

思考题

1. 什么是负债？负债有何特征？
2. 带息票据与不带息票据在会计处理上有何异同？
3. 如何运用应付账款核算的总价法进行账务处理？
4. 应交税费主要包括哪些项目？分别举例说明其账务处理方法。
5. 职工薪酬包括哪些内容？应如何确认与计量？
6. 何谓未确认融资费用？如何对其进行摊销？
7. 债券的发行价格和市场利率之间有什么关系？

即测即评

业务实操

甲企业是增值税一般纳税人，某月用银行存款购入一批材料，已入库，不含税价款为80 000元，增值税税额为10 400元；当年累计销售产品的不含税金额为140 000元，增值税税额为18 200元，全部是赊销；甲企业月初尚有未抵扣的增值税进项税额4 700元；当月共缴纳了增值税2 600元。

结转“利润分配”明细账户金额：

借：利润分配——未分配利润　　3 750 000

　贷：利润分配——提取法定盈余公积　　500 000

　　　　　　——提取任意盈余公积　　250 000

　　　　　　——应付利润　　3 000 000

2×19年12月31日，甲公司“利润分配——未分配利润”账户贷方余额155万元，反映企业累计未分配利润为155万元。

引导案例分析

依据引导案例浪莎股份有限公司的相关处理公告，分析其未进行分红的原因。通过收集某行业2～3家上市公司所有者权益资料，分析比较同一行业所有者权益的构成及差异。

思考题

1.什么是所有者权益？由哪些部分构成？
2.有限责任公司和股份有限公司对投资者投入资本的核算有何不同？
3.其他权益工具与实收资本（或股本）的区别有哪些？
4.其他综合收益的主要内容有哪些？
5.盈余公积具体有哪些用途？

即测即评

业务实操

（1）2×17年1月1日，甲公司委托某证券公司发行普通股10 000 000股，每股面值1元，发行价格为5元，按发行收入的1%支付发行费。当月全部发行完毕，股款收到并存入银行。

（2）A、B、C、D共同出资设立有限责任公司W，其出资比例均为25%，公司注册资本为4 000 000元。2×17年1月20日W公司如期收到各投资者一次性缴付的款额。

（3）乙股份公司2×17年年底统计共发行股票50 000 000股，每股面值1元，资本公积（股本溢价）为30 000 000元，盈余公积为5 000 000元，未分配利润为10 000 000元。经股东大会批准，乙股份公司以现金回购本公司股票10 000 000股，每股回购价格为5元，不考虑其他因素。

（4）甲公司2×17年度取得净利润500万元，经股东大会批准，弥补以前年度亏损100万元后，按其剩余净利润的10%提取法定盈余公积，按20%提取任意盈余公积，按30%向投资者发放现金股利。

（5）2×17年12月31日，经股东大会批准，丙股份公司将资本公积200万元、盈余公积100万元转增为资本。

（6）2×17年12月31日，经股东大会批准，丁公司用盈余公积50万元弥补以前年度亏损。

（7）M有限责任公司由A、B、C三位股东各自出资100万元设立。设立时实收资本为300万元。经过五年的经营，该公司资本公积为100万元，留存收益为200万元。第六年初又有D投资者愿意加盟该企业，并想占有该公司股份的25%，原股东表示同意，并收到D公司投资款200万元存入银行。

要求：依据上述资料进行相关计算，并编制会计分录。

参考答案

第十一章　收入、费用和利润

【内容框架】

收入、费用和利润是计算企业经营成果的依据。本章主要介绍收入、费用和利润的确认、计量及账务处理。具体内容框架如图所示：

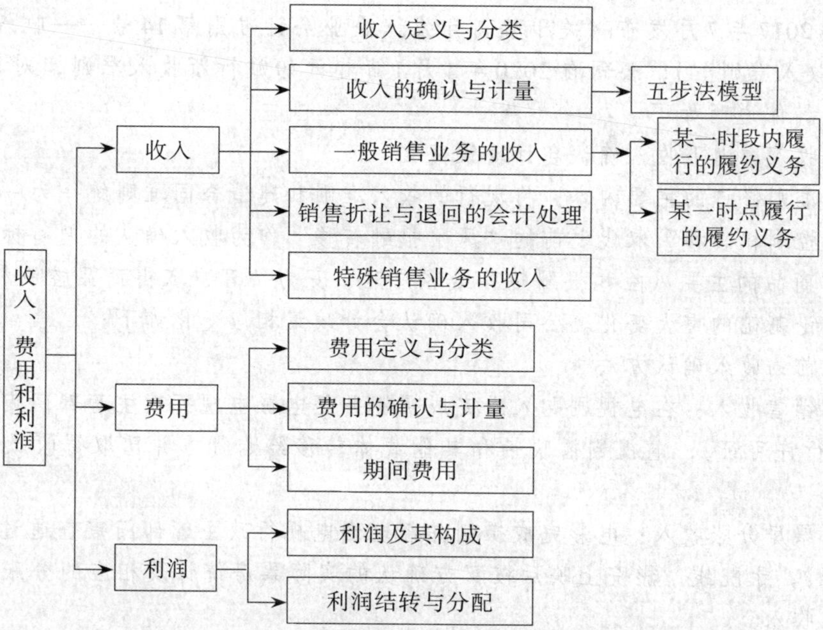

【学习目标】

通过本章的学习，了解收入、费用和利润的含义及分类，理解收入、费用和利润的确认与计量原则，掌握收入确认与计量的五步法模型，掌握某一时段内与某一时点履约的收入的计算与核算，熟悉特殊销售业务的收入确认与计量。

引导案例

华策影视发布新准则收入确认影响的公告

2021年1月24日，浙江华策影视股份有限公司（简称“华策影视”）发布公告称，根据财政部2017年7月发布《关于修订印发〈企业会计准则第14号——收入〉的通知》（简称“新收入准则”），公司自2020年1月1日起开始施行新收入准则，对2020年业绩产生影响，具体说明如下。

一、新收入准则下收入确认会计政策变化

新收入准则修订的主要内容：将现行的收入准则和建造合同准则统一为一个收入确认模型；以“控制权转移”取代之前的“风险报酬转移”作为收入确认的判断标准。收入确认时点由“商品的主要风险和报酬转移给客户时”变为“客户取得商品控制权时”，是新收入准则理论基础的重大变化。公司收入确认会计政策相应变化如下：

1. 变更前的收入确认方法

电视剧销售收入：在电视剧购入或完成摄制并经电影电视行政主管部门审查通过取得《电视剧发行许可证》，电视剧播映带和其他载体转移给购货方并已取得收款权利时确认收入。

电影片票房分账收入：电影完成摄制并经电影电视行政主管部门审查通过取得《电影公映许可证》，于院线、影院上映后按双方确认的实际票房统计及相应的分账方法所计算的金额确认收入。

电影版权收入：在影片取得《电影公映许可证》、母带已经转移给购货方并已取得收款权利时确认收入。

2. 变更后采用的收入确认的具体方法

电视剧销售收入：在电视剧购入或完成摄制并经电影电视行政主管部门审查通过取得《电视剧发行许可证》，电视剧播映带或其他载体转移给购货方、购货方可以主导电视剧的使用且已取得收款权利时确认收入。

电影片票房分账收入：电影完成摄制并经电影电视行政主管部门审查通过取得《电影公映许可证》，于院线、影院上映后按双方确认的实际票房统计及相应的分账方法所计算的金额确认收入。

电影版权收入：在影片取得《电影公映许可证》、母带已经转移给购货方、购货方可以主导电影的使用且已取得收款权利时确认收入。

二、收入确认会计政策变化对公司业绩的影响

根据新收入准则的规定，公司将首次执行新收入准则的累积影响数调整2020年年初

留存收益及财务报表其他相关项目。经财务部门初步测算，该政策变化累积影响调减2020年年初留存收益12 130.21万元；调增2020年当期归母净利润4 509.22万元，敬请广大投资者谨慎决策，注意投资风险。

（根据巨潮资讯网http：//www.cninfo.com.cn/上市公司公告整理）

通过阅读华策影视发布新准则收入确认影响的公告，我们关注到，由于新收入准则对收入确认理念发生重大变化，导致公司收入确认的会计政策发生变更，从而导致调减2020年年初留存收益12 130.21万元，调增2020年当期归母净利润4 509.22万元。那么，新收入准则下如何确认收入？收入确认与计量的基本步骤有哪些？特殊业务收入如何核算？费用确认与计量的基本原则有哪些？企业的利润由哪些部分构成？如何进行分配？本章将在对收入、费用和利润确认与计量问题系统讲解后，对这些问题进行解答。

第一节　收入

一、收入的定义及其分类

（一）收入的定义

收入是指企业在日常活动中形成的、会导致所有者权益增加的、与所有者投入资本无关的经济利益的总流入。其中的日常活动，是指企业为完成其经营目标所从事的经常性活动以及与之相关的活动，包括“经常性活动”以及“与之相关的活动”两部分。“经常性活动”是指企业为完成经营目标所从事的主要经营业务活动，如工业企业进行产品生产销售活动、施工企业进行工程施工活动、服务类企业提供服务活动等；“与之相关的活动”是指与企业的主要经营业务活动相关，但不属企业主要经营业务的其他活动，如工业企业转让无形资产使用权、出售原材料、出租包装物等活动。企业处置固定资产或无形资产、以固定资产或无形资产进行债务重组或非货币交换等活动，不属于日常活动，产生的经济利益的流入不构成企业的收入，而应作为偶发利得，计入资产处置损益。

另外，由于收入的表现形式是资产的增加、负债的减少或两者兼而有之。根据“资产-负债=所有者权益”这一会计等式，无论等号左边资产增加还是负债减少，均会导致等号右边所有者权益增加。收入只包括本企业经济利益的流入，不包括为第三方或客户代收的款项。如企业销售商品时代收的增值税，旅行社代客户购买门票、机票时收取的票款等，均属代收的款项。

值得注意的是，收入不包括所有者向企业投入资本导致的经济利益流入。收入只包括企业通过自身活动获得的经济利益流入，而不包括企业的所有者向企业投入资本导致的经济利益流入。所有者向企业投入的资本，在增加资产的同时，直接增加所有者权益，不能作为企业的收入。

(二) 收入的分类

收入按照不同的标准可以分为不同的种类，一般可按收入的性质及在经营业务中的主次对其进行分类。

1. 按照收入的性质分类

按照收入的性质不同，可将其分为销售商品收入、提供劳务收入和让渡资产使用权收入。

(1) 销售商品收入。销售商品，是指企业与客户签订的、以向客户转让企业的产品或商品为履约义务的合同行为，企业在生产过程中销售的原材料、包装物等其他存货的合同行为，也属于销售商品行为。

(2) 提供劳务收入。提供劳务，是指企业与客户签订的、以向客户提供劳务（或服务）为履约义务的合同行为，如施工企业为客户提供工程施工劳务、电信企业为客户提供电信服务等。

(3) 让渡资产使用权收入。让渡资产使用权，是指企业对外签订的、以向对方转让其资源使用权为履约义务的合同行为。企业所控制的资源，既包括固定资产、包装物、低值易耗品等具有实物形态的资产，也包括专利权、商标权、版权、特许权等没有实物形态的资产。

视野拓展

让渡资产使用权收入，有些属于收入准则规范的范围，如出租包装物、授予知识产权许可等，应按收入准则规定进行处理；有些不属于收入准则规范的范围，如出租固定资产、以货币资产进行长期投资等，应当按照租赁准则或相关金融工具准则的规定进行处理。

2. 按企业经营业务的主次分类

按照企业经营业务的主次不同，可将收入分为主营业务收入与其他业务收入两类。

(1) 主营业务收入。主营业务收入是指企业从为完成其经营目标所从事的经常性活动中取得的收入，如工商企业的销售商品收入、施工企业从事工程施工活动取得的收入等。主营业务是企业的核心业务，是企业收入的主要来源。主营业务收入一般占企业收入的比例较高，对企业的经济效益产生重要的影响。

(2) 其他业务收入。其他业务收入是指企业从与经常性活动相关的其他业务活动中取得的收入，如工业企业在销售材料、出租包装物、转让无形资产使用权、提供非工业性劳务等活动中取得的收入。其他业务属于企业日常活动中非主要的业务，其收入一般占企业收入的比例较低。

二、收入的确认与计量

收入的确认和计量，是指将客户合同包含的特定履约义务的交易价格记入账簿并在利润表中列报的过程，可以按照以下五步法模型进行：

第一步：识别与客户订立的合同；

第二步：识别合同中包含的单项履约义务；

第三步：确定交易价格；

第四步：将交易价格分摊至各单项履约义务；

第五步：履行各单项履约义务时确认收入。

其中，第一步、第二步和第五步主要与收入确认有关，第三步和第四步主要与收入计量有关。

(一) 识别与客户订立的合同

收入的确认与计量，应该以与客户订立的合同为基础。合同是指双方或多方之间设立有法律约束力的权利义务的协议。合同可以是书面的，也可以是口头的，或是某些商业上的惯例。

1. 收入确认的原则

企业应当在履行了合同中的履约义务，即在客户取得相关商品控制权时确认收入。取得相关商品控制权，是指能够主导该商品的使用并从中获得几乎全部的经济利益，也包括有能力阻止其他方主导该商品的使用并从中获得经济利益。企业在判断商品的控制权是否发生转移时，应当从客户的角度进行分析，即客户是否取得了相关商品的控制权以及何时取得该控制权。

2. 收入确认的前提条件

当企业与客户之间的合同同时满足下列条件时，企业应当在客户取得相关商品控制权时确认收入：

（1）合同各方已批准该合同并承诺将履行各自义务；

（2）该合同明确了合同各方与所转让商品或提供服务相关的权利和义务；

（3）该合同有明确的与所转让商品相关的支付条款；

（4）该合同具有商业实质，即履行该合同将改变企业未来现金流量的风险、时间分布或金额；

（5）企业因向客户转让商品而有权取得的对价很可能收回。

(二) 识别合同中的单项履约义务

在识别与客户的合同后，企业应当识别合同中所承诺的商品或服务是否构成单项履约义务。履约义务是指合同中企业向客户销售商品、提供劳务等的承诺，既包括合同中明确的承诺，也包括企业以公开宣布的政策、特定声明或以往习惯做法等导致订立合同时客户合理预期企业将履行的承诺。企业为履行合同而应开展的初始活动通常不构成履约义务，除非该活动向客户转让了承诺的商品。

单项履约义务是会计核算的最小单元，企业应依据此单项履约义务，确定其是在某一时段履行，还是在某一时点履行，然后，在履行了各单项履约义务时分别确认收入。需要关注的是，大多数企业销售时一般都会与客户签订销售合同，而商品零售企业等在客户付款后直接发货，不需要签订合同，此时，也可以视为企业履行了合同中的履约义务，直接确认营业收入。

（三）确定交易价格

交易价格，是指企业因向客户转让商品而预期有权收取的对价金额。企业代第三方收取的款项（例如增值税）以及企业预期将退还给客户的款项，应当作为负债进行会计处理，不计入交易价格。合同标价并不一定代表交易价格，企业应当根据合同条款，并结合以往的习惯做法等确定交易价格。在确定交易价格时，企业往往需要考虑可变对价、合同中存在的重大融资成分、非现金对价、应付客户对价等问题。

1. 可变对价

企业与客户的合同中约定的对价金额可能会因折扣、价格折让、返利、退款、奖励积分、激励措施、业绩奖金、索赔等因素而变化。合同中存在可变对价的，企业应当对计入交易价格的可变对价进行估计。

企业应当按照期望值或最可能发生金额确定可变对价的最佳估计数。期望值是按照各种可能发生的对价金额及相关概率计算确定的金额。如果企业拥有大量具有类似特征的合同，并估计可能产生多个结果时，通常按照期望值估计可变对价金额。

最可能发生金额是一系列可能发生的对价金额中最可能发生的单一金额，即合同最可能产生的单一结果。当合同仅有两个可能结果时，通常按照最可能发生金额估计可变对价金额。

每一资产负债表日，企业应当重新估计应计入交易价格的可变对价金额，包括重新评估将估计的可变对价计入交易价格是否受到限制，以如实反映报告期末存在的情况以及报告期内发生的情况变化。

如企业采用赊销方式销售商品，通常规定有折扣政策，旨在及早回笼资金，就是销售收入计量中涉及的可变对价问题，需要确定其最佳估计数，并根据其后续变动额调整变动当期的营业收入。

2. 合同中存在的重大融资成分

融资成分是企业提供的商品或服务的现时交易价格与客户在其后支付的金额之间的差额。当合同各方以明确或隐含的方式在合同中约定的付款时间为客户或企业就该交易提供了重大融资利益时，合同中即包含了重大融资成分。如果客户付款延期，企业实际上向客户提供了融资；相反，如果客户向企业预付了货款，实际上就是客户向企业提供了融资。

企业应当在单个合同层面考虑融资成分是否重大，如果融资成分重大，应当使用将未来收付款金额折现成目前现时（商品或劳务控制权转移时）销售交易价格的折现率，并采用实际利率法按前述折现率将重大融资成分在合同期内进行分摊。该折现率一经确定，不得因后续市场利率或客户信用风险等情况的变动而变更。

通常情况下，企业转让商品或服务的控制权与收付款业务的间隔期不超过1年（1年及以下）的，融资成分不具有重要性，为简化会计处理，可以不考虑合同中存在的重大融资成分。

3. 非现金对价

非现金对价包括实物资产、无形资产、股权、客户提供的广告服务等。

客户向企业支付的非现金对价，通常应按照非现金对价在合同开始日的公允价值确定交易价格，公允价值不能合理估计的，企业应当参照其承诺向客户转让商品或服务的单独售价间接确定交易价格。

某些非现金对价可能会因对价的形式而发生变动，该变动金额不应计入交易价格。

4. 应付客户对价

应付客户对价，指企业在销售商品时明确承诺给予客户的诸如返利、优惠券、奖励等优惠。企业签订合同中包含有应付客户对价的，应当冲减交易价格，并在确认相关收入与支付或承诺支付客户对价二者孰晚的时点冲减当期收入。例如，某客户于6月20日在某商场内购物总额为1 800元，抽取到80元现金券，该商场规定现金券可在30天内直接冲抵商品价款；7月10日，该客户在商场再次购物800元，实际支付款项720元。因此，该商场针对该客户6月份发生的商品交易价格为1 800元，应确认营业收入1 800元；7月份应按照现金券抵扣80元后的720元确认营业收入。

（四）将交易价格分摊至各单项履约义务

当合同中包含两项或两项以上的履约义务时，企业需要将确定的交易价格分摊至各单项履约义务，企业分摊至各单项履约义务（或可明确区分的商品）的交易价格应当能够反映其向客户转让已承诺的相关商品而预期有权收取的对价金额。合同中包含两项或两项以上履约义务的，企业应当在合同开始日，按照各单项履约义务所承诺商品的单独售价的相对比例，将交易价格分摊至各单项履约义务。单独售价，是指企业向客户单独销售商品的价格。

（五）履行各单项履约义务时确认收入

企业在履行了合同中的履约义务，客户取得相关商品控制权（即能够主导该商品的使用并从中获得几乎全部的经济利益）时确认收入。

客户取得相关商品的控制权，可能在某一时段内发生，也可能在某一时点即履约义务完成时发生。

1. 某一时段内履行履约义务的收入确认条件

企业与客户订立的合同，满足下列条件之一的，属于在某一时段内履行的履约义务，相关收入应当在该履约义务履行的期间内确认：

（1）客户在履约的同时即取得并消耗履约所带来的经济利益。如企业为客户提供安保与物业服务，企业在为客户提供安全与清洁服务的同时，客户即取得并消耗了企业所带来的经济利益。

（2）客户能够控制企业履约过程中在建的商品，如在建工程、正处于研发的项目等，表明客户在企业提供商品过程中即获得了相关的经济利益，因此应当在该履约义务履行的期间内确认收入。

（3）企业在履约过程中所产出的商品具有不可替代用途，且在整个合同期间内有权就累计至今已完成的履约部分收取款项。

对于在某一时段内履行的履约义务，企业应当在该段时间内按照履约进度确认收入。当履约进度不能合理确定时，企业已经发生的成本预计能够得到补偿的，应当按照已经发生的成本金额确认收入，直到履约进度能够合理确定为止。

对于在某一时段内履行的履约义务，企业应当考虑商品的性质，采用产出法或投入法确定履约进度。产出法是根据已转移给客户的商品对于客户的价值确定履约进度的方法，通常可采用实际测量的完工进度、评估已实现的结果、已达到时间进度、已完工或交付的产品等产出指标确定履约进度。投入法是根据企业为履行履约义务的投入确定履约进度。

每一资产负债表日，企业应当对履约进度进行重估，履约进度发生变化的，应当作为会计估计变更进行会计处理。对于每一单项履约义务，企业只能采用一种方法确定其履约进度，并加以一贯运用。对于类似情况下的类似履约义务，企业应当采用相同的方法确定履约进度。

2. 在某一时点履行的履约义务

凡是不属于在某一时段内履行的履约义务，应当属于在某一时点履行的履约义务。对于在某一时点履行的履约义务，企业应当在客户取得相关商品控制权时点确认收入。

有时客户已从实物上占有了某商品，但并不意味着控制权已转移，如收取手续费的委托客户代销；有时企业根据合同已经就销售的商品向客户收款或者取得了收款权利，但客户要求将商品暂时寄存在企业，对于此种实务中较常见的“售后代管”，如果该安排是应客户要求，并将该商品单独存放，可以随时交付而企业不能自行使用或提交给其他客户时，表明客户取得了该商品的控制权，企业可以对尚未发货的商品确认收入。

三、一般销售业务的会计处理

收入确认与计量的五步法模型是为了满足企业在某些包含多重交易、可变对价等复杂合同安排下，对相关收入进行确认和计量的需要而设定的。对于会计实务履约义务相对单一、交易价格基本固定的简单合同，则可以简化或者省略五步法模型中的某些步骤。

（一）相关会计科目设置

一般而言，收入核算涉及的会计科目主要包括“主营业务收入”“其他业务收入”“主营业务成本”“其他业务成本”“合同资产”“合同资产减值准备”“合同负债”“应收退货成本”“发出商品”“应交税费——应交增值税（销项税额）”等。企业应当根据收入的性质及类别，选择相应的会计科目进行核算。

其中，“合同资产”属于资产类科目，核算企业已向客户转让商品而有权收取对价的权利，且该权利取决于时间流逝之外的其他因素。如企业向客户销售两项可明确区分的商品，企业因已交付其中一项商品而有权收取款项，但收取该款项还取决于企业交付另一项商品的，企业应当将该收款权利作为合同资产。企业拥有的、无条件（即仅取决于时间流逝）向客户收取对价的权利应当作为应收款项单独列示。

“合同负债”账户核算企业已收或应收客户对价而应向客户转让商品的义务。企业在向客户转让承诺的商品之前，如客户已经支付了合同对价，或企业已经取得了无条件收取合同对价的权利，则企业应该在客户实际支付款项与到期应支付款项孰早时点，将该已收或应收的金额列示为合同负债。

【启发思考】合同资产与应收账款有何区别？合同负债与预收账款有何区别？通过了解它们的不同，进一步理解新收入准则以合同为单位核算收入的理念，加深对收入确认与公司商业模式关系的理解，理解业财融合，成为一名优秀财务人员的重要意义。

（二）某一时段内履行的履约义务

对于在某一时段内履行的履约义务，企业应当按照履约进度确认收入，履约进度不能合理确定的除外。资产负债表日，企业应当按照合同收入总额乘以履约进度再减去以前会计期间累计确认的合同收入后的金额来确认当期收入；同时，按照履行合同估计发生的总成本乘以履约进度再减去以前会计期间累计确认的合同成本后的金额来结转当期成本。

【例 11-1】

2×19年5月10日，甲公司与乙公司签订了一项为期3年的服务合同，为其公寓楼提供保洁服务。合同约定的服务费总额为2 400 000元，甲公司在合同开始日预付600 000元，其余服务费分3次、于每年的5月31日等额支付。该合同于2×19年6月1日开始执行。

分析：甲公司在履约过程中是持续地向客户提供服务的，表明客户在履约的同时即取得并消耗履约所带来的经济利益，因此该项服务属于在某一时段内履行的履约义务。如果甲公司判断，因向客户提供保洁服务而有权取得的对价很可能收回，并且按已完成的时间进度确定履约进度，每年12月31日确认收入。假定不考虑相关税费。甲公司相关账务处理如下：

（1）2×19年6月1日，收到合同价款。

借：银行存款　　600 000

　贷：合同负债——乙公司　　600 000

（2）2×19年12月31日，确认收入。

应确认收入=2 400 000×6÷（3×12）=400 000（元）

借：合同负债——乙公司　　400 000

　贷：主营业务收入　　400 000

（3）2×20年5月31日，收到合同价款600 000元。

借：银行存款　　600 000

　贷：合同负债——乙公司　　600 000

（4）2×20年12月31日，确认收入。

应确认收入=2 400 000×（6+12）÷（3×12）-400 000=800 000（元）

借：合同负债——乙公司　　800 000

　贷：主营业务收入　　800 000

（5）2×21年5月31日，收到合同价款600 000元。

借：银行存款　　600 000

　贷：合同负债——乙公司　　600 000

（6）2×21年12月31日，确认收入。

应确认收入=2 400 000×（6+12×2）÷（3×12）-（400 000+800 000）=800 000（元）

借：合同负债——乙公司 800 000

贷：主营业务收入 800 000

（7）2×21年5月31日，收到合同价款。

应收合同价款=（2 400 000-600 000）÷3=600 000（元）

借：银行存款 600 000

贷：合同负债——乙公司 600 000

应确认收入=2 400 000-（400 000+800 000×2）=400 000（元）

借：合同负债——乙公司 400 000

贷：主营业务收入 400 000

（三）某一时点履行的履约义务

【例 11-2】

2×20年1月2日，甲公司与乙公司签订合同，向乙公司销售一批产品，成本为160 000元。合同约定的销售价格为200 000元，增值税税率为13%。甲公司开出发票并按合同约定的品种和质量发出产品，乙公司收到产品并验收入库。根据合同约定，乙公司须于30天内付款。

分析：甲公司开出发票并按合同约定的品种和质量发出产品，乙公司收到产品并验收入库，表明甲公司已履行合同约定的履约义务，乙公司取得商品控制权；如果甲公司判断该转让产品的对价很可能收回，即可以确认收入。

借：银行存款 226 000

贷：主营业务收入 200 000

应交税费——应交增值税（销项税额） 26 000

借：主营业务成本 160 000

贷：库存商品 160 000

【例 11-3】

2×20年5月20日，甲公司与丙公司签订合同，向丙公司销售产品一批，产品成本为240 000元。合同约定的销售价格为300 000元，增值税税率为13%。商品已发出，并办妥托收手续。此时得知购货方经营中发生巨额亏损，资金周转困难，估计该项销售商品收入收回的可能性不大。

分析：由于企业因向客户转让商品而有权取得的对价不是很可能收回，甲公司在发出商品时不能确认销售收入，而应待将来满足上列条件后再确认销售收入。甲公司相关业务处理如下：

借：发出商品　240 000
　贷：库存商品　240 000
同时，根据增值税发票所注明的增值税做会计分录如下：
借：应收账款　39 000
　贷：应交税费——应交增值税（销项税额）　39 000
在得知购货方经营状况好转，很可能收回该笔款项时确认销售商品收入，会计处理如下：
借：应收账款　300 000
　贷：主营业务收入　300 000
同时结转成本：
借：主营业务成本　240 000
　贷：发出商品　240 000
收到款项时：
借：银行存款　339 000
　贷：应收账款　339 000

【例 11-4】

2×20年6月1日，甲公司与客户签订合同，合同约定：销售产品为A、B两种，价款合计200 000元；合同开始日即交付A产品，而B产品在2个月后交付，只有在两种产品交付后，甲公司才有权收取合同价款200 000元，增值税税率为13%。假设甲公司交付A与B产品构成两项履约义务，它们在交付时即转移控制权；按照单独售价的相对比例分摊至A、B产品的交易价格分别为80 000元和120 000元（不含增值税）。甲公司相关账务处理如下：

（1）交付A商品时：
借：合同资产　90 400
　贷：主营业务收入　80 000
　　应交税费——应交增值税（销项税额）　10 400
（2）交付B商品时：
借：应收账款　226 000
　贷：主营业务收入　120 000
　　应交税费——应交增值税（销项税额）　15 600
　　合同资产　90 400

四、销售折让与退回的会计处理

(一) 销售折让

销售折让是指企业因售出商品质量不符合要求等原因而在售价上给予的减让。销售折让如果发生在确认销售商品收入之前，应该按照扣除销售折让后的金额确认销售商品收入。对已经确认销售商品收入的售出商品发生销售折让的，且不属于资产负债表日后事项的，应当在发生时冲减当期销售商品收入，如果按规定允许扣减增值税税额的，还应冲减已确认的应交增值税销项税额。

【例 11-5】

甲公司销售商品一批，合同约定价款为700 000元，增值税税率为13%，商品成本为560 000元。货到后购货方发现货物规格不符合要求，经查明属实，双方协商确定给予5%的销售折让，甲公司给对方开出红字增值税专用发票。

(1) 假定甲公司已经确认销售商品收入，款项尚未收到，该销售折让不属于资产负债表日后事项，按规定允许扣减增值税税额。根据有关凭证做会计分录如下：

发生销售折让时：

借：主营业务收入	35 000	
应交税费——应交增值税（销项税额）	4 550	
贷：应收账款		39 550

收到款项时：

借：银行存款	751 450	
贷：应收账款		751 450

(2) 假定甲公司尚未确认销售商品收入，销售折让发生后不久才符合销售商品收入确认的条件。相关业务处理如下：

发出商品时：

借：发出商品	560 000	
贷：库存商品		560 000

销售商品收入符合确认条件，确认收入时：

借：应收账款	751 450	
贷：主营业务收入		665 000
应交税费——应交增值税（销项税额）		86 450
借：主营业务成本	560 000	
贷：发出商品		560 000

收到款项时：

借：银行存款	751 450	
贷：应收账款		751 450

（二）销售退回

销售退回是指企业售出的商品由于质量、规格等方面不符合要求等原因而发生的退货。对于尚未确认销售收入的发出商品发生销售退回的，应冲减“发出商品”科目；对于已经确认销售商品收入的售出商品发生销售退回的，如果不属于资产负债表日后事项，应该冲减退回当月的销售商品收入，并冲减当期销售商品成本。如果按规定允许扣减增值税税额的，还应冲减已确认的应交增值税销项税额。

【例 11-6】

甲公司销售商品一批，增值税专用发票上注明价款为 2 000 000 元、增值税为 260 000 元，商品成本为 1 600 000 元。货到后购货方发现货物质量有问题，经查明属实，购货方提出退货的要求，甲公司同意退货并开出红字增值税专用发票。

（1）假定甲公司已经确认销售商品收入，款项已经收到，该销售退回不属于资产负债表日后事项，按规定允许扣减增值税税额。货物已经全部退回，并将款项退还给购货方。相关业务处理如下：

发生销售退回时：

借：主营业务收入	2 000 000	
应交税费——应交增值税（销项税额）	260 000	
贷：银行存款		2 260 000
借：库存商品	1 600 000	
贷：主营业务成本		1 600 000

（2）假定甲公司尚未确认销售商品收入，货款尚未收到。货物已经全部退回，根据有关凭证做会计分录如下：

借：库存商品	1 600 000	
贷：发出商品		1 600 000

五、特殊业务收入的会计处理

（一）附有销售退回条款的销售

对于附有销售退回条款的销售，企业应当在客户取得相关商品控制权时，按照因向客户转让商品而预期有权收取的对价金额确认收入，按照预期因销售退回将退还的金额确认为（预计）负债；同时，按照所转让商品转让时的账面价值，扣除收回该商品转让时预计发生的成本后的净额结转成本。

每个资产负债表日，企业应当重新评估未来销售退回情况，如有变化，应当作为会计估计变更进行会计处理。

【例 11-7】

2×20年10月1日，甲公司向乙公司销售600件商品，单位售价500元/件，单位生产成本400元/件，增值税税率为13%。销售合同约定，销售后30天内，乙公司可以无条件退货。乙公司已取得商品控制权，甲公司已收取全部价款并开具增值税专用发票。根据以往销售经验，甲公司估计退货率为5%。

2×20年10月28日，乙公司退回该商品20件，甲公司开出红字增值税专用发票，退回价款10 000元、增值税1 300元。甲公司相关账务处理如下：

（1）2×20年10月1日，按照扣除估计退货部分确认收入。

确认主营业务收入=300 000×95%=285 000（元）

确认预计负债=300 000×5%= 15 000（元）

借：银行存款	339 000	
贷：主营业务收入		285 000
预计负债		15 000
应交税费——应交增值税（销项税额）		39 000

确认主营业务成本=240 000×95%=228 000（元）

确认发出商品成本=240 000×5%=12 000（元）

借：主营业务成本	228 000	
发生商品	12 000	
贷：库存商品		240 000

（2）2×20年10月28日，支付退货款11 300元，未退货部分确认收入。

未退回的10件确认主营业务收入=15 000−10 000=5 000（元）

借：预计负债	15 000	
应交税费——应交增值税（销项税额）	1 300	
贷：主营业务收入		5 000
银行存款		11 300

确认主营业务成本=12 000−400×20=4 000（元）

借：主营业务成本	4 000	
库存商品	8 000	
贷：发出商品		12 000

（二）合同中存在重大融资成分的销售

合同中存在重大融资成分的，企业应当按照现销价格确定交易价格。如果不存在现销价格的，应按照不含增值税的分期收款总额的现值确认收入。合同对价与确认收入金额之间的差额，应当作为未实现融资收益，在合同期间内采用实际利率法摊销。企业采用的长期分期收款销售商品方式，因收款期限较长，通常具有融资性质。

【例 11-8】

甲公司2×20年1月3日向乙公司售出一台大型设备，合同约定采用分期付款方式，即从销售当年年末开始分5年付清，每年200万元，合计1 000万元（不含增值税），增值税税率为13%。假定该大型设备的现销价格为800万元，该设备生产成本为500万元。假设实际利率为7.93%。未确认融资收益摊销表见表11-1。

表11-1　**未确认融资收益摊销表**　单位：元

日期	分期应收款	应分配融资收益	应收本金减少额	应收本金余额
A	B	C=期初E×7.93%	D=B−C	期末E=期初E−D
2×20年1月3日				8 000 000
2×20年12月31日	2 000 000	634 000	1 366 000	6 634 000
2×21年12月31日	2 000 000	526 000	1 474 000	5 160 000
2×22年12月31日	2 000 000	409 000	1 591 000	3 569 000
2×23年12月31日	2 000 000	283 000	1 717 000	1 852 000
2×24年12月31日	2 000 000	148 000	1 852 000	0
合计	10 000 000	2 000 000	8 000 000	

注：表中数字保留到千位数。

（1）甲公司2×20年1月3日销售时：

借：长期应收款——乙公司　11 300 000

　贷：主营业务收入　8 000 000

　　未实现融资收益　2 000 000

　　应交税费——待转销项税额　1 300 000

借：主营业务成本　5 000 000

　贷：库存商品　5 000 000

（2）甲公司2×20年12月31日收取合同款：

借：银行存款　2 260 000

　贷：长期应收款——乙公司　2 260 000

待转销项税转为销项税额=1 300 000÷5=260 000（元）

借：应交税费——待转销项税额　260 000

　贷：应交税费——应交增值税（销项税额）　260 000

未实现融资收益摊销=8 000 000×7.93%≈634 000（元）

借：未实现融资收益　634 000

　贷：财务费用　634 000

（3）甲公司2×21年12月31日收取合同款：

借：银行存款　2 260 000

　贷：长期应收款——乙公司　2 260 000

借：应交税费——待转销项税额　260 000
　贷：应交税费——应交增值税（销项税额）　260 000

未实现融资收益摊销=6 634 000×7.93%≈526 000（元）

借：未实现融资收益　526 000
　贷：财务费用　526 000

其他年份会计处理略。

【启发思考】未实现融资收益在合同期间内采用实际利率法与直线法摊销的区别是什么？为什么要采用实际利率法？思考作为一名优秀的财务人员，如何才能提升专业素养，提供更高质量的会计信息？

（三）合同中包含多项履约义务及可变对价的销售

如果企业与客户签订的合同包含多项履约义务，交易价格的确定存在可变对价等因素，企业应按照营业收入确认与计量的步骤进行分析，分别进行账务处理。

【例 11-9】

2×20年1月3日，丙公司与某客户签订一款软件销售及后续技术服务合同。该合同规定：丙公司应于2×20年6月30日交付软件，并于2×20年7月1日至2×21年6月30日提供与该软件相关的技术服务（期间客户无法完全控制该商品）。软件及技术服务不含增值税的总价为500万元，该项交易属于混合行为，增值税税率为13%，客户应在收到软件且能够正常使用时一次付清。如果该客户于2×20年3月31日前预付全部价款，则不含增值税的总价为480万元。增值税专用发票于收到全部价款时开具。丙公司单独销售该软件不含增值税的价款为408万元，单独提供一年技术服务不含增值税的价款为102万元，合计510万元。假定客户选择于2×20年3月31日前预付了全部价款。

营业收入确认与计量分析如下：

（1）识别与客户订立的合同：该合同已经双方批准生效。

（2）识别合同中的履约义务：该合同所包含的履约义务有两项，一项是软件销售，另一项是一年期的后续技术服务。

（3）确定交易价格：该客户于2×20年3月31日前预付全部价款，全部价款为480万元（不含增值税）。

（4）将交易价格分摊至各单项履约义务：按照单独销售软件和提供一年技术服务的价款比例分配总价款480万元，则：

软件的交易价格=480×（408÷510）=384（万元）

一年技术服务的交易价格=480×（102÷510）=96（万元）

（5）履行各单项履约义务时确认收入：在客户收到软件且能够正常使用时确认收入；在2×20年7月1日至2×21年6月30日各月末提供技术服务后分期确认营业收入。

丙公司账务处理如下：

（1）2×20年3月31日，收到客户预付的全部价款，其中不含增值税的软件及技术服务价款480万元，增值税62.4万元（480×13%），合计542.4万元；开具增值税专用发票。

借：银行存款　　5 424 000

　贷：预收账款　　4 800 000

　　　应交税费——应交增值税（销项税额）　　624 000

（2）2×20年6月30日，丙公司交付软件且客户可以正常使用；假设该软件成本为300万元。

借：预收账款　　3 840 000

　贷：主营业务收入　　3 840 000

借：主营业务成本　　3 000 000

　贷：库存商品　　3 000 000

（3）2×20年7月31日，确认当月技术服务收入8万元（96÷12）；假设提供该项技术服务的成本为5万元。

借：预收账款　　80 000

　贷：主营业务收入　　80 000

借：主营业务成本　　50 000

　贷：生产成本　　50 000

以后月份确认技术服务收入以此类推。

企业销售商品的特殊交易除上述类型外，还包括委托代销、需要安装调试、以旧换新、售后回购等类型。

委托代销是指委托方根据协议，委托受托方代销商品的一种销售方式，分为支付手续费和视同买断两种方式。采用收取手续费方式委托代销商品，委托方将商品交给受托方，受托单位按委托方规定的价格销售商品，商品销售后，受托方按一定标准收取代销手续费，确认劳务收入；委托方将商品交付给受托方时，商品控制权没有转移，委托方不能在发出商品时确认收入，只能在收到受托方转来的商品代销清单时确认销售商品收入，支付的代销手续费作为销售费用。视同买断的委托代销一般约定受托方在取得代销商品后是否卖出或获利均与委托方无关，实质与将商品直接销售给受托方没有区别，故委托方可在发出商品时确认相关销售产品收入，受托方对取得的代销商品应作为购进商品处理。

企业销售的商品如果需要负责安装、调试，且安装、调试的结果经购货单位检验合格后购货合同才能生效，则企业在商品安装调试工作完成以前，客户并未真正接受该商品，不应确认收入，收取的价款应确认为预收账款；在安装调试完成后，客户接受该商品并拥有该商品控制权时再确认收入。

企业在销售商品的同时收购旧商品，则收购的旧商品确认为存货。如果收购旧商品的价款为其公允价值，收购旧商品支付的价款不得冲减收入，应当计入存货成本。如果收购旧商品的价款超过其公允价值，差额属于新商品交易价格的调整，收购的旧商品应按照其公允价值入账，差额抵减新商品的收入。

售后回购，是指企业在销售商品的同时，承诺或有权选择日后再将该商品购回的销售方式。企业因存在与客户的远期安排而负有回购义务或企业享有回购权利的，表明客户在销售时并未取得相关商品控制权，企业应当将其视为租赁交易或融资交易进行相应的会计处理。其中，回购价格低于原售价的，应当视为租赁交易，并按租赁会计准则进行会计处理；回购价格不低于（即大于或等于）原售价的，应当视为融资交易，在收到客户款项时确认为金融负债，并将该款项和回购价格的差额在回购期间内确认为利息费用等。

案例 11-1

充值赠品应如何确认与计量

A 公司为促进销售增长，推出了“充值 5 000 元，赠送价值 700 元自行车”的充值赠送礼品促销活动，即顾客向预付卡中充值 5 000 元时，可获赠一辆市场价为 700 元的自行车，但业务系统中记录该卡的消费额度仍为 5 000 元。那么，企业为进行促销，在顾客向预付卡充值时，向顾客赠送的赠品，应如何进行会计确认与计量？

赠送的自行车是以“充值 5 000 元”为前提的，即“买”与“赠”是捆绑在一起的，是 A 公司与顾客在同一合同中约定的，应作为一个整体进行处理。在本案例的合同中，A 公司向顾客的承诺是：提供价值 5 000 元的商品以及价值 700 元的自行车（这两者构成两个单项履约义务），相应的合同对价为 5 000 元（含税）。因此，根据新收入准则，应将合同对价按照 A 公司承诺提供的各商品（包括自行车）的单独售价的相对比例进行分摊。对于自行车分摊的金额，在将自行车交付给顾客，控制权转移之时确认为收入；其他商品金额待相应商品实现销售时，确认为收入。

（根据中审众环会计师事务所（特殊普通合伙）编著的《中审众环研究・实务案例卷（2020）》整理）

第二节　费用

一、费用的含义及分类

（一）费用的含义

费用有广义与狭义之分，广义的费用是指企业在生产经营过程中发生的各项耗费，狭义的费用仅指企业在销售商品、提供劳务等日常活动中所发生的经济利益的流出。我国会计准则规定的费用是狭义概念上的费用，即费用是指企业在日常活动中发生的、会导致所有者权益减少的、与向所有者分配利润无关的经济利益的总流出。

费用通常具有以下两个特征：

第一，费用代表企业资源的流出，与资源流入企业所形成的收入正好相反，具体表现为企业资金支出。企业发生的工资支出、消耗材料和机器设备的折旧费用等，最终都会使企业资源耗费。但企业资金的支出并不都构成费用，企业在生产经营过程中，有两类支出不应归入费用：一是偿债性支出，如用银行存款归还所欠债务等；二是企业向所有者分配的利润或股利，属于收益的分配，也不作为费用。费用可以理解为企业为了实现收入的目的而发生的资产耗费，以便获得更多的资产。

第二，费用最终会导致企业所有者权益的减少。一般而言，企业的所有者权益会随着收入的增加而增加，随着费用的减少而减少。但是，导致所有者权益减少的支出，并不都构成费用。企业经营管理中的某些支出，例如支付的股利会减少所有者权益，但并不增加费用。又如，企业以银行存款偿还一项负债，只是一项资产和一项负债的等额减少，对所有者权益没有影响，因此不构成企业的费用。

（二）费用的分类

根据费用的性质和特征，可以按照不同的标准进行分类。

1. 按照费用的经济内容进行分类

这种分类的目的是反映企业在一定时期发生了哪些费用，数额是多少，从而为分析企业各个时期各种费用占全部费用比重、考核费用计划的执行情况提供参考。按照这种标准可以将公司的费用划分为若干个费用要素，具体包括：

（1）外购材料费用，指企业为生产而耗用的从外部购入的原材料、半成品、辅助材料、包装物、修理用备件和低值易耗品等。

（2）外购燃料费用，指企业为生产而耗用的从外部购进的各种燃料。

（3）外购动力，指企业为生产而耗用的从外部购进的各种动力。

（4）工资费用及职工福利费用，指企业应计入生产费用的职工工资以及按照工资总额的一定比例提取的职工福利费用。

（5）折旧费用，指企业所拥有的或控制的固定资产按照使用情况计提的折旧费用。

（6）利息支出，指企业为筹集生产经营资金而发生的利息支出。

（7）税金，指企业应计入生产费用的各种税金，如房产税、车船税、城镇土地使用税等。

（8）其他支出，指不属于以上各项目的费用支出之和。

2. 按照费用的经济用途进行分类

按照费用要素反映的费用只能说明公司在生产经营活动中支出了哪些费用，但不能说明这些费用的用途以及它们与产品、损益之间的关系。因此，需要按其经济用途进行分类。这种分类可以把费用分成两大类，即构成产品成本的费用和期间费用。

（1）构成产品成本的费用。产品成本是指企业为了生产产品、提供劳务而发生的各种消耗，构成产品成本的费用按照其经济用途具体可分为直接材料费用、直接人工费用和制造费用。

（2）期间费用。期间费用是指企业当期发生的必须从当期收入得到补偿的费用。期间费用按其经济用途具体可分为销售费用、管理费用和财务费用。销售费用是指企业销售商品和材料、提供劳务过程中发生的各种费用；管理费用是指企业为组织和管理企业生产经营所发生的各项费用；财务费用是指企业为筹集生产经营所需资金等而发生的筹资费用。

二、费用确认与计量的基本原则

费用的确认一般以权责发生制与配比原则为基础。只要根据收入与费用的相互关系应属于本期的收入和费用，不论其是否实际收到或支付，均应确认为本期的收入和费用，以正确反映各期的盈亏情况。费用和收入在性质上应存在因果性，在时间上应存在一致性，也就是说费用应当是为了获取收入而发生的，费用也必须与同一时期的收入相配比，即本期费用与本期确认的收入相配比。

企业应根据管理及成本计算的需要，在具体核算中可以既采用实际成本来进行，也可以采用计划成本、定额成本或者标准成本来进行，但最终所提供的成本费用核算指标必须是实际成本。生产成本与期间费用的计量参阅成本会计教材。

三、期间费用

(一) 销售费用

销售费用是指企业在销售商品和材料、提供劳务的过程中发生的各种费用，包括运输费、装卸费、包装费、保险费、展览费和广告费、商品维修费、预计产品质量保证损失，还包括为销售本企业商品而专设的销售机构的职工薪酬、业务费、折旧费等经营费用。企业发生的与专设销售机构相关的固定资产修理费用等后续支出也属于销售费用。

【例 11-10】

某公司12月份发生的销售费用如下：以银行存款支付产品广告费9 000元；为销售产品以银行存款支付运输费1 200元，运输途中保险费350元，装卸费650元；专设销售机构发生人员工资及福利费用4 560元，固定资产折旧费460元，以银行存款支付办公费200元。月末将全部销售费用结转。相关账务处理如下：

(1) 支付产品广告费。

借：销售费用 9 000

　贷：银行存款 9 000

(2) 支付运输费、运输途中保险费及装卸费。

借：销售费用 2 200

　贷：银行存款 2 200

(3) 发生专设销售机构相关费用。

借：销售费用 5 220

　贷：应付职工薪酬 4 560

　　累计折旧 460

　　银行存款 200

(4) 将本月发生的销售费用结转。

借：本年利润 16 420
　　贷：销售费用 16 420

(二) 管理费用

管理费用是指企业为组织和管理企业生产经营所发生的管理费用，包括企业在筹建期间内发生的开办费、董事会和行政管理部门在企业的经营管理中发生的或应由企业统一负担的公司经费（包括行政管理部门职工薪酬、物料消耗、低值易耗品摊销、办公费和差旅费等）、工会经费、董事会费（包括董事会成员津贴、会议费和差旅费）等、聘请中介机构费、咨询费（含顾问费）、诉讼费、业务招待费、技术转让费、研究费用等。企业生产车间和行政管理部门等发生的固定资产修理费用也属于管理费用。

【例 11-11】

某公司12月份发生的管理费用如下：应由本期管理费用负担的折旧费8 000元，行政部门人员的工资及福利费用57 000元；以银行存款购买办公用品2 000元；报销职工差旅费1 500元。月末将全部管理费用结转。相关账务处理如下：

(1) 计提折旧费及工资福利费用。

借：管理费用 65 000
　　贷：累计折旧 8 000
　　　　应付职工薪酬 57 000

(2) 发生办公用品支出。

借：管理费用 2 000
　　贷：银行存款 2 000

(3) 报销职工差旅费。

借：管理费用 1 500
　　贷：其他应收款 1 500

(4) 将本月发生的管理费用结转。

借：本年利润 68 500
　　贷：管理费用 68 500

【启发思考】新修订的利润表中增加"研发费用"项目，反映企业进行研究与开发过程中发生的费用化支出。该项目应根据"管理费用"科目下的"研发费用"明细科目的发生额分析填列。为什么要对外单独披露研发费用？深入认识并理解我国会计准则改革对促进科技创新、建设创新型国家的积极意义。

(三) 财务费用

财务费用是指企业为筹集生产经营所需资金等而发生的各项费用，包括利息支出（减利息收入)、金融机构手续费用及汇兑差额等。

【例 11-12】

某公司12月份发生财务费用如下：以银行存款支付银行承兑汇票手续费400元；收到银行存款利息收入1 300元；由于期末汇率调整，银行存款美元户发生汇兑损失2 000元。月末将全部财务费用结转。相关账务处理如下：

(1) 支付承兑汇票手续费。

借：财务费用	400	
贷：银行存款		400

(2) 收到银行存款利息收入。

借：银行存款	1 300	
贷：财务费用		1 300

(3) 发生汇兑损失。

借：财务费用	2 000	
贷：银行存款——美元户		2 000

(4) 将本月发生的财务费用结转。

借：本年利润	1 100	
贷：财务费用		1 100

视野拓展

根据财政部关于修订一般企业财务报表格式的通知，企业利润表"财务费用"项目下，新增"其中：利息费用"和"利息收入"项目，"其中：利息费用"项目，反映企业为筹集生产经营所需资金等而发生的应予费用化的利息支出。该项目应根据"财务费用"科目的相关明细科目的发生额分析填列。"利息收入"项目，反映企业确认的利息收入。该项目应根据"财务费用"科目的相关明细科目的发生额分析填列。

第三节 利润

一、利润的含义及构成

(一) 利润的含义

利润是指企业在一定会计期间的经营成果，包括收入减去费用后的净额、直接计入当期利润的利得和损失等。收入减去费用后的净额反映企业日常活动的业绩；直接计入当期利润的利得和损失反映的是企业非日常活动的业绩，具体指直接计入当期损益、最终会引起所有者权益增减变动、与所有者投入资本或向所有者分配利润无关的利得或损失。

利润的高低不仅反映企业的盈利水平，而且反映企业对整个社会所做的贡献。对利润进行核算，有助于企业投资者和债权人据此进行盈利预测，评价企业的经营业绩，做出正确决策。

利润的确认与计量主要取决于收入和费用以及直接计入当期利润的利得或损失的确认与计量。

（二）利润的构成

企业的利润一般分为营业利润、利润总额和净利润三个层次。

1. 营业利润

营业利润是在一定会计期间内企业从事日常活动取得的利润，是企业利润的主要来源。其构成用公式表示如下：

$$\text{营业利润}=\text{营业收入}-\text{营业成本}-\text{税金及附加}-\text{销售费用}-\text{管理费用}-\text{研发费用}-\text{财务费用}-\text{资产减值损失}+\text{其他收益}+\text{投资收益（-投资损失）}+\text{公允价值变动收益（-公允价值变动损失）}+\text{资产处置收益（-资产处置损失）}$$

公式中，营业收入是指企业经营业务所确认的收入总额，包括主营业务收入和其他业务收入；营业成本是指企业经营业务所发生的实际成本总额；税金及附加是指企业经营活动发生的消费税、城市维护建设税、资源税和教育费附加以及与投资性房地产相关的房产税、城镇土地使用税等；资产减值损失是指计提各项资产减值准备所形成的损失；其他收益反映计入其他收益的政府补助等；公允价值变动收益是指交易性金融资产、交易性金融负债，以及采用公允价值模式计量的投资性房地产等公允价值变动形成的应计入当期损益的利得或损失；资产处置收益反映企业出售划分为持有待售的非流动资产或处置组时确认的处置利得或损失，以及处置未划分为持有待售的固定资产、在建工程、生产性生物资产及无形资产而产生的处置利得或损失。

2. 利润总额

利润总额是指企业一定期间的营业利润，加上营业外收入减去营业外支出后的所得税前利润总额。

利润总额=营业利润+营业外收入-营业外支出

其中，营业外收入（或支出）是指企业发生的与日常活动无直接关系的各项利得（或损失）。营业外收入与营业外支出虽然与企业日常生产经营活动无直接关系，但从企业主体的角度来看，同样是其经济利益的流入或流出，从而构成利润的一部分，会影响企业的盈亏状况。

（1）营业外收入是指企业取得的与日常活动没有直接关系、直接计入当期损益的各项利得，主要包括非流动资产毁损报废利得、债务重组利得、非货币性资产交换利得、罚没利得、政府补助利得、无法支付的应付款项、捐赠利得、盘盈利得等。

（2）营业外支出是指企业发生的与日常活动没有直接关系、直接计入当期损益的各项损失，主要包括：非流动资产毁损报废损失、债务重组损失、公益性捐赠支出、非常损失、盘亏损失等。

营业外收入和营业外支出所包括的收支项目互不相关，不存在配比关系，因此，不得以营业外支出直接冲减营业外收入，也不得以营业外收入抵补营业外支出，二者的发生金额应当分别核算。

3. 净利润

净利润是指企业一定期间的利润总额减去所得税费用后的净额，也称为税后利润。

净利润=利润总额-所得税费用

其中，所得税费用是指企业按照会计准则的规定确认的应从当期利润总额中扣除的当期所得税费用和递延所得税费用。

【例 11-13】

甲公司2×20年度取得主营业务收入6 000万元，其他业务收入1 100万元，其他收益110万元，投资净收益900万元，营业外收入250万元；发生主营业务成本4 600万元，其他业务成本700万元，税金及附加50万元，销售费用380万元，管理费用350万元，财务费用120万元，资产减值损失110万元，信用减值损失90万元，公允价值变动净损失100万元，资产处置净损失160万元，营业外支出210万元；本年度确认的所得税费用为520万元。计算甲公司2×20年度的营业利润、利润总额和净利润。

营业利润=6 000+1 100+110+900-4 600-700-50-380-350-120-110-90-100-160=1 450（万元）

利润总额=1 450+250-210=1 490（万元）

净利润=1 490-520=970（万元）

二、利润的结转与分配

（一）利润的结转

企业应设置“本年利润”科目，用于核算企业当期实现的净利润或发生的净亏损。利润计算与结转的基本会计处理程序如下：

（1）会计期末，企业应将各损益类科目的余额转入“本年利润”科目，结平各损益类科目，即将收入类科目的贷方余额转入“本年利润”科目的贷方，借记“主营业务收入”“其他业务收入”“营业外收入”等科目，贷记“本年利润”科目；将支出类科目的借方余额转入“本年利润”科目的借方，借记“本年利润”科目，贷记“主营业务成本”“其他业务成本”“税金及附加”“所得税费用”等科目。

期末结转损益类科目余额后，“本年利润”科目如为贷方余额，反映年初至本期期末累计实现的净利润；如为借方余额，反映年初至本期期末累计发生的净亏损。

为了简化核算，企业在中期期末也可以不进行上述利润结转，年内各期实现的利润直接通过利润表计算；年度终了时，再将各损益类科目全年累计金额一次转入“本年利润”科目。

（2）年度终了，企业应将收入和支出相抵后结出的本年实现净利润，转入“利润分配——未分配利润”科目，借记“本年利润”科目，贷记“利润分配——未分配利润”科目；如果为净亏损，借记“利润分配——未分配利润”科目，贷记“本年利润”科目。结转后，“本年利润”科目应无余额。

(二) 利润的分配

企业当期实现的净利润，加上年初未分配利润（或减去年初未弥补亏损）后的余额，为可供分配的利润。可供分配的利润，一般按下列顺序分配：

(1) 提取法定盈余公积，是指企业根据有关法律的规定，按照净利润的10%提取的盈余公积。法定盈余公积累计金额达到企业注册资本的50%以上时，可以不再提取。

(2) 提取任意盈余公积，是指企业按股东大会决议提取的盈余公积。

(3) 应付现金股利或利润，是指企业按照利润分配方案分配给股东的现金股利，也包括非股份有限公司分配给投资者的利润。

(4) 转作股本的股利，是指企业按照利润分配方案以分派股票股利的形式转作股本的股利，也包括非股份有限公司以利润转增的资本。

企业应当设置“利润分配”科目，核算利润的分配（或亏损的弥补）情况，以及历年积存的未分配利润（或未弥补亏损）。该科目还应当分别按“提取法定盈余公积”“提取任盈余公积”“应付现金股利（或利润）”“转作股本的股利”“盈余公积补亏”“未分配利润”等进行明细核算。年度终了，企业应将“利润分配”科目所属其他明细科目余额转入“未分配利润”明细科目。结转后，除“未分配利润”明细科目外，其他明细科目应无余额。

【例 11-14】

甲公司2×20年度实现净利润880万元，按净利润的10%提取法定盈余公积，按净利润的5%提取任意盈余公积，向股东分派200万元现金股利，同时分派每股面值1元的股票股利220万股。

(1) 提取盈余公积。

借：利润分配——提取法定盈余公积　　880 000
　　　　　　——提取任意盈余公积　　440 000
　贷：盈余公积——法定盈余公积　　880 000
　　　　　　　——任意盈余公积　　440 000

(2) 分配现金股利。

借：利润分配——应付现金股利　　2 000 000
　贷：应付股利　　2 000 000

(3) 分配股票股利，已办妥增资手续。

借：利润分配——转作股本的股利　　2 200 000
　贷：股本　　2 200 000

(4) 结转“利润分配”科目所属其他明细科目余额。

借：利润分配——未分配利润　　5 520 000
　贷：利润分配——提取法定盈余公积　　880 000
　　　　　　　——提取任意盈余公积　　440 000
　　　　　　　——应付现金股利　　2 000 000
　　　　　　　——转作股本的股利　　2 200 000

引导案例分析

依据引导案例华策影视发布的新准则收入影响公告，分析该公司采用的新旧收入确认与计量会计政策的差异，结合本章内容进一步理解新准则下收入确认的基本理念与步骤。通过收集新收入准则下影视行业上市公司收入确认与计量政策，总结该行业收入确认与计量规律，并与一般工商企业收入确认与计量的会计政策进行行业间比较。

思考题

1. 收入确认的原则与前提条件有哪些？
2. 合同中存在可变对价的，如何确定交易价格？
3. 合同中存在重大融资成分时，收入应当如何进行确认与计量？
4. 如何理解费用确认与计量的基本原则？
5. 简述企业净利润结转的账结法与表结法。

即测即评

业务实操

2×18年10月，甲公司与客户签订合同，为客户装修一栋办公楼并安装一部电梯，合同总金额为100万元。甲公司预计的合同总成本为80万元，其中包括电梯的采购成本30万元。2×18年12月，甲公司将电梯运达施工现场并经过客户验收，客户已取得对电梯的控制权，但是根据装修进度，预计到20×9年2月才会安装该电梯。截至2×18年12月，甲公司累计发生成本40万元，其中包括支付给电梯供应商的采购成本30万元以及因采购电梯发生的运输和人工等相关成本5万元。假定该装修服务（包括安装电梯）构成单项履约义务，并属于在某一时段内履行的履约义务，甲公司是主要责任人，但不参与电梯的设计和制造；甲公司采用成本法确定履约进度。上述金额均不含增值税。

要求：根据资料计算2×18年12月该合同的履约进度、应确认收入金额和应结转成本的金额。

参考答案

第十二章 财务报告

【内容框架】

财务报告是向外部信息使用者提供决策有用信息的媒介和渠道，是沟通外部信息使用者与企业管理层之间信息的桥梁和纽带，企业有履行及时披露信息的义务。本章主要介绍财务报告的作用、内容、编制要求和各种财务报表的编制方法。具体内容框架如下图所示：

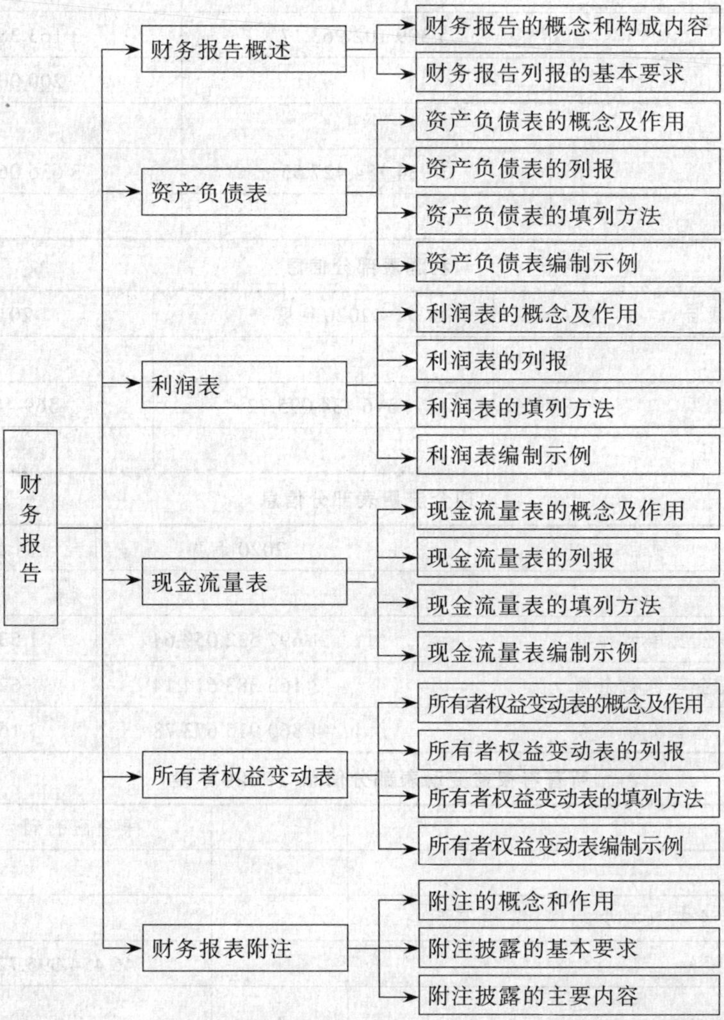

【学习目标】

通过本章的学习，了解财务报告的意义和内容，理解资产负债表、利润表、现金流量表、所有者权益变动表的作用、结构原理、编制基础和附注基本内容，掌握资产负债表、利润表、现金流量表和所有者权益变动表的编制方法。

引导案例

东风汽车股份有限公司2020年财务报表部分信息分析

东风汽车股份有限公司2020年财务报表部分信息见表12-1、表12-2、表12-3、表12-4。

表12-1 **资产负债表部分信息** 单位：元

	2020年12月31日	2019年12月31日
货币资金	5 399 102 963.17	3 163 383 614.14
交易性金融资产		200 000 000.00
⋮	⋮	⋮
未分配利润	3 984 184 427.55	3 636 060 970.09
⋮	⋮	⋮

表12-2 **利润表部分信息** 单位：元

项目	2020年度	2019年度
⋮	⋮	⋮
六、综合收益总额	546 434 095.72	569 444 340.19
⋮	⋮	⋮

表12-3 **现金流量表部分信息** 单位：元

项目	2020年度	2019年度
⋮	⋮	⋮
五、现金及现金等价物净增加额	1 697 532 059.64	1 534 393 556.59
加：期初现金及现金等价物余额	3 163 383 614.14	1 628 990 057.55
六、期末现金及现金等价物余额	4 860 915 673.78	3 163 383 614.14

表12-4 **所有者权益变动表部分信息（2020年度）** 单位：元

项目	⋮	未分配利润	⋮
⋮	⋮	⋮	⋮
三、本期增减变动金额（减少以“－”号填列）			
（一）综合收益总额		546 434 095.72	
⋮	⋮	⋮	⋮
四、本期期末余额		3 984 184 427.55	

分析上述部分报表信息，可以发现，资产负债表中2020年12月31日的“未分配利润”与所有者权益变动表中“未分配利润”的“本期期末余额”一致，利润表和所有者权益变动中“综合收益总额”金额一致。但同时也发现，现金流量表中“期末现金及现金等价物余额”与资产负债表中“货币资金”存在差异，差异的原因是什么？财务报表的内容包括哪些？报表的数据是怎样生成的？它们之间存在什么样的钩稽关系？

第一节 财务报告概述

一、财务报告的概念和构成内容

（一）财务报告的概念

财务报告，是指企业对外提供的反映企业某一特定日期的财务状况和某一会计期间的经营成果、现金流量等会计信息的文件。

财务报告是企业财务会计确认与计量的最终结果体现，企业外部信息使用者主要是通过财务报告来了解企业当前的财务状况、经营成果和现金流量等情况，预测未来发展趋势。

（二）财务报告的分类

1. 按反映的内容分类

财务报告包括财务报表和其他应当在财务报告中披露的相关信息及资料。

财务报表是财务报告的主体核心内容，包括：资产负债表、利润表、现金流量表、所有者权益（或股东权益）变动表、报表附注。

2. 按编报期间分类

按编报期间，财务报表可以分为中期财务报表和年度财务报表，其中中期财务报表是以短于一个完整会计年度的报告期间为基础编制的财务报表，包括月报、季报和半年报等。中期财务报表至少应当包括资产负债表、利润表、现金流量表和附注。

3. 按编报主体分类

按编报主体，财务报表可以分为个别财务报表和合并财务报表。个别财务报表是由企业在自身会计核算基础上对账簿记录进行加工而编制的财务报表，它主要用以反映企业自身的财务状况、经营成果和现金流量情况。合并财务报表是以母公司和子公司组成的企业集团为会计主体，根据母公司和所属子公司的财务报表，由母公司编制的综合反映企业集团财务状况、经营成果及现金流量的财务报表。

本章主要讲解个别企业年度财务报表。

【启发思考】通过下载和阅读东风汽车股份有限公司2020年年度报告，按照三个分类标准对财务报表进行分类并查看相应内容。

二、财务报表列报的基本要求

财务报表列报，是指交易和事项在报表中的列示和在附注中的披露。在财务报表的列报中，“列示”通常反映资产负债表、利润表、现金流量表和所有者权益变动表等报表中的信息，“披露”通常反映附注中的信息。财务报表列报的基本要求如下：

（一）依据各项会计准则确认和计量的结果编制财务报表

企业应当根据实际发生的交易和事项，遵循企业会计基本准则和各项具体准则的规定进行确认和计量，并在此基础上编制财务报表。企业应当在附注中对这一情况做出声明，只有遵循了企业会计准则的所有规定时，财务报表才应当被称为“遵循了企业会计准则”。

（二）以持续经营为列报基础

持续经营是会计的基本前提，是会计确认、计量及编制财务报表的基础。企业会计准则规范的是持续经营条件下企业所发生交易和事项的确认、计量及报表列报。

如果企业出现了非持续经营，应当采用其他基础编制财务报表，比如破产企业的资产采用可变现净值计量、负债按照其预计的结算金额计量等。企业应当在附注中声明财务报表未以持续经营为基础列报。

（三）以权责发生制为主要编制基础

除现金流量表以收付实现制为基础编制外，其他财务报表应当依据权责发生制为基础来编制。

（四）依据重要性原则单独或汇总列报项目

关于项目在财务报表中是单独列报还是合并列报，应当依据重要性来判断。总的原则是，如果某项目单个看不具有重要性，则可将其与其他项目合并列报；如具有重要性，则应当单独列报。

在进行重要性判断时，应当依据企业所处的具体环境，一方面从项目的性质是否属于企业日常经营活动，是否显著影响企业的财务状况、经营成果和现金流量等因素进行判断；另一方面从项目金额所占直接相关项目金额比重或所属报表单列项目金额的比重加以判断。

（五）列报的一致性

财务报表项目的列报应当在各个会计期间保持一致，不得随意变更，这一要求不仅只针对财务报表中的项目名称，而且包括财务报表项目的分类、排列顺序等方面。

当会计准则要求改变或企业经营业务的性质发生重大变化后，变更财务报表的列报能够提供更可靠、更相关的会计信息时，财务报表项目的列报是可以改变的。

（六）财务报表项目金额间的相互抵销

财务报表项目应当以总额列报，资产和负债、收入和费用、直接计入当期利润的利得和损失项目的金额不能相互抵销，即不得以净额列报，但企业会计准则另有规定的除外。这是因为，如果相互抵销，所提供的信息就不完整，降低信息的可比性。以下三种情况不属于抵销，可以以净额列示：

（1）资产以扣除减值准备后的净额列示。如对资产计提减值准备，表明资产的价值确实发生了减损，资产项目按扣除减值准备后的净额列示，才能反映资产当时的真实价值。

（2）一组类似交易形成的利得和损失以净额列示。如汇兑损益以净额列报、投资损益以净额列报等。

（3）同一非日常活动产生的收益扣减费用后的净额列示。非日常活动并非企业的主要业务，且具有偶然性，从重要性来讲，抵销后反而更利于报表使用者的理解。

（七）比较信息的列报

企业在列报当期财务报表时，至少应当提供列报项目上一可比会计期间的比较数据，以及与理解当期财务报表相关的说明，目的是向报表使用者提供对比数据，提高信息在会计期间的可比性，以反映企业财务状况、经营成果和现金流量的发展趋势，提高报表使用者的判断与决策能力。

在财务报表项目的列报确需发生变更的情况下，企业应当对上期比较数据按照当期的列报要求进行调整，并在附注中披露调整的原因和性质，以及调整的各项目金额。如果对上期比较数据进行调整是不切实可行的，则应当在附注中披露不能调整的原因。

（八）表首的列报要求

财务报表一般分为表首、正表两部分，其中，在表首部分应当概括说明下列基本信息：编报企业名称、资产负债表日或报表涵盖的会计期间、货币名称和单位，如是合并财务报表应当予以标明。

（九）报告期间

企业至少应当编制年度财务报表。如果年度财务报表涵盖的期间短于一年的（如企业5月1日开始设立）等，应当披露实际涵盖期间及短于一年的原因，并说明由此引起财务报表项目与比较数据不具可比性这一事实。

第二节　资产负债表

一、资产负债表的概念及作用

资产负债表是反映企业在某一特定日期（资产负债表日）财务状况的会计报表。资产负债表的作用主要表现在以下几个方面：

第一，反映某一日期的资产总额及其结构，表明企业拥有或控制的资源总量及其分布情况。

第二，反映某一日期的负债总额及其结构，表明企业未来需要清偿的债务及清偿时间。

第三，反映所有者所拥有的权益，据以判断资本保值、增值的情况以及对负债的保障程度。

此外，资产负债表提供财务分析的基本资料，可以利用资产负债表计算流动比率、速动比率、资产负债率等财务指标，来分析企业的变现能力、偿债能力等，从而帮助报表使用者做出经济决策。

二、资产负债表的列报

（一）资产负债表的列报格式

资产负债表的列报格式一般有报告式和账户式两种。报告式资产负债表是上下结构，上半部列示资产，下半部列示负债和所有者权益；账户式资产负债表是左右结构，左边列示资产，右边列示负债和所有者权益。根据我国现行财务报表列报准则的规定，资产负债表采用账户式格式。账户式资产负债表按照“资产=负债+所有者权益”的原理对各项目进行排列，因为企业需要提供比较资产负债表，各项目还需按照“年初余额”和“期末余额”两栏分别列报。

（二）资产负债表的列报内容

1. 资产的列报

按照流动资产和非流动资产两大类分别列报。满足下列条件之一的，应当归类为流动资产：

（1）预计在一个正常营业周期中变现、出售或耗用。

（2）主要为交易目的而持有，但自资产负债表日起超过12个月到期且预期持有超过12个月的除外。

（3）预计在资产负债表日起一年内（含一年）变现。

（4）自资产负债表日起一年内，交换其他资产或清偿负债的能力不受限制的现金或现金等价物。

流动资产以外的资产应当归类为非流动资产，并按其性质分类列示。

2. 负债的列报

按照流动负债和非流动负债两大类分别列报。满足下列条件之一的，应当归类为流动负债：

（1）预计在一个正常营业周期中清偿。

（2）主要为交易目的而持有。

（3）自资产负债表日起一年内到期应予以清偿的债务。

（4）企业无权自主地将清偿推迟至资产负债表日后一年以上。

流动负债以外的负债应当归类为非流动负债，并按其性质分类列示。

3. 所有者权益的列报

所有者权益一般按照净资产的不同来源和特定用途进行分类，应当按照实收资本（或股本）、其他权益工具、资本公积、其他综合收益、盈余公积、未分配利润等项目分项列示。

三、资产负债表的填列方法

(一) 资产负债表各项目的列报说明

1.“货币资金”项目，反映企业库存现金、银行存款、其他货币资金的合计数。本项目应根据“库存现金”“银行存款”“其他货币资金”账户期末余额合计数填列。

2.“交易性金融资产”项目，反映企业以公允价值计量且其变动计入当期损益的金融资产的期末账面价值。本项目应根据“交易性金融资产”明细账户期末余额分析填列。自资产负债表日起超过一年到期且预期持有超过一年的以公允价值计量且其变动计入当期损益的非流动金融资产，在“其他非流动金融资产”项目中填列。

3.“衍生金融资产”项目，反映衍生金融工具的资产价值。本项目应根据“衍生金融资产”账户期末余额填列。

4.“应收票据”项目，反映企业因销售商品、提供劳务等而收到的商业汇票。本项目应根据“应收票据”账户的期末余额，减去“坏账准备——应收票据”明细账户期末余额后的金额填列。

5.“应收账款”项目，反映企业因销售商品、提供劳务等应收取的款项。本项目应根据“应收账款”和“预收账款”所属明细账户期末借方余额合计数，减去“坏账准备——应收账款”明细账户期末余额后的金额填列。若“应收账款”所属明细账户有贷方余额的，应在“预收账款”项目下填列。

6.“应收款项融资”项目，反映资产负债表日以公允价值计量且其变动计入其他综合收益的应收票据和应收账款等。本项目应根据“应收款项融资”账户的期末余额分析填列。

7.“预付款项”项目，反映企业按照购货合同规定预付给供应单位的款项等。本项目应根据“预付账款”和“应付账款”所属明细账户期末借方余额合计数，减去“预付账款——坏账准备”明细账户期末余额后的金额填列。若“预付账款”所属明细账户有贷方余额的，应在“应付账款”项目下填列。

8.“其他应收款”项目，反映企业除应收票据、应收账款、预付账款以外的其他各种应收、暂付的款项等。本项目应根据“其他应收款”“应收利息”“应收股利”账户期末余额合计数，减去“坏账准备”相应明细账户余额后的金额填列。

9.“存货”项目，反映企业期末在库、在途和在加工中的各种存货的成本或可变现净值。本项目应根据“材料采购”“原材料”“在途物资”“周转材料”“委托加工物资”“材料成本差异”“库存商品”“发出商品”“委托代销商品”“产品成本差异”“商品进销差价”“生产成本”“存货跌价准备”“受托代销商品”“代销商品价款”等账户期末余额分析计算填列。

10.“合同资产”项目，反映企业已向客户转让商品而有权收取对价的权利（该权利取决于时间流逝之外的其他因素）的价值。本项目应根据“合同资产”账户及相关明细账户的期末余额分析填列。同一合同下的合同资产和合同负债应当以净额列示，其中净额为借方余额的，应当根据其流动性在“合同资产”或“其他非流动资产”项目中填列，已计提减值准备的，还应减去“合同资产减值准备”账户中相应的余额后的金额填列。

11.“持有待售资产”项目，反映企业划分为持有待售的非流动资产及划分为持有待售的处置组中的资产的期末账面价值。本项目应根据“持有待售资产”账户的期末余额填列，或根据非流动资产类账户的余额分析计算填列。

12.“一年内到期的非流动资产”项目，反映企业将于一年内到期的非流动资产项目的金额。本项目应根据有关非流动资产明细账户余额分析填列。

13.“其他流动资产”项目，反映企业上述流动资产以外的其他流动资产的价值。本项目应根据有关账户的期末余额分析填列。

14.“债权投资”项目，反映企业业务管理模式为以特定日期收取合同现金流量为目的的以摊余成本计量的金融资产的账面价值。本项目应根据“债权投资”账户余额减去“债权投资减值准备”账户余额后的金额填列。自资产负债表日起一年内到期的长期债权投资的期末账面价值，在“一年内到期的非流动资产”项目中填列。

15.“其他债权投资”项目，反映企业既可能持有到期收取现金流量，也可能在到期之前全部出售的债权投资的账面价值（即公允价值）。本项目应根据“其他债权投资”账户的明细账户期末余额分析填列。自资产负债表日起一年内到期的长期债权投资的期末账面价值，在“一年内到期的非流动资产”项目中填列。购入的以公允价值计量且其变动计入其他综合收益的一年内到期债权投资，在“其他流动资产”项目填列。

16.“长期应收款”项目，反映企业融资租赁产生的应收款项、采用递延方式具有融资性质的销售商品和提供劳务等产生的长期应收款等。本项目应根据“长期应收款”账户的期末余额，减去相应的“未实现融资收益”和“坏账准备”明细账户的余额后的金额填列。自资产负债表日起一年内到期的长期应收款，在“一年内到期的非流动资产”项目中填列。

17.“长期股权投资”项目，反映企业持有的对子公司、联营企业和合营企业的长期股权投资的账面价值。本项目应根据“长期股权投资”账户的期末余额，减去“长期股权投资减值准备”账户期末余额后的金额填列。

18.“其他权益工具投资”项目，反映企业不具有控制、共同控制和重大影响的股权及非交易性股票投资的账面价值（即公允价值）。本项目应根据“其他权益工具投资”账户的期末余额填列。

19.“其他非流动金融资产”项目，反映企业自资产负债表日起超过一年到期且预期持有超过一年的以公允价值计量且其变动计入当期损益的非流动资产的期末账面价值。本项目应根据“交易性金融资产”账户的发生额分析填列。

20.“投资性房地产”项目，反映企业持有的投资性房地产期末的账面价值。企业采用成本模式对投资性房地产进行后续计量的，本项目应根据“投资性房地产”账户的期末余额，减去“投资性房地产累计折旧（或摊销）”账户和“投资性房地产减值准备”账户期末余额后的金额填列。企业采用公允价值模式对投资性房地产进行后续计量的，本项目应根据“投资性房地产”账户的期末余额填列。

21.“固定资产”项目，反映企业各种固定资产的账面价值。本项目应根据“固定资产”账户的期末余额，减去“累计折旧”账户和“固定资产减值准备”账户期末余额后的金额，以及“固定资产清理”账户的期末余额填列。

22.“在建工程”项目，反映企业期末各项未完工程的实际支出数额。本项目应根据“在建工程”“工程物资”“在建工程减值准备”账户期末余额分析填列。

23.“生产性生物资产”项目，反映企业持有的各种生产性生物资产的账面价值。本项目应根据“生产性生物资产”账户的期末余额，减去“生产性生物资产累计折旧”账户和“生产性生物资产减值准备”账户期末余额后的金额填列。

24.“油气资产”项目，反映企业持有的矿区权益和油气井及相关设施的账面价值。本项目应根据“油气资产”账户的期末余额，减去“累计折耗”账户和“油气资产减值准备”账户期末余额后的金额填列。

25.“使用权资产”项目，反映承租人企业持有的使用权资产的期末余额。本项目应根据“使用权资产”账户的期末余额，减去“使用权资产累计折旧”账户和“使用权资产减值准备”账户期末余额后的金额填列。

26.“无形资产”项目，反映企业持有的专利权、非专利技术、商标权、著作权、土地使用权等无形资产的账面价值。本项目应根据“无形资产”账户的期末余额，减去“累计摊销”账户和“无形资产减值准备”账户期末余额后的金额填列。

27.“开发支出”项目，反映企业开发无形资产过程中能够资本化形成无形资产成本的支出部分。本项目应根据“研发支出——资本化支出”明细账户的期末余额填列。

28.“商誉”项目，反映企业合并中形成的商誉的价值。本项目应根据“商誉”账户期末余额，减去相应减值准备后的金额填列。

29.“长期待摊费用”项目，反映企业已经发生但应由本期和以后各期负担的分摊期限在一年以上的各项费用。本项目应根据“长期待摊费用”账户的期末余额填列。长期待摊费用摊销期限只剩一年或不足一年的，或者预计在一年内（含一年）进行摊销的部分，仍在“长期待摊费用”项目中列示，不转入“一年内到期的非流动资产”项目。

30.“递延所得税资产”项目，反映企业确认的可抵扣暂时性差异对纳税的影响额。本项目应根据“递延所得税资产”账户期末余额填列。

31.“其他非流动资产”项目，反映企业除上述非流动资产以外的其他非流动资产的价值。本项目应根据有关明细账户的期末余额分析填列。

32.“短期借款”项目，反映企业向银行或其他金融机构等借入的期限在一年以下（含一年）的各种借款。本项目应根据“短期借款”账户期末余额填列。

33.“交易性金融负债”项目，反映企业承担的以公允价值计量且其变动计入当期损益的以交易为目的所持有的金融负债。本项目应根据“交易性金融负债”账户期末余额填列。

34.“衍生金融负债”项目，反映衍生金融工具的负债金额。本项目应根据“衍生金融负债”账户期末余额填列。

35.“应付票据”项目，反映企业购买材料、商品和提供劳务等开出、承兑的商业汇票。本项目应根据“应付票据”账户期末余额填列。

36.“应付账款”项目，反映企业购买材料、商品和提供劳务等应支付的款项。本项目应根据“应付账款”和“预付账款”所属明细账户期末贷方余额合计数填列。“应付账款”所属明细账有借方余额的，填列在“预付账款”项目下。

37.“预收款项”项目，反映企业按照购货合同规定预收购货方的款项。本项目应根据“预收账款”和“应收账款”所属明细账户期末贷方余额合计数填列。“预收账款”所属明细账有借方余额的，填列在“应收账款”项目下。

38.“合同负债”项目，反映企业已收客户对价而应向客户转让商品的义务的价值。本项目应根据“合同负债”账户及相关明细账户期末余额分析填列。同一合同下的合同资产和合同负债应当以净额列示，其中净额为贷方余额的，应当根据其流动性在“合同负债”或“其他非流动负债”项目中填列。

39.“应付职工薪酬”项目，反映企业应付给职工的各种薪酬。本项目应根据“应付职工薪酬”账户期末余额填列。

40.“应交税费”项目，反映企业按照税法规定计算应缴纳的各种税费。本项目应根据“应交税费”各明细账户期末贷方余额合计数填列。若“应交税费”明细账户余额在借方，应根据其流动性在“其他流动资产”或“其他非流动资产”项目中填列。

41.“其他应付款”项目，反映企业除应付票据、应付账款、预收账款、应付职工薪酬、应交税费等以外的其他各种应付、暂收的款项等。本项目应根据“其他应付款”“应付利息”“应付股利”账户期末余额合计数填列。

42.“持有待售负债”项目，反映企业划分为持有待售的处置组中的负债的金额。本项目应根据“持有待售负债”账户期末余额填列。

43.“一年内到期的非流动负债”项目，反映企业非流动负债中将于资产负债表日后一年内到期的负债的金额。本项目应根据有关非流动负债账户期末余额分析填列。

44.“其他流动负债”项目，反映企业除上述流动负债项目以外的其他流动负债的金额。本项目应根据有关明细账户期末余额分析填列。

45.“长期借款”项目，反映企业向银行或其他金融机构借入的期限在一年以上（不含一年）的各种借款。本项目应根据“长期借款”账户期末余额填列。自资产负债表日起一年内到期的长期借款，在“一年内到期的非流动负债”项目中填列。

46.“应付债券”项目，反映企业为筹集长期资金而发行的债券本金和利息。本项目应根据“应付债券”账户期末余额填列。自资产负债表日起一年内到期的应付债券，在“一年内到期的非流动负债”项目中填列。

47.“租赁负债”项目，反映承租人企业尚未支付的租赁付款额的期末余额。本项目应根据“租赁负债”账户期末余额填列。自资产负债表日起一年内到期应支付的租赁负债，在“一年内到期的非流动负债”项目中填列。

48.“长期应付款”项目，反映企业除长期借款和应付债券以外的其他各种长期应付款项。本项目应根据“长期应付款”账户的期末余额，减去相应的“未确认融资费用”账户期末余额后的金额填列。自资产负债表日起一年内到期的长期应付款，在“一年内到期的非流动负债”项目中填列。

49.“预计负债”项目，反映企业确认的对外提供担保、未决诉讼、产品质量保证、重组义务、亏损合同等预计负债金额。本项目应根据“预计负债”账户期末余额填列。

50.“递延收益”项目，反映企业应当在以后期间计入当期损益的政府补助。本项目应根据“递延收益”账户期末余额填列。

51.“递延所得税负债”项目，反映企业确认的应纳税暂时性差异对纳税的影响额。本项目应根据“递延所得税负债”账户期末余额填列。

52.“其他非流动负债”项目，反映企业除上述非流动负债项目以外的其他非流动负债的金额。本项目应根据有关账户期末余额减去将于一年内（含一年）到期偿还数后的余额填列。

53.“实收资本（或股本）”项目，反映企业各投资者实际投入的资本（或股本）总额。本项目应根据“实收资本”账户期末余额填列。

54.“其他权益工具”项目，反映企业发行的除普通股以外的归类为权益工具优先股、永续债的价值。本项目应根据“其他权益工具”账户期末余额填列。

55.“资本公积”项目，反映企业资本公积的期末余额。本项目应根据“资本公积”账户期末余额填列。

56.“库存股”项目，反映企业持有尚未转让或注销的本公司股份金额。本项目应根据“库存股”账户期末余额填列。

57.“其他综合收益”项目，反映企业根据会计准则规定未在当期损益中确认的各种利得和损失。本项目应根据“其他综合收益”账户期末余额填列。

58.“专项储备”项目，反映高危行业企业根据国家规定提取的安全生产费的期末账面价值。本项目应根据“专项储备”账户期末余额填列。

59.“盈余公积”项目，反映企业提取的法定盈余公积和任意盈余公积的期末余额。本项目应根据“盈余公积”账户期末余额填列。

60.“未分配利润”项目，反映企业尚未分配的利润余额。本项目应根据“本年利润”账户和“利润分配”账户期末余额计算填列。未弥补的亏损在本项目内以“-”号填列。

（二）资产负债表“年初余额”栏的列报方法

资产负债表中的“年初余额”栏各项目，通常根据上年年末有关项目的期末余额填列，且与上年年末资产负债表“期末余额”栏相一致。如果企业发生了会计政策变更、前期差错更正，应当对“年初余额”栏中的有关项目进行相应调整。此外，如果企业上年度资产负债表规定的项目名称和内容与本年度不一致，应当对上年年末资产负债表相关项目的名称和数字按照本年度的规定进行调整，填入“年初余额”栏。

（三）资产负债表“期末余额”栏的列报方法

资产负债表中的“期末余额”栏一般应根据资产、负债和所有者权益类账户的期末余额填列。主要包括以下方式：

1.根据总账账户的余额填列。如“衍生金融资产”“其他权益工具投资”“递延所得税资产”“长期待摊费用”“短期借款”“交易性金融负债”“衍生金融负债”“应付职工薪酬”“持有待售负债”“预计负债”“递延收益”“递延所得税负债”“实收资本（或股本）”“其他权益工具”“资本公积”“库存股”“其他综合收益”“盈余公积”等项目，应根据有关总账账户的余额填列。

有些项目则需根据几个总账账户的余额计算填列，如“货币资金”“其他应付款”等项目。

2.根据明细账账户的余额分析计算填列。如“开发支出”“预收款项”“交易性金融资产”“其他债权投资”“应交税费”“一年内到期的非流动资产”“一年内到期的非流动负债”等项目，根据相关明细账户期末余额分析计算填列。

3.根据总账账户和明细账账户的余额分析计算填列。如“应付票据”“应付账款”“长期借款”“应付债券”“其他流动资产”“其他流动负债”“其他非流动负债”等项目，应根据相关总账账户和明细账账户的余额分析计算填列。

4.根据有关账户余额减去其备抵账户余额后的净额填列。如“持有待售资产”“长期股权投资”“在建工程”“商誉”“固定资产”“无形资产”“投资性房地产”“生产性生物资产”“油气资产”“长期应收款”“长期应付款”等项目，应根据有关账户余额减去其备抵账户余额后的净额填列。

5.综合运用上述填列方法分析填列。如“应收账款”“其他应收款”“预付款项”“债权投资”“合同资产”“合同负债”“存货”等项目，是综合运用上述填列方法分析填列的。

四、资产负债表编制示例

【例 12-1】

甲股份有限公司为工业企业，2×21年有关资料如下：

1.甲股份有限公司为增值税一般纳税人，增值税税率为13%，所得税税率为25%，城市维护建设税税率为7%，教育费附加率为3%，坏账准备提取率为0.5%；法定盈余公积、任意盈余公积按净利润的10%、5%提取，应付股利按净利润的30%计提；原材料、周转材料按计划成本计价，库存商品按实际成本计价；长期股权投资按成本法核算；无关联方。2×21年1月1日有关账户的余额见表12-5。

表 12-5 **账户余额表**

2×21年1月1日

单位：元

账户名称	借方余额	账户名称	贷方余额
库存现金	1 000	短期借款	250 000
银行存款	1 880 000	应付票据	200 000
其他货币资金	153 400	应付账款	303 000
交易性金融资产	20 000	应付职工薪酬	900 000
应收票据	280 000	其他应付款	22 900
应收账款	600 000	应交税费	96 000
预付账款	100 000	应付利息	2 840
坏账准备——应收票据	−1 400	长期借款	1 800 000
——应收账款	−3 000	其中：一年内到期的长期负债	1 000 000
——预付账款	−500	股本	4 500 000
材料采购	325 000	盈余公积	300 000
原材料	750 000	利润分配（未分配利润）	100 000
包装物	58 000		
低值易耗品	80 000		
材料成本差异	−17 760		
库存商品	1 360 000		
长期股权投资	400 000		
固定资产	1 640 000		
累计折旧	−550 000		
在建工程	800 000		
无形资产	500 000		
长期待摊费用	100 000		
合计	8 474 740	合计	8 474 740

2. 甲公司2×21年发生如下经济业务：

（1）从当地购买材料一批，买价150 000元，增值税19 500元，款项签发转账支票付讫。材料运到入库，计划成本为156 000元。

（2）用存款支付工资800 000元，其中工程人员工资100 000元。

（3）收到银行付款通知，系用银行存款支付到期的商业汇票款10 000元。

（4）销售产品一批，售价400 000元，增值税52 000元，款项未收到。该批产品成本为220 000元。

（5）收到原材料一批，实际成本为325 000元，计划成本为321 000元，材料已验收入库，款项已于上年支付。

（6）用银行存款支付产品广告费20 000元。

（7）从外地购入材料一批，买价98 000元，增值税12 740元，运费1 000元，增值税60元，款项总计111 800元用银行汇票支付，材料验收入库。该批材料计划成本为100 000元。

（8）收到银行转来银行汇票多余款收账通知，系用银行汇票购买材料余款400元。

（9）购入不需要安装的生产用设备1台，价款50 000元，增值税6 500元，发生运杂费500元，款项均以存款支付。设备已交付使用。

（10）赊销产品一批，售价500 000元，增值税65 000元，当即收到商业汇票一张。该批产品成本为350 000元。

（11）出售一台不需用的设备，收到价款330 000元存入银行，不考虑增值税，该设备原价为400 000元，已提折旧150 000元。

（12）购进工程物资一批，含税价20 000元（进项税无法抵扣），以存款支付。

（13）银行转来收账通知，系一张面值为280 000元的无息商业汇票到期收账。

（14）销售产品一批，售价700 000元，增值税销项税额91 000元，货款银行已收妥。该批产品成本为450 000元。

（15）收到应收账款68 000元存入银行。

（16）一台机床报废，原价300 000元，已提折旧290 000元，清理费用500元，残值收入2 500元，均用现金收支。该报废机床已清理完毕。

（17）从银行借入5年期借款600 000元存入银行，准备用于固定资产建造。

（18）签发支票支付管理部门办公费用100 000元。

（19）以存款偿还长期借款1 000 000元。

（20）用银行存款缴纳增值税50 000元。

（21）本期销售产品应缴纳城市维护建设税11 844元，教育费附加5 076元。

（22）以存款缴纳所得税30 000元。

（23）收到现金股利50 000元存入银行。投资双方所得税税率均为25%。

（24）提取应计入本期损益的借款利息共35 000元，其中短期借款利息15 000元，长期借款利息20 000元。

（25）归还短期借款本金250 000元，利息17 840元。

（26）分配应付工资800 000元，其中工程人员工资100 000元，生产人员工资500 000元，车间管理人员工资50 000元，行政管理人员工资150 000元。

（27）依据当地政府规定，公司分别按职工工资总额的10%、12%、2%和10.5%计提医疗保险、养老保险、失业保险和住房公积金。公司还按工资总额的2%、2%、1.5%计提职工福利、工会经费和职工教育费。

（28）将持有的短期股票投资20 000元转让，取得净价款25 000元存入投资户头。

（29）工程完工，计算应予资本化的长期借款利息66 000元。

（30）一项工程完工，交付生产使用，已办理竣工手续，工程总成本为600 000元。

（31）生产产品领用原材料计划成本为800 000元，领用包装物计划成本为20 000元。

（32）结转领用材料、包装物应分摊的材料成本差异。材料成本差异率为-1.42%。

（33）计提固定资产折旧160 000元，其中计入制造费用120 000元，管理费用40 000元。

（34）摊销无形资产50 000元。

（35）摊销长期待摊费用100 000元，其中计入制造费用80 000元，管理费用20 000元。

（36）以存款购买三年期国库券60 000元，将其划归为其他债权投资。

（37）计提坏账准备3 345元。

（38）将制造费用270 000元转入生产成本。

（39）计算并结转本期投产本期全部完工的产品生产成本1 778 356元。

（40）期末国库券的公允价值为62 000元。

（41）将各收支账户的本期发生额结转到“本年利润”账户。

（42）计算并结转应交所得税52 933.75元。

（43）提取法定盈余公积15 880.12元，任意盈余公积7 940.06元，应付普通股现金股利47 640.38元。

（44）将“本年利润”和利润分配各明细账户的余额结转到“未分配利润”明细账户。

3.甲公司根据上述业务编制的会计分录如下：

（1）借：材料采购	150 000	
应交税费——应交增值税（进项税额）	19 500	
贷：银行存款		169 500
借：原材料	156 000	
贷：材料采购		150 000
材料成本差异		6 000
（2）借：应付职工薪酬——工资	800 000	
贷：银行存款		800 000
（3）借：应付票据	10 000	
贷：银行存款		10 000

(4) 借：应收账款 452 000
　　贷：主营业务收入 400 000
　　　　应交税费——应交增值税（销项税额） 52 000
借：主营业务成本 220 000
　贷：库存商品 220 000
(5) 借：原材料 321 000
　　　　材料成本差异 4 000
　　贷：材料采购 325 000
(6) 借：销售费用 20 000
　　贷：银行存款 20 000
(7) 借：材料采购 99 000
　　　　应交税费——应交增值税（进项税额） 12 800
　　贷：其他货币资金 111 800
借：原材料 100 000
　贷：材料采购 99 000
　　　材料成本差异 1 000
(8) 借：银行存款 400
　　贷：其他货币资金 400
(9) 借：固定资产 50 500
　　　　应交税费——应交增值税（进项税额） 6 500
　　贷：银行存款 57 000
(10) 借：应收票据 565 000
　　贷：主营业务收入 500 000
　　　　应交税费——应交增值税（销项税额） 65 000
借：主营业务成本 350 000
　贷：库存商品 350 000
(11) 借：固定资产清理 250 000
　　　　累计折旧 150 000
　　贷：固定资产 400 000
借：银行存款 330 000
　贷：固定资产清理 330 000
借：固定资产清理 80 000
　贷：资产处置损益 80 000
(12) 借：工程物资 20 000
　　贷：银行存款 20 000
(13) 借：银行存款 280 000
　　贷：应收票据 280 000

(14) 借：银行存款 791 000

贷：主营业务收入 700 000

应交税费——应交增值税（销项税额） 91 000

借：主营业务成本 450 000

贷：库存商品 450 000

(15) 借：银行存款 68 000

贷：应收账款 68 000

(16) 借：固定资产清理 10 000

累计折旧 290 000

贷：固定资产 300 000

借：固定资产清理 500

贷：库存现金 500

借：库存现金 2 500

贷：固定资产清理 2 500

借：营业外支出 8 000

贷：固定资产清理 8 000

(17) 借：银行存款 600 000

贷：长期借款 600 000

(18) 借：管理费用 100 000

贷：银行存款 100 000

(19) 借：长期借款 1 000 000

贷：银行存款 1 000 000

(20) 借：应交税费——应交增值税（已交税金） 50 000

贷：银行存款 50 000

(21) 借：税金及附加 16 920

贷：应交税费——应交城市维护建设税 11 844

——应交教育费附加 5 076

(22) 借：应交税费——应交所得税 30 000

贷：银行存款 30 000

(23) 借：银行存款 50 000

贷：投资收益 50 000

(24) 借：财务费用 35 000

贷：应付利息 15 000

长期借款 20 000

(25) 借：短期借款 250 000

应付利息 17 840

贷：银行存款 267 840

(26) 借：在建工程　100 000
　　生产成本　500 000
　　制造费用　50 000
　　管理费用　150 000
　贷：应付职工薪酬——工资　800 000
(27) 借：在建工程　40 000
　　生产成本　200 000
　　制造费用　20 000
　　管理费用　60 000
　贷：应付职工薪酬——社会保险　192 000
　　——住房公积金　84 000
　　——职工福利　16 000
　　——工会经费　16 000
　　——职工教育费　12 000
(28) 借：其他货币资金　25 000
　贷：交易性金融资产　20 000
　　投资收益　5 000
(29) 借：在建工程　66 000
　贷：长期借款　66 000
(30) 借：固定资产　600 000
　贷：在建工程　600 000
(31) 借：生产成本　820 000
　贷：原材料　800 000
　　周转材料——包装物　20 000
(32) 借：材料成本差异　11 644
　贷：生产成本　11 644
(33) 借：制造费用　120 000
　　管理费用　40 000
　贷：累计折旧　160 000
(34) 借：管理费用　50 000
　贷：无形资产　50 000
(35) 借：制造费用　80 000
　　管理费用　20 000
　贷：长期待摊费用　100 000
(36) 借：其他债权投资　60 000
　贷：银行存款　60 000
(37) 借：信用减值损失　3 345

贷：坏账准备——应收票据 1 425

——应收账款 1 920

(38) 借：生产成本 270 000

贷：制造费用 270 000

(39) 借：库存商品 1 778 356

贷：生产成本 1 778 356

(40) 借：其他债权投资 2 000

贷：其他综合收益 2 000

(41) 借：主营业务收入 1 600 000

资产处置损益 80 000

投资收益 55 000

贷：本年利润 1 735 000

借：本年利润 1 523 265

贷：主营业务成本 1 020 000

税金及附加 16 920

管理费用 420 000

销售费用 20 000

财务费用 35 000

信用减值损失 3 345

营业外支出 8 000

(42) 借：所得税费用 52 933.75

贷：应交税费——应交所得税 52 933.75

借：本年利润 52 933.75

贷：所得税费用 52 933.75

(43) 借：利润分配——提取法定盈余公积 15 880.12

——提取任意盈余公积 7 940.06

——应付普通股股利 47 640.38

贷：盈余公积 23 820.18

应付股利 47 640.38

(44) 借：本年利润 158 801.25

贷：利润分配——未分配利润 158 801.25

借：利润分配——未分配利润 71 460.56

贷：利润分配——提取法定盈余公积 15 880.12

——提取任意盈余公积 7 940.06

——应付普通股股利 47 640.38

4. 甲公司2×21年12月31日各分类账户的余额见表12-6。

表 12-6

账户余额表

2×21 年 12 月 31 日

单位：元

科　目	借方余额	科　目	贷方余额
库存现金	3 000	短期借款	0
其他货币资金	66 200	应付票据	190 000
银行存款	1 415 060	应付账款	303 000
交易性金融资产	0	其他应付款	22 900
应收票据	565 000	应付职工薪酬	1 220 000
应收账款	984 000	应付股利	47 640.38
预付款项	100 000	应付利息	0
其他应收款	0	应交税费	255 053.75
坏账准备——应收票据	−2 825	长期借款	1 486 000
——应收账款	−4 920	实收资本	4 500 000
——预付账款	−500	其他综合收益	2 000（其他债权投资增值）
原材料	527 000	盈余公积	323 820.18
包装物	38 000	未分配利润	187 340.69
低值易耗品	80 000		
材料成本差异	−9 116		
库存商品	2 118 356		
长期股权投资	400 000		
其他债权投资	62 000		
固定资产	1 590 500		
累计折旧	−270 000		
在建工程	406 000		
工程物资	20 000		
无形资产	500 000		
累计摊销	−50 000		
合　计	8 537 755	合　计	8 537 755

5. 根据上述资料，编制甲公司 2×21 年度资产负债表，见表 12-7。

表 12-7

资产负债表

编制单位：甲股份有限公司　　2×21年12月31日　　单位：元

资　产	年初余额	期末余额	负债和所有者权益	年初余额	期末余额
流动资产：			流动负债：		
货币资金	2 034 400	1 484 260	短期借款	250 000	
交易性金融资产	20 000		交易性金融负债		
衍生金融资产			衍生金融负债		
应收票据	278 600	562 175	应付票据	200 000	190 000
应收账款	597 000	979 080	应付账款	303 000	303 000
应收款项融资			预收款项		
预付款项	99 500	99 500	合同负债		
其他应收款			应付职工薪酬	900 000	1 220 000
存货	2 555 240	2 754 240	应交税费	96 000	255 053.75
合同资产			其他应付款	25 740	70 540.38
持有待售资产			持有待售负债		
一年内到的非流动资产			一年内到期的非流动负债	1 000 000	
其他流动资产			其他流动负债		
流动资产合计	5 584 740	5 879 255	流动负债合计	2 774 740	2 038 594.13
非流动资产：			非流动负债：		
债权投资			长期借款	800 000	1 486 000
其他债权投资		62 000	应付债券		
长期应收款			其中：优先股		
长期股权投资	400 000	400 000	永续债		
其他权益工具投资			租赁负债		
其他非流动金融资产			长期应付款		
投资性房地产			预计负债		
固定资产	1 090 000	1 320 500	递延收益		
在建工程	800 000	426 000	递延所得税负债		
生产性生物资产			其他非流动负债		
油气资产			非流动负债合计	800 000	1 486 000
使用权资产			负债合计	3 574 740	3 524 594.13
无形资产	500 000	450 000	所有者权益（或股东权益）:		
开发支出			实收资本（或股本）	4 500 000	4 500 000
商誉			其他权益工具		
长期待摊费用	100 000		其中：优先股		
递延所得税资产			永续债		
其他非流动资产			资本公积		
非流动资产合计	2 890 000	2 658 500	减：库存股		
			其他综合收益		2 000
			专项储备		
			盈余公积	300 000	323 820.18
			未分配利润	100 000	187 340.69
			所有者权益（或股东权益）合计	4 900 000	5 013 160.87
资产总计	8 474 740	8 537 755	负债和所有者权益（或股东权益）总计	8 474 740	8 537 755

第三节　利润表

一、利润表的概念及作用

利润表是反映企业在一定会计期间经营成果的会计报表。利润表的作用主要表现在以下几个方面：

第一，反映企业一定会计期间的收入实现情况，如实现的营业收入、投资收益、营业外收入有多少等。

第二，反映企业一定会计期间的费用耗费情况，如耗费的营业成本、税金及附加、销售费用、管理费用、财务费用、营业外支出等各有多少。

第三，反映企业一定会计期间的经营成果，即净利润的实现情况。

此外，将利润表与资产负债表相结合，可以计算资产收益率、净资产收益率等财务指标，进行相关财务分析。

二、利润表的列报

（一）利润表的列报格式

利润表的格式一般有单步式利润表和多步式利润表两种。单步式利润表是将当期所有的收入列在一起，将所有的费用列在一起，然后两者相减得出当期净损益。多步式利润表是通过对当期的收入、费用、支出项目按性质加以归类，按利润形成的主要环节列示一些中间性利润指标，分步计算当期净损益。根据我国现行财务报表列报准则的规定，企业应当采用多步式列报利润表，便于使用者理解企业经营成果的不同来源。因为企业需要提供比较利润表，各项目需分为“本期金额”和“上期金额”两栏分别填列。

（二）利润表的列报内容

在多步式格式下，利润表分步列报利润的形成过程：

1. 列报营业利润的形成过程。以营业收入为基础，减去营业成本、税金及附加、销售费用、管理费用、研发费用、财务费用，加上其他收益、投资收益（损失以“-”号填列）、净敞口套期收益（损失以“-”号填列）、公允价值变动收益（损失以“-”号填列）、信用减值损失（损失以“-”号填列）、资产减值损失（损失以“-”号填列）、资产处置收益（损失以“-”号填列），计算出营业利润。

2. 列报利润总额的形成过程。以营业利润为基础，加上营业外收入，减去营业外支出，计算出利润总额。

3. 列报净利润。以利润总额为基础，减去所得税费用，计算出净利润。

4. 列报其他综合收益的税后净额。该项目反映根据会计准则规定未在损益中确认的各项利得和损失扣除所得税影响后的净额，主要包括“不能重分类进损益的其他综合收益”

和“将重分类进损益的其他综合收益”两类。

5. 列报综合收益，即净利润与其他综合收益的合计金额。

6. 列报每股收益，是指普通股股东每持有一股普通股所能享有的企业净利润或需承担的企业净亏损。

三、利润表的填列方法

1. 根据损益类账户的发生额分析填列。如“营业收入”“营业成本”“税金及附加”“销售费用”“管理费用”“研发费用”“财务费用”“资产减值损失”“公允价值变动收益”“营业外收入”“营业外支出”“所得税费用”等项目，根据各账户的发生额分析填列，而“其他综合收益的税后净额”下列示的各项目，则是根据“其他综合收益”账户下各明细账户的发生额分析填列。

2. 根据其他项目金额计算填列。如“营业利润”“利润总额”“净利润”“综合收益总额”等项目。

利润表中的“上期金额”栏应根据上期利润表“本期金额”栏内所列数字填列。如果上期利润表规定的各个项目的名称和内容同本期不相一致，应对上期利润表各项目的名称和数字按本期的规定进行调整，填入“上期金额”栏。

四、利润表编制示例

【例 12-2】

承【例 12-1】资料，甲公司 2×20 年度、2×21 年度各收入、费用类账户累计发生额见表 12-8。

表 12-8　**2×20 年度、2×21 年度各收入、费用类账户发生额**　单位：元

收入、费用类账户	发生额	
	2×20 年度	2×21 年度
主营业务收入	1 500 000	1 600 000
投资收益	40 000	55 000
资产处置损益	100 000	80 000
主营业务成本	1 000 000	1 020 000
税金及附加	20 000	16 920
销售费用	30 000	20 000
管理费用	197 000	420 000
财务费用	30 000	35 000
信用减值损失	3 000	3 345
营业外支出	10 000	8 000
所得税费用	87 500	52 933.75
其他综合收益——其他债权投资升值		2 000

根据上述资料，编制甲公司2×21年度利润表，见表12-9。

表12-9

利润表

编制单位：甲股份有限公司　　2×21年度　　单位：元

项　目	本期金额	上期金额
一、营业收入	1 600 000	1 500 000
减：营业成本	1 020 000	1 000 000
税金及附加	16 920	20 000
销售费用	20 000	30 000
管理费用	420 000	197 000
研发费用		
财务费用	35 000	30 000
加：其他收益		
投资收益（损失以"-"号填列）	55 000	40 000
净敞口套期收益（损失以"-"号填列）		
公允价值变动收益（损失以"-"号填列）		
信用减值损失（损失以"-"号填列）	3 345	3 000
资产减值损失（损失以"-"号填列）		
资产处置收益（损失以"-"号填列）	80 000	100 000
二、营业利润（亏损以"-"号填列）	219 735	360 000
加：营业外收入		
减：营业外支出	8 000	10 000
三、利润总额（亏损总额以"-"号填列）	211 735	350 000
减：所得税费用	52 933.75	87 500
四、净利润（净亏损以"-"号填列）	158 801.25	262 500
（一）持续经营净利润（净亏损以"-"号填列）		
（二）终止经营净利润（净亏损以"-"号填列）		
五、其他综合收益的税后净额	1 500	
（一）不能重分类进损益的其他综合收益		
1.重新计量设定受益计划变动额		
2.权益法下不能转损益的其他综合收益		
3.其他权益工具投资公允价值变动		
4.企业自身信用风险公允价值变动		
⋮		
（二）将重分类进损益的其他综合收益		
1.权益法下可转损益的其他综合收益		
2.其他债权投资公允价值变动	1 500①	
3.金融资产重分类计入其他综合收益的金额		
4.其他债权投资信用减值准备		
5.现金流量套期储备		
6.外币财务报表折算差额		
⋮		
六、综合收益总额	160 301.2	262 500
七、每股收益：		
（一）基本每股收益		
（二）稀释每股收益		

注：①1 500=2 000×（1-25%）。

视野拓展

基本每股收益是按照归属于普通股股东的当期净利润，除以发行在外普通股的加权平均数计算的。稀释每股收益是以基本每股收益为基础，假设企业所有发行在外的稀释性潜在普通股均已转换为普通股，从而分别调整归属于普通股股东的当期净利润以及发行在外普通股的加权平均数计算而得的每股收益。目前，我国企业发行的潜在普通股主要有可转换公司债券、认股权证、股份期权等。

第四节 现金流量表

一、现金流量表的概念和作用

现金流量表，是反映企业一定会计期间现金和现金等价物流入和流出情况的报表。这里的现金是广义的现金，包括库存现金、银行存款、其他货币资金和现金等价物等内容。其中，现金等价物是指企业持有的期限短、流动性强、易于转换为已知金额的现金、价值变动风险很低的短期投资，主要指购买日至到期日小于3个月的短期债券投资，不包括准备在3个月内出售的短期股票投资。每个企业应当根据自身经营特点，确定现金和现金等价物的范围。

现金流量是指现金及现金等价物的流入和流出。企业的现金流量来自于经济活动，但并不是所有的经济活动都会影响现金流量，只有当一项经济活动引起现金项目与非现金项目之间增减变动时，才会对现金流量有影响。当一项经济活动引起现金项目之间增减变动或引起非现金项目之间增减变动时，不会对现金流量有影响。

现金流量表的作用主要体现在以下几个方面：一是有助于评价企业支付能力、偿债能力和周转能力；二是有助于预测企业未来现金流量；三是有助于分析企业收益质量及影响现金净流量的因素，掌握企业经营活动、投资活动和筹资活动的现金流量，可以从现金流量的角度了解净利润的质量，为分析和判断企业的财务前景提供信息。

二、现金流量表的列报

在财务报表中，包括现金流量表正表和在附注中反映的现金流量表补充资料。

（一）现金流量表正表的列报内容

按照影响现金流量的经济业务性质，现金流量划分为：经营活动产生的现金流量、投资活动产生的现金流量、筹资活动产生的现金流量。现金流量表正表主要按照现金流量分类进行列报，主要包括以下内容：

第一部分，经营活动产生的现金流量，包括经营活动产生的现金流入总量、现金流出总量和现金流量净额。

第二部分，投资活动产生的现金流量，包括投资活动产生的现金流入总量、现金流出总量和现金流量净额。

第三部分，筹资活动产生的现金流量，包括筹资活动产生的现金流入总量、现金流出总量和现金流量净额。

第四部分，汇率变动对现金及现金等价物的影响。按照规定，汇率变动对现金及现金等价物的影响，应当作为调节项目，在现金流量表中单独列报。

第五部分，现金及现金等价物净增加额。

第六部分，期末现金及现金等价物余额。

（二）现金流量表补充资料的列报内容

第一部分，将净利润调节为经营活动现金流量。由于利润表中的净利润是按照权责发生制原则确定的，且包括了与投资活动和筹资活动相关的收益和费用，将净利润调节为经营活动现金流量，实际上就是将按权责发生制原则确定的净利润，调整不涉及现金的收入、费用、营业外收支等有关项目，并剔除投资活动和筹资活动对现金流量的影响。

第二部分，不涉及现金收支的重大投资和筹资活动。不涉及现金收支的重大投资和筹资活动，虽然对于本期的现金流量不会产生影响，但它们一般都是企业的重大理财事项，通过这些项目，可以帮助信息使用者预测企业未来的现金流量。

第三部分，现金及现金等价物净变动情况。

三、现金流量表的填列方法

（一）现金流量表正表各项目的填列方法

我国现金流量表准则规定，企业应当采用直接法编报现金流量表。直接法，是指按现金收入和现金支出的主要类别直接反映企业经营活动产生的现金流量，如“销售商品、提供劳务收到的现金”“购买商品、接受劳务支付的现金”等列报分类方法。在直接法下，一般是以利润表中的营业收入为起算点，调节与经营活动有关的项目的增减变动，然后计算出经营活动产生的现金流量。

在具体编制现金流量表时，可以采用工作底稿法、T 形账户法或分析填列法。下面主要介绍分析填列法下现金流量表各项目的计算。

分析填列法是直接根据资产负债表、利润表和有关明细账户的记录，分析计算出现金流量表各项目的金额，并据以编制现金流量表的一种方法。具体方法如下：

1. 经营活动产生的现金流量有关项目的填列

（1）销售商品、提供劳务收到的现金

本项目反映企业销售商品、提供劳务实际收到的现金，包括销售收入和应向购买者收取的增值税销项税额，具体包括：本期销售商品、提供劳务收到的现金，以及前期销售商品、提供劳务本期收到的现金和本期预收的款项，减去本期销售本期退回的商品和前期销售本期退回的商品支付的现金。企业销售材料和代购代销业务收到的现金，也在本项目反映。本项目可以根据“库存现金”“银行存款”“应收票据”“应收账款”“预收账款”“主营业务收入”“其他业务收入”账户的记录分析填列。

（2）收到的税费返还

本项目反映企业收到返还的各种税费，如收到的增值税、所得税、消费税、关税和教育费附加返还款等。本项目可以根据有关账户的记录分析填列。

（3）收到其他与经营活动有关的现金

本项目反映企业除上述各项目外，收到的其他与经营活动有关的现金，如罚款收入、经营租赁固定资产收到的现金、流动资产损失中由个人赔偿的现金收入、除税费返还外的其他政府补助收入等。本项目可根据“库存现金”“银行存款”“管理费用”“销售费用”等账户的记录分析填列。

（4）购买商品、接受劳务支付的现金

本项目反映企业购买材料、商品及接受劳务实际支付的现金，包括支付的货款以及与货款一并支付的增值税进项税额，具体包括：本期购买商品、接受劳务支付的现金，以及本期支付前期购买商品、接受劳务的应付款项和本期预付款项，减去本期发生的购货退回收到的现金。为购置存货而发生的借款利息资本化部分，应在“分配股利、利润或偿付利息支付的现金”项目中反映。本项目可以根据“库存现金”“银行存款”“应付票据”“应付账款”“预付账款”“主营业务成本”“其他业务成本”等账户的记录分析填列。

（5）支付给职工以及为职工支付的现金

本项目反映企业实际支付给职工的现金以及为职工支付的现金，包括企业为获得职工提供的服务，本期实际给予各种形式的报酬以及其他相关支出，如支付给职工的工资、奖金、各种津贴和补贴等，以及为职工支付的其他费用，不包括支付给在建工程人员的工资。支付的在建工程人员的工资，在“购建固定资产、无形资产和其他长期资产所支付的现金”项目中反映。

企业为职工支付的医疗、养老、失业、工伤、生育等社会保险基金、补充养老保险、住房公积金，企业为职工交纳的商业保险金，因解除与职工劳动关系给予的补偿，现金结算的股份支付，以及企业支付给职工或为职工支付的其他福利费用等，应根据职工的工作性质和服务对象，分别在“购建固定资产、无形资产和其他长期资产所支付的现金”和“支付给职工以及为职工支付的现金”项目中反映。

本项目可根据“库存现金”“银行存款”“应付职工薪酬”等账户记录分析填列。

（6）支付的各项税费

本项目反映企业按规定支付的各项税费，包括本期发生并支付的税费，以及本期支付以前各期发生的税费和预交的税金，如支付的增值税、消费税、所得税、教育费附加、印花税、房产税、土地增值税、车船税等，不包括本期退回的增值税、所得税。本期退回的增值税、所得税等，在“收到的税费返还”项目中反映。本项目可根据“应交税费”“库存现金”“银行存款”等账户分析填列。

（7）支付其他与经营活动有关的现金

本项目反映企业除上述各项目外，支付的其他与经营活动有关的现金，如罚款支出、支付的差旅费、业务招待费、保险费、经营租赁支付的现金等。其他与经营活动有关的现金，如果金额较大的，应单列项目反映。本项目可根据有关账户的记录分析填列。

2. 投资活动产生的现金流量有关项目的填列

（1）收回投资收到的现金

本项目反映企业出售、转让或到期收回除现金等价物以外的以公允价值计量且其变动计入当期损益的金融资产、以摊余成本计量的金融资产、以公允价值计量且其变动计入其他综合收益的金融资产、长期股权投资等收到的现金，以及收回长期债权投资而收回的本金。本项目可以根据“交易性金融资产”“衍生金融资产”“债权投资”“其他债权投资”“其他权益工具投资”“长期股权投资”“库存现金”“银行存款”等账户记录分析填列。

（2）取得投资收益收到的现金

本项目反映企业因股权性投资而分得的现金股利和现金利润，以及因债权性投资而取得的现金利息收入。股票股利不产生现金流量，不在本项目中反映。本项目可以根据“应收股利”“应收利息”“投资收益”“库存现金”“银行存款”等账户的记录分析填列。

（3）处置固定资产、无形资产和其他长期资产收回的现金净额

本项目反映企业出售固定资产、无形资产和其他长期资产所取得的现金扣除为处置这些资产而支付的有关税费用后的净额。由于自然灾害等原因所造成的固定资产等长期资产报废、毁损而收到的保险赔偿收入，也在本项目中反映。如处置固定资产、无形资产和其他长期资产所收回的现金净额为负数，在“支付其他与投资活动有关的现金”项目中反映。本项目可以根据“固定资产清理”“库存现金”“银行存款”等账户记录分析填列。

（4）处置子公司及其他营业单位收到的现金净额

本项目反映企业处置子公司及其他营业单位所取得的现金，扣除该子公司或其他营业单位的现金和现金等价物以及相关处置费用后的净额。本项目可根据有关账户记录分析填列。

处置子公司及其他营业单位收到的现金净额如为负数，应将该金额填列至“支付其他与投资活动有关的现金”项目中。

（5）收到其他与投资活动有关的现金

本项目反映企业除上述各项目外，收到的其他与投资活动有关的现金。其他与投资活动有关的现金，如果价值较大的，应单列项目反映。本项目可根据有关账户记录分析填列。

（6）购建固定资产、无形资产和其他长期资产支付的现金

本项目反映企业购买、建造固定资产，取得无形资产和其他长期资产而支付的现金，包括购买机器设备所支付的现金、建造工程支付的现金、支付在建工程人员的工资等现金支出。

为购建固定资产、无形资产和其他长期资产而发生的借款利息资本化部分，在“分配股利、利润或偿付利息支付的现金”项目中反映；融资租入固定资产所支付的租赁费，在“支付其他与筹资活动有关的现金”项目中反映。

本项目可根据“固定资产”“在建工程”“工程物资”“无形资产”“库存现金”“银行存款”等账户记录分析填列。

（7）投资支付的现金

本项目反映企业进行权益性投资和债权性投资所支付的现金，包括企业取得的除现金等价物以外的以公允价值计量且其变动计入当期损益的金融资产、以摊余成本计量的金融资产、以公允价值计量且其变动计入其他综合收益的金融资产、长期股权投资等支付的现金，以及支付的佣金、手续费等交易费用。

企业购买股票和债券时，实际支付的价款中包含的已宣告但尚未领取的现金股利或已

到付息期但尚未领取的债券利息，应在“支付其他与投资活动有关的现金”项目中反映；收回购买股票和债券时支付的已宣告但尚未领取的现金股利或已到付息期但尚未领取的债券利息，应在“收到其他与投资活动有关的现金”项目中反映。

本项目可以根据“交易性金融资产”“衍生金融资产”“债权投资”“其他债权投资”“其他权益工具投资”“长期股权投资”“库存现金”“银行存款”等账户的记录分析填列。

（8）取得子公司及其他营业单位支付的现金净额

本项目反映企业取得子公司及其他营业单位购买出价中以现金支付的部分，减去子公司或其他营业单位持有的现金和现金等价物后的净额。本项目可根据有关账户记录分析填列。

（9）支付其他与投资活动有关的现金

本项目反映企业除上述各项目外，支付的其他与投资活动有关的现金。其他与投资活动有关的现金，如果价值较大的，应单列项目反映。本项目可根据有关账户记录分析填列。

3. 筹资活动产生的现金流量有关项目的填列

（1）吸收投资收到的现金

本项目反映企业以发行股票、债券等方式筹集资金实际收到的款项净额（发行收入减去支付的佣金、手续费、咨询费等发行费用后的净额）。本项目可根据“实收资本（或股本）”“资本公积”“库存现金”“银行存款”等账户的记录分析填列。

（2）取得借款收到的现金

本项目反映企业举借各种短期、长期借款而收到的现金。本项目可根据“短期借款”“长期借款”“应付债券”“库存现金”“银行存款”等账户记录分析填列。

（3）收到其他与筹资活动有关的现金

本项目反映企业除上述各项目外，收到的其他与筹资活动有关的现金。其他与筹资活动有关的现金，如果价值较大的，应单列项目反映。本项目可根据有关账户的记录分析填列。

（4）偿还债务支付的现金

本项目反映企业以现金偿还债务的本金，包括归还金融企业的借款本金、偿付企业到期的债券本金等。本项目可根据“短期借款”“长期借款”“应付债券”“库存现金”“银行存款”等账户记录分析填列。

（5）分配股利、利润或偿付利息支付的现金

本项目反映企业实际支付的现金股利、支付给其他投资单位的利润或用现金支付的借款利息、债券利息。本项目可根据“应付股利”“应付利息”“利润分配”“财务费用”“在建工程”“制造费用”“研发支出”“库存现金”“银行存款”等账户记录分析填列。

（6）支付其他与筹资活动有关的现金

本项目反映企业除上述各项目外，支付的其他与筹资活动有关的现金，如以发行股票、债券等方式筹集资金而由企业直接支付的审计、咨询等费用，融资租赁各期支付的现金、以分期付款方式购建固定资产、无形资产等各期支付的现金。其他与筹资活动有关的现金，如果价值较大的，应单列项目反映。本项目可以根据有关账户的记录分析填列。

4. 汇率变动对现金及现金等价物的影响

现金流量表准则规定，外币现金流量以及境外子公司的现金流量，应当采用现金流量发生日的即期汇率（或即期汇率的近似汇率）折算，这与按照现金流量发生日的即期汇率（或即期汇率的近似汇率）折算出来的金额之间会产生差额，即为“汇率变动对现金及现金等价物的影响”。

5. 现金及现金等价物净增加额

这是以上四项净额的汇总金额。

6. 期末现金及现金等价物余额

这是第五项与"期初现金及现金等价物余额"的合计数。

(二) 现金流量表补充资料各项目的填列方法

1. 将净利润调节为经营活动现金流量的填列

该项目是采用间接法计算"经营活动产生的现金净流量"。间接法是以净利润为起算点，通过调整不涉及现金的收入、费用、营业外收支以及经营性应收应付等项目的增减变动，调整不属于经营活动的现金收支项目，据此计算并列报经营活动产生的现金流量的方法。间接法可以使报表使用人从不同的视角分析经营活动产生的现金流量，也便于与采用直接法编制的现金流量表正表进行核对。净利润主要来自于经营活动，与"经营活动产生的现金净流量"联系紧密，只需要将两者之间的差异进行调整，即可将净利润调节为经营活动产生的现金净流量。两者之间的差异包括几类：

（1）与净利润有关的交易或事项，但不涉及现金。其包括"实际没有支付现金的费用""实际没有收到现金的收益"两类，如计提的各类资产减值损失、折旧等。

（2）与净利润有关的交易或事项，但不属于经营活动。如发生的投资收益（损失）、财务费用（损失）、非流动资产处置收益（损失）等。

（3）与净利润无关的交易或事项，但属于经营活动。业务属于经营活动又涉及现金，但不影响本期净利润，如支付上期应付款项、收到上期应收款项等经营性应收应付项目的增减变动。

调整时要根据影响金额加上或减去（以"-"号填列）具体项目。

2. 不涉及现金收支的重大投资和筹资活动

不涉及现金收支的重大投资和筹资活动，反映企业一定期间内影响资产或负债但不形成该期现金收支的所有投资和筹资活动的信息。这些投资和筹资活动虽然不涉及现金收支，但对以后各期的现金流量有重大影响。主要包括：债务转为资本、一年内到期的可转换公司债券、融资租入固定资产。

3. 现金及现金等价物净变动情况

现金及现金等价物净变动情况，可以通过现金、现金等价物的期末余额与期初余额的差额进行反映，可以检验用直接法编制的现金流量净额是否正确。

四、现金流量表编制示例

【例 12-3】

依据【例 12-1】、【例 12-2】的资料和编制的资产负债表、利润表，与编制现金流量表有关的信息总结如下：

1. 主营业务收入 1 600 000 元，应收账款期初、期末余额分别为 600 000 元、984 000 元，应收票据期初、期末余额分别为 280 000 元、565 000 元，主营业务成本 1 020 000 元，存货期末、期初余额分别为 2 754 240 元、2 555 240 元，应付账款期初、

料（见表12-11）。

表12-10 **现金流量表**

编制单位：甲股份有限公司 2×21年度 单位：元

项目	本期金额	上期金额（略）
一、经营活动产生的现金流量：		
销售商品、提供劳务收到的现金	1 139 000	
收到的税费返还		
收到其他与经营活动有关的现金		
经营活动现金流入小计	1 139 000	
购买商品支付现金	291 300	
支付给职工以及为职工支付的现金	700 000	
支付的各项税费	80 000	
支付其他与经营活动有关的现金	120 000	
经营活动现金流出小计	1 191 300	
经营活动产生的现金流量净额	−52 300	
二、投资活动产生的现金流量：		
收回投资收到的现金	25 000	
取得投资收益收到的现金	50 000	
处置固定资产、无形资产和其他长期资产收回的现金净额	332 000	
处置子公司及其他营业单位收到的现金净额		
收到其他与投资活动有关的现金		
投资活动现金流入小计	407 000	
购建固定资产、无形资产和其他长期资产支付的现金	177 000	
投资支付的现金	60 000	
取得子公司及其他营业单位支付的现金净额		
支付其他与投资活动有关的现金		
投资活动现金流出小计	237 000	
投资活动产生的现金流量净额	170 000	
三、筹资活动产生的现金流量：		
吸收投资收到的现金		
取得借款收到的现金	600 000	
收到其他与筹资活动有关的现金		
筹资活动现金流入小计	600 000	
偿还债务支付的现金	1 250 000	
分配股利、利润或偿付利息支付的现金	17 840	
支付其他与筹资活动有关的现金		
筹资活动现金流出小计	1 267 840	
筹资活动产生的现金流量净额	−667 840	
四、汇率变动对现金及现金等价物的影响		
五、现金及现金等价物净增加额	−550 140	
加：期初现金及现金等价物余额	2 034 400	
六、期末现金及现金等价物余额	1 484 260	

表 12-11 **现金流量表补充资料**

编制单位：甲股份有限公司　　2×21 年度　　单位：元

补 充 资 料	本期金额	上期金额（略）
1.将净利润调节为经营活动现金流量：		
净利润	158 801.25	
加：资产减值准备		
信用减值损失	3 345	
固定资产折旧、油气资产折旧、生产性生物资产折旧	160 000	
无形资产摊销	50 000	
长期待摊费用摊销	100 000	
处置固定资产、无形资产和其他长期资产的损失（收益以"–"号填列）	–80 000	
固定资产报废损失（收益以"–"号填列）	8 000	
公允价值变动损失（收益以"–"号填列）		
财务费用（收益以"–"号填列）	35 000	
投资损失（收益以"–"号填列）	–55 000	
递延所得税资产减少（增加以"–"号填列）	0	
递延所得税负债增加（减少以"–"号填列）	0	
存货的减少（增加以"–"号填列）	–199 000	
经营性应收项目减少（增加以"–"号填列）	–669 000	
经营性应付项目增加（减少以"–"号填列）	435 553.75	
其他		
经营活动产生的现金流量净额	–52 300	
2.不涉及现金收支的重大投资和筹资活动		
债务转为资本		
一年内到期的可转换公司债券		
融资租入固定资产		
3.现金及现金等价物净变动情况		
现金的期末余额	1 484 260	
减：现金的期初余额	2 034 400	
加：现金等价物的期末余额		
减：现金等价物的期初余额		
现金及现金等价物净增加额	–550 140	

第五节　所有者权益变动表

一、所有者权益变动表的概念及作用

所有者权益变动表是反映构成所有者权益的各组成部分当期的增减变动情况的报表。

所有者权益变动表应当全面反映一定时期所有者权益变动的情况，不仅包括所有者权益总量的增减变动，而且包括所有者权益增减变动的重要结构性信息，能让报表使用者准确理解所有者权益增减变动的根源。

二、所有者权益变动表的列报

（一）所有者权益变动表的列报格式

1. 以矩阵的形式列报

为清楚表明构成所有者权益的各组成部分当期的增减变动情况，所有者权益变动表应以矩阵的形式列示。一方面，列示导致所有者权益变动的交易或事项，按所有者权益变动的来源对一定时期所有者权益变动情况进行全面反映；另一方面，按照所有者权益各组成部分（包括实收资本、资本公积、其他综合收益、盈余公积、未分配利润和库存股等）及其总额列示交易或事项对所有者权益的影响。

2. 列示所有者权益变动的比较信息

根据财务报表列报准则的规定，企业需要提供比较所有者权益变动表，因此，所有者权益变动表还就各项目再分为“本年金额”和“上年金额”两栏分别填列。所有者权益变动表的具体格式见表12-12所示。

（二）所有者权益变动表的列报内容

在所有者权益变动表中，企业至少应当单独列示反映下列信息的项目：（1）会计政策变更和差错更正对期初所有者权益的累积影响金额；（2）综合收益总额，包括净利润和其他综合收益；（3）所有者投入和减少的资本；（4）利润分配情况；（5）所有者权益内部结转情况；（6）所有者权益各组成部分的期初和期末余额及其调节情况。

三、所有者权益变动表的填列方法

（一）所有者权益变动表各项目的填列说明

1.“上年年末余额”项目，反映企业上年资产负债表中实收资本（或股本）、其他权益工具、资本公积、库存股、其他综合收益、盈余公积、未分配利润的年末余额。

2.“会计政策变更”和“前期差错更正”项目，分别反映企业采用追溯调整法处理的会计政策变更的累积影响金额和采用追溯重述法处理的会计差错更正的累积影响金额。

为了体现会计政策变更和前期差错更正的影响，企业应当在上期期末所有者权益余额的基础上进行调整得出本期期初所有者权益，根据“盈余公积”“利润分配”“以前年度损益调整”等科目的发生额分析填列。

3.“本年增减变动金额”项目分别反映如下内容：

（1）“综合收益总额”项目，反映企业其他综合收益和净利润合计数，并对应填列在“其他综合收益”和“未分配利润”栏。

（2）“所有者投入和减少资本”项目，反映企业当年所有者投入的资本和减少的资本。其中，“所有者投入的普通股”项目，反映企业接受投资者投入形成的股本和股本溢价，并对应列在“实收资本”和“资本公积”栏；“其他权益工具持有者投入资本”项目，反映持有的优先股、永续债等转入的股份，对应列在“优先股”“永续债”栏；“股份支付计入所有者权益的金额”项目，反映企业处于等待期中的权益结算的股份支付当年计入资本公积的金额，并对应列在“资本公积”栏。

（3）“利润分配”下各项目，反映当年对所有者（或股东）分配的利润（或股利）金额和按照规定提取的盈余公积金额，并对应列在“未分配利润”和“盈余公积”栏。其中，“提取盈余公积”项目，反映企业按照规定提取的盈余公积。“对所有者（或股东）的分配”项目，反映对所有者（或股东）分配的利润（或股利）金额。

（4）“所有者权益内部结转”下各项目，反映不影响当年所有者权益总额的所有者权益各组成部分之间当年的增减变动，包括资本公积转增资本（或股本）、盈余公积转增资本（或股本）、盈余公积弥补亏损、设定受益计划变动额结转留存收益、其他综合收益结转留存收益等项金额。根据“实收资本”“资本公积”“盈余公积”“其他综合收益”等账户的发生额分析填列。

（二）所有者权益变动表“上年金额”栏的填列方法

所有者权益变动表“上年金额”栏内各项数字，应根据上年度所有者权益变动表“本年金额”栏内所列数字填列。如果上年度所有者权益变动表规定的各个项目的名称和内容同本年度不相一致，应对上年度所有者权益变动表各项目的名称和数字按本年度的规定进行调整，填入所有者权益变动表“上年金额”栏内。

（三）所有者权益变动表“本年金额”栏的填列方法

所有者权益变动表“本年金额”栏内各项数字一般应根据“实收资本（或股本）”“资本公积”“库存股”“其他综合收益”“盈余公积”“利润分配”“以前年度损益调整”等账户的发生额分析填列。

四、所有者权益变动表编制示例

【例 12-4】

沿用【例 12-1】、【例 12-2】、【例 12-3】的资料和编制的资产负债表、利润表，甲公司其他相关资料为：净利润为 158 801.25 元，其他债权投资升值 2 000 元，提取法定盈余公积 15 880.12 元、任意盈余公积 7 940.06 元，应付普通股现金股利 47 640.38 元。

根据上述资料，编制甲公司 2×21 年度所有者权益变动表，见表 12-12。

表 12-12

所有者权益变动表

编制单位：甲股份有限公司　　2×21 年度　　单位：元

项目	本年金额											上年金额
	实收资本（或股本）	其他权益工具			资本公积	减：库存股	其他综合收益	专项储备	盈余公积	未分配利润	所有者权益合计	略
		优先股	永续债	其他								
一、上年年末余额	4 500 000								300 000	100 000	4 900 000	
加：会计政策变更												
前期差错更正												
其他												
二、本年年初余额	4 500 000								300 000	100 000	4 900 000	
三、本年增减变动金额（减少以“–”号填列）												
（一）综合收益总额							2 000			158 801.25	160 801.25	
（二）所有者投入和减少资本												
1.所有者投入的普通股												
2.其他权益工具持有者投入资本												
3.股份支付计入所有者权益的金额												
4.其他												
（三）利润分配												
1.提取盈余公积									23 820.18	–23 820.18	0	
2.对所有者（或股东）的分配										–47 640.38	–47 640.38	
3.其他												
（四）所有者权益内部结转												
1.资本公积转增资本（或股本）												
2.盈余公积转增资本（或股本）												
3.盈余公积弥补亏损												
4.设定受益计划变动额结转留存收益												
5.其他综合收益结转留存收益												
6.其他												
四、本年年末余额	4 500 000						2 000		323 820.18	187 340.69	5 013 160.87	

第六节　财务报表附注

一、附注的概念和作用

附注是对在资产负债表、利润表、现金流量表和所有者权益变动表等报表中列示项目的文字描述或明细资料，以及对未能在这些报表中列示项目的说明等。附注是财务报表不可或缺的组成部分。

财务报表中的数字是经过分类与汇总后的结果，是对企业发生的经济业务的高度简化和浓缩的数字，如果没有形成这些数字所使用的会计政策、理解这些数字所必需的披露，财务报表就不可能充分发挥效用。因此，附注与资产负债表、利润表、现金流量表、所有者权益变动表等报表具有同等的重要性，是财务报表的重要组成部分。报表使用者要了解企业的财务状况、经营成果和现金流量，应当全面阅读附注。

二、附注披露的基本要求

1. 附注披露的信息应是定量、定性信息的结合，从而能从量和质两个角度对企业经济事项完整地进行反映，也才能满足信息使用者的决策需求。

2. 附注应当按照一定的结构进行系统合理的排列和分类，有顺序地披露信息。由于附注的内容繁多，因此更应按逻辑顺序排列，分类披露，条理清晰，具有一定的组织结构，以便于使用者理解和掌握，也更好地实现财务报表的可比性。

3. 附注相关信息应当与资产负债表、利润表、现金流量表和所有者权益变动表等报表中列示的项目相互参照，以有助于使用者联系相关联的信息，并由此从整体上更好地理解财务报表。

三、附注披露的主要内容

附注应当按照如下顺序披露有关内容：

(一) 企业的基本情况

1. 企业注册地、组织形式和总部地址。

2. 企业的业务性质和主要经营活动，如企业所处的行业、所提供的主要产品或服务、客户的性质、销售策略、监管环境的性质等。

3. 母公司以及集团最终母公司的名称。

4. 财务报告的批准报出者和财务报告批准报出日。

5. 营业期限有限的企业，还应当披露有关营业期限的信息。

（二）财务报表的编制基础

（三）遵循企业会计准则的声明

企业应当声明编制的财务报表符合企业会计准则的要求，真实、完整地反映了企业的财务状况、经营成果和现金流量等有关信息，以此明确企业编制财务报表所依据的制度基础。

如果企业编制的财务报表只是部分地遵循了企业会计准则，附注中不得做出这种表述。

（四）重要会计政策和会计估计

1. 重要会计政策的说明

企业应当披露采用的重要会计政策，并结合企业的具体实际披露其重要会计政策的确定依据和财务报表项目的计量基础。其中，"会计政策的确定依据"主要是指企业在运用会计政策过程中所做的重要判断，这些判断对在报表中确认的项目金额具有重要影响，比如，企业融资租赁的判断标准、投资性房地产的判断标准等；"财务报表项目的计量基础"包括历史成本、重置成本、可变现净值、现值和公允价值等会计计量属性等。

2. 重要会计估计的说明

企业应当披露会计估计中所采用的关键假设和不确定因素的确定依据，这些关键假设和不确定因素在下一会计期间内很可能导致对资产、负债账面价值进行重大调整。例如，固定资产可收回金额的计算需要根据其公允价值减去处置费用后的净额与预计未来现金流量的现值两者之间的较高者确定，应当在附注中披露未来现金流量预测所采用的假设及其依据、所选择的折现率为什么是合理的等等。

（五）会计政策和会计估计变更以及差错更正的说明

企业应当按照《企业会计准则第28号——会计政策、会计估计变更和差错更正》及其应用指南的规定，披露会计政策和会计估计变更以及差错更正的有关情况。

（六）报表重要项目的说明

企业应当以文字和数字描述相结合、尽可能以列表形式披露报表重要项目的构成或当期增减变动情况。报表重要项目的明细金额合计，应当与报表项目金额相衔接。在披露顺序上，一般应当按照资产负债表、利润表、现金流量表、所有者权益变动表的顺序及其项目列示的顺序。

（七）其他需要说明的重要事项

这主要包括或有和承诺事项、资产负债表日后非调整事项、关联方关系及其交易等，具体的披露要求须遵循相关准则的规定。

（八）有助于财务报表使用者评价企业管理资本的目标、政策及程序的信息

企业在附注中应当披露有助于财务报表使用者评价企业管理资本的目标、政策及程序的信息。

思考题

1. 什么是财务报告？它由哪几部分构成？
2. 什么是资产负债表？资产负债表主要提供哪些方面的信息？
3. 什么是利润表？其作用主要有哪些？
4. 什么是现金流量表？现金流量如何分类？
5. 如何理解现金流量表正表和补充资料的结构原理？
6. 资产负债表、利润表、现金流量表及所有者权益变动表之间有什么关系？

即测即评

业务实操

某公司2×18年利润表上列示的营业收入为125万元，增值税销项税额为162 500元，2×18年12月31日资产负债表有关项目资料见表12-13。

表12-13　**资产负债表有关项目资料**　单位：元

资产	期末余额	年初余额	负债和所有者权益	期末余额	年初余额
应收票据	66 000	246 000	预收款项	0	0
应收账款	598 200	299 100			

其他有关情况如下：

（1）采用备抵法核算坏账损失，期初坏账准备为900元，期末坏账准备为1 800元；如果计算扣除坏账准备前应收账款期初余额为300 000元、期末余额为600 000元。

（2）将本期承兑汇票到银行办理贴现，贴现利息为20 000元。

要求：计算“销售商品、提供劳务收到的现金”项目的金额。

参考答案

主要参考文献

[1] 中华人民共和国财政部. 企业会计准则（合订本）2020 [M]. 北京：经济科学出版社，2020.

[2] 中国证券监督管理委员会会计部. 上市公司执行企业会计准则案例解析（2020）[M]. 北京：中国财政经济出版社，2020.

[3] 企业会计准则编审委员会. 企业会计准则及应用指南实务详解（2021年版）[M]. 北京：人民邮电出版社，2021.

[4] 中国注册会计师协会. 会计 [M]. 北京：中国财政经济出版社，2022.

[5] 财政部会计资格评价中心. 中级会计实务 [M]. 北京：经济科学出版社，2022.

[6] 中审众环会计师事务所（特殊普通合伙）. 计学精要2021 [M]. 北京：中国财政经济出版社，2022.

[7] 戴德明，林钢，赵西卜. 财务会计学（立体化数字教材版）[M]. 13版. 北京：中国人民大学出版社，2021.

[8] 陈立军. 中级财务会计 [M]. 5版. 北京：中国人民大学出版社，2020.

[9] 王昌锐. 中级财务会计 [M]. 2版. 北京：中国财政经济出版社，2022.

[10] 马永义. 新会计准则执行空间与底线 [M]. 北京：化学工业出版社，2012.

[11] 舒伟，曹健，王华，等. 我国会计本科人才培养的现状、挑战及对策 [J]. 会计研究，2021（8）.

[12] 唐大鹏，王伯伦，刘翌晨. “数智”时代会计教育重构：供需矛盾与要素创新 [J]. 会计研究，2020（12）.

[13] 张多蕾，刘永泽，池国华，等. 中国会计教育改革40年：成就、挑战与对策 [J]. 会计研究，2019（2）.

[14] 栾甫贵. 论会计教育理念 [J]. 会计研究，2013（4）.

[15] 栾甫贵. 论会计学的质疑教学法 [J]. 财会月刊，2020（21）.